尼山铎声

——『儒学与政治』专题

郭沂／主编

人民出版社

本书获北京纳通公益基金会资助

目　录

儒学与西方政治思想之比较

历代儒家的政治思想

学术动态

特　稿

主 编 引 言

　　人是社会性动物，社会生活是人类生存的重要形式，而政治又在社会生活中居主导地位。因此，以关心民瘼为己任的儒学从一开始就十分注重政治。

　　对于儒家学派的创始人孔子来说，改变当时礼坏乐崩的局面，重建社会秩序，最佳的方案就是振兴周礼。从《论语》看，孔子对周代文化情有独钟："殷因于夏礼，所损益，可知也；周因于殷礼，所损益，可知也；其或继周者，虽百世可知也。"（《论语·为政》）孔子主张，在夏商周三代礼文化中，唯周礼可以世世代代传下去。为什么呢？他说："周监于二代，郁郁乎文哉！吾从周。"（《论语·八佾》）"周之德，其可谓至德也已矣！"（《论语·泰伯》）周代礼乐是在借鉴夏商两代的基础上制定出来的，可谓尽善尽美了，所以孔子一生最大的愿望就是"为东周"，复兴文武之道。他三十五岁东游齐国，与景公论政时，就提出了"君君，臣臣，父父，子子"（《论语·颜渊》）的著名政见。五十岁左右，由中都宰升迁到大司寇，后来由大司寇行摄相事，由此参与国政三月，政绩斐然。他周游列国十四载的主要目的，也是施展政治抱负。晚年归鲁，仍关心政治，常与鲁国国君哀公、执政季康子论政，被尊为"国老"。可惜孔子生不逢时，壮志难酬，临终无可奈何地发出"天下无道久矣，莫能宗予"（《史记·孔子世家》）的绝唱。尽管如此，在漫长的政治生涯中，孔子提出了许多重要的政治思想，也留下了大量有关政治的论述。因此，政治是孔子思想的重要组成部分。

在孔子的影响下，历代儒家亦多以政治为鹄的，给我们留下了极为丰富的政治学资源。其中最值得重视的是战国儒家的政治理念，如子思"恒称君之恶者为忠臣"（《郭店楚墓竹简·鲁穆公问子思》）的抗议精神，孟子"民为贵，社稷次之，君为轻"（《孟子·尽心下》）的民本思想，荀子"材性知能，君子小人一也"（《荀子·荣辱》）、"涂之人可以为禹"（《荀子·性恶》）的平等思想等，都具有重要的现代价值。

更为重要的是，自汉代推行"罢黜百家，独尊儒术"的政策以后，儒学成为官方学术和国家意识形态。这既是儒学之幸，它毕竟借此极大地提升了社会地位；也是儒学之不幸，种种弊端由此而起。首先，政治是人性得以充分展示的领域，人性美善的一面和阴暗的一面在这里都发挥得淋漓尽致，其负面作用不可避免地会影响作为官方学术和国家意识形态的儒学，统治者为了利用儒学不惜改造甚至歪曲儒学皆由此而起。其次，为了与政权合作，极个别儒者也会或主动或被动、或有意或无意地改变初心甚至放弃儒家立场，从而丧失了先秦儒家那种"富贵不能淫，贫贱不能移，威武不能屈"（《孟子·滕文公下》）、"三军可夺帅也，匹夫不可夺志也"（《论语·子罕》）的"大丈夫"精神和独立人格，从而对儒学造成伤害。最后，在先秦时期，作为"内圣外王"之学，儒学最为全面地探讨了人生、社会、宇宙的道理。但随着与政治相结合，儒学便侧重外王而忽视内圣，逐渐沦为统治者的政治工具，也逐渐从民众的日常生活和精神生活中淡出。这在客观上为中国人的信仰世界留下了巨大的空白，从而为佛教在中国流行乃至为压倒儒学成为主导性学说创造了条件。

就这样，在汉代以降漫长的历史演变过程中，儒学虽然曾创造出宋明理学的辉煌，但也逐渐衍生出一些消极的、负面的因素，并成为五四新文化运动旗手们批判的对象。如果就此而止，这场运动应该得到充分肯定。但问题是，它把这些在历史上形成的衍生物同整个儒学等同起来，将作为官方学术和国家意识形态的儒学与所谓封建主义等同起来，进而否定整个中国传统文化，其流弊至今还难以肃清。

现在到了正本清源、总结经验教训的时候了。下面几点尤其值得注意：其一，我们必须清醒地认识到，只有先秦原始儒学才粹然为治世正音，才完全体现了儒学的真精神。至于后代儒学，难免个别良莠不齐、鱼目混珠的现象，亟须以先秦原始儒学为标准进行一次全面而彻底的评估，以期涤荡其杂质，弘扬其正论。其二，当今的儒者应该借鉴和吸收古代儒者的经验教训，在和政治权力进行合作的过程中，要坚持道统高于政统的原则，保持先秦儒家那种"大丈夫"精神和独立人格。只有这样，才能保障儒学的健康发展。其三，当今儒学要与时俱进，在充分吸收传统贤能政治和西方民主政治的基础上，推陈出新，提出新时代的儒家政治理念和政治思想，并致力于将其落实到现实政治生活尤其是制度建构之中。只有这样，儒学与现实政治之间才能形成良性互动，从而推进人类文明的进步。

令人欣慰的是，进入 21 世纪以来，随着现代化与全球化的开展，儒家政治学说的价值重新受到重视。为了推动有关研究，更好地继承与弘扬儒家的政治智慧，"2015 尼山新儒学论坛"在前两届的基础上，以"儒学与政治"为主题，继续探索儒学的当代创新发展之路。本辑《尼山铎声》的主体部分，就是这次论坛的结晶。

郭　沂

2018 年 10 月 10 日

儒学政治理论的创新发展

尼山铎声

儒家思想对构建现代民主的启示*

安乐哲 著 伊 咏 译**

一、本文术语定义

(一)"儒家学说"(Confucianism)

在这里,我想先从"儒家学说"的定义着手,进一步探寻陈祖为理论中的关键术语。我们将哲学家、教育家孔夫子(Kongfuzi)译为拉丁语"Confucius",继而按照英语(而非中文)表达习惯,将他的理论学说译为"Confucianism(孔子的学说)"。事实上,据史学家蒂姆·巴雷特(Tim Barrett)研究,"Confucianism"并非英语固有词,它是由第二任香港总督、英国外交官约翰·弗朗西斯·戴维斯(John Francis Davis)引入的外来词。1836 年,约翰·弗朗西斯·戴维斯在他的著作《崩溃前的大清帝国》(*The Chinese:A General Description of the Empire of China and Its Inhabitants*)中,首次用到了"Confucianism"。①

---

* 2014 年香港大学陈祖为教授出版了《儒家至善主义——一种现代政治哲学》一书,本文即有感于书中观点而发。

** 安乐哲:北京大学哲学系人文讲席教授;伊咏:常州大学周有光语言文化学院教授。

① 蒂姆·巴雷特:"Chinese Religion in English Guise:The History of an Illusion",《现代亚洲研究》2005 年第 3 期,第 518 页,引用约翰·弗朗西斯·戴维斯爵士:《崩

孔子（Confucius）显然是确有其人，他生活在约 2500 年前，一生传道授业，并逝于那个时代。他为后世留下的智慧结晶，历经几代相传，将不同的文化特色凝聚于中国式行为框架之下，着实令人赞叹。《论语》的第二章中汇总了孔子弟子记录下的孔子私下言行，字里行间展现了孔子谦恭的人格典范，这自有其价值和意义。不过据称，孔子本人在不止一个场合以不同方式提到，他只是言行有宗，循例而作，陈陈相因，并非另辟蹊径。① 或许正因如此，在东亚白话文中，他的学说并未被称作"孔子的学说（Confucianism）"，而是被冠以"儒"（ru，士大夫阶层——名门世家或上层学士）之名。这种士大夫阶层的出现由来已久，到孔子生活的年代，这个阶层已传承至六十世，而后又继续绵延了八十代人，随着时代演变，他们不断诠释着这种"士大夫学问"（ruxue 儒学）。儒家学说的核心始终与孔子的立论初衷相一致，即以海纳百川的姿态汇聚中华文化。因此，儒家学说在充满活力的同时又兼容并蓄。换言之，每一代知识分子都曾对儒学进行过调整和再现，儒学被指摘，被重新诠释，又在实践中再次得到佐证。几个世纪以来，知识分子们将他们最优秀的思想贡献给了这种"士大夫学问"，而后又将衣钵托付于下一代知识分子，这成了他们之间延续着的鲜活传统。因此在我看来，"儒"指代的是一个精英文人阶层，这一阶层的人们像一个个节点连接起来，在庞杂的家族网络中实现了这种复合文化遗产的代际传递和展现。作为一种文化现象，儒学的基本道德准则，即孝、悌、礼、仁、道、德等，的确在很大程度上得到士大夫阶层的认同。谈到"儒"生阶层的贡献，我想即便沿着漫长的儒学历史追溯至甲骨文和金文时代，都

溃前的大清帝国》第二卷，London：Charles Knight & Co.，1836，p.45。见钟鸣旦（Nicolas Standaert）："'Confucianism'并非耶稣会士所创词汇"，《现代亚洲研究》（科技和医学版）1999 年第 16 期，第 115—132 页，关于儒学及其颇具争议的英文翻译"Confucianism"的详细论述。

① 无独有偶，为了纪念早前的香港总督戴维斯（Davis），香港有座山丘取英文名为 Mt.Davis（戴维斯山），然而就像"Confucianism"在中文里依然被冠以"儒"之名一样，这座山丘的中文名字仍然是"摩星岭"（Star Scraper Ridge）。

找不到一个比"文"更贴切的词了。综合来讲,"文"被理解为一种连续而深刻的审美过程,在这个过程中,"人们通过追求文学、礼仪和艺术,进而记录和润色人生体验"①。事实上,我认为对儒学最好的理解应该是一种审美主义,在这种审美主义中,儒学这一复合文化的审美价值和道德价值可以被直接视为指称同一现象的。

在陈祖为的观点中,儒学理想是强大稳固的,它经久不衰又具有规范性。乍一看,前文提到的演进的儒家道德审美认识似乎成了质疑陈祖为主张的有力佐证。的确,在上述认识中,儒学这一动态融合的文化过程得以具体化或者说得到了提炼,这似乎为我们拒绝陈祖为的实指理想(ostensive ideal)学说提供了充分理由。不过我认为,恰恰相反,儒学的明确定位,需要在儒学本身的自然宇宙观(如《周易·系辞》中所述)中进行。实际上,对于陈祖为主张中提到的"变通",我是持赞同态度的,它承认了在这种动态的代际传递过程中,即便是历久弥坚的特性也是有参考基准的。此外,在我看来,儒学是一门经久不衰又兼容并蓄的学问,而陈祖为理论中独特的"儒家民主"恰巧清晰有力地证明了这一鲜活传统是如何在现代世界中继续实现自我转型的。

(二)"至善主义"(Perfectionism)

"至善主义"是第二个需要反思和重新阐释的术语。新亚里士多德主义者托马斯·霍尔卡(Thomas Hurka)在其题为《至善论》(Perfectionism)的著作中这样定义了哲学(相对于心理)至善主义:

> 这是一种道德理论,它源自对品质生活或心向往之的生活的深思,它以独特的方式对这种生活进行了描述。这一理论认为,

---

① 在甲骨文和金文中,表示"文"的象形文字是一副纹有图案的人体,引申义可表示早期的符号、图像以及手稿文件。和"儒"一样,"文"被证实在金文起源之初就被用于表示对祖先的尊敬,蕴含高雅、精致和端庄的意味。

人之所以被称为人，是因为他们具备某些特质，这些特质构成了人性，对人性起着决定性的作用。一个好的生活使得这些特质得以向高水平发展，抑或让人认识到人性的核心。不同的至善主义理论或许对相关的特质有着不同的认识，那么自然对品质生活的内容也有不同的界定。不过，这些理论对于"品质"的定义都是一样的，那就是，最终实现人性的升华。①

这是对发展的至善主义的一种较为标准的理解。这种理解似乎颇受认可，先是被应用于人性概念（人之所以为人所应具备的特质）的重建，后来又被用于理想的进一步表达——这种理想来自对人性实现过程中所需特质的洞察。也就是说，要研究儒学至善主义，首先要清楚地认识到，为使儒学规范理想的本质能够遵循其构想，使特定的品质生活有助于发挥人性的最大潜能，古老的儒学传统是怎样解析人性的。了解了以上观点，我开始疑惑，为什么陈祖为会自觉地选择从这种极少数的哲学前提着手讨论人性、人格和社群？换句话说，他为什么不选择一个复杂的人格观作为理论出发点进行提问？那看起来似乎更有必要。②

首先，我并没想到有一些很模糊的"人性、人格和社群"等概念以非典型的方式融入了思想和生活中，因此，这些哲学设想并不是由概念本身所承载的，而是在赋予不同文化以鲜明特色的标志性象征中得到积淀。如此一来，我们就必须将"人"的概念理论化——它是儒家哲学的基础，避免我们接受关于人类体验的可能性的不自觉设想，同时为我们提供策略，使我们在邂逅一种另类文化传统时，能够最大程度地接受其展现出的不同世界观。

此外，考虑到中西文化对比中的理论应用存在较大的不对称

---

① 托马斯·霍尔卡：《至善论》，牛津大学出版社1993年版，第3页。
② 参见陈祖为：《儒家至善主义——一种现代政治哲学》，普林斯顿大学出版社2014年版，第161页。

性①，如果我们没有对儒学传统进行充分的理论化，相反只是简单地将一套泛泛的"价值"——例如美德、公益精神、责任心和仁爱——赋予儒家"规范性理想"，这样一套模糊抽象的特质是不足以称为任何特定传统的专属特性的，那么我们是否就错过了研究"比较政治理论"②的机会了呢？

有时，我也会对"人"的理论化感到一种紧迫的哲学责任感，特别是当一些失控的自由意志论鼓吹通过唤起自主个体的无限自由进行道德收买时，这种责任感便更加强烈。他们将自主个体的无限自由作为政治正义的基础和本源，并且拒绝接受任何将此种自由视为不道德的正义。也就是说，后马克思主义时代的文弱知识分子在没有更多选择的情况下，拒绝了毫无个性而言的集体主义，然而对他们而言，曾经关于基本个人主义的善意谎言，如今已成为一种恶意缺省的意识形态。实际上，在我看来，大多数自由主义理论家并不知道，在批判和质疑这种个人主义意识形态时，他们能够借助的主要文化资源之一，也是儒家哲学对我们的时代最重要的贡献之一，正是儒学中详尽、复杂又具有强烈伦理性的"人是以与他人不同关系而存在的"概念。

(三)"民主"

我想要定义的第三个术语是"民主"，这是一个尽人皆知的词，但同时又是个高度感性的多义词——"我不确定它是什么意思，但我们对它需要更多了解"。在我看来，陈祖为在他这本书中讲述的议题是我们

---

① 信广来最近在他的文章中多次提到过这种不对称性（《儒家思想与比较伦理学的研究：方法论的反思》，《中国哲学季刊》2009 年第 26 卷），在比较研究中，通过参考西方哲学框架、概念或者哲学讨论议题来研究中华思想已经成为一种趋势。这种趋势不仅体现在出版的英文作品中，在见刊的中文作品中也有迹可循。相反，在当代文学中，我们很少见到试图通过参考中国哲学框架、概念或者哲学讨论议题来研究西方哲学思想的情况。

② 信广来：《儒家思想与比较伦理学的研究：方法论的反思》，《中国哲学季刊》2009 年第 26 卷。

这个时代最重要的议题之一，他将修正主义儒家民主作为一种关于现代世界的政治体系，对其进行了严谨而细致的重构。对于他的大部分观点我是赞同的。例如，在儒学方面，我完全赞同他对儒学文本中的分配公正的引用，并且我也认为，在我们这个时代，为了预防潜在的财富分配不公，保证人们大致的财富充足，的确需要一些道德要求，这一点在儒学经典中完全可以解读出来。在民主方面，我同意他提出的关于政治权威的服务理念，陈祖为对这种理念进行了发展，使其能够进一步强化"为民服务"的儒家治理传统。在一个历史时期内，美国的政治体系几乎已全部被选票制抢占，而不是以政策或公共利益为主，对此，我更加赞成回归到麦迪逊式的选举模式，并将其作为民主选举的基本原理，这种模式正契合关于统治者和被统治者之间信任关系的儒家大同概念。

然而我对陈祖为主张的支持，并不仅仅是口头上的赞同，我更希望加入这项研究中，尝试对人性进行更加清晰的儒学定义，从而找到一种方法去恢复和赋予儒家规范性理想（即陈祖为所说的"儒学善"）一个哲学定义。陈祖为将"民主"定义为"一种政治体系"，并没打算提到这种论断的前提，即"这一体系的运作需要一定的社会、经济、道德和文化条件"①。而我的论述重点，则是阐明并复原这些真正民主的典型的基本价值观。如此进行也颇具道理。虽然我很赞同陈祖为的主张，他对选定的现代民主政治形式进行修正，使之符合儒学理想的精神实质，但我认为在选取和塑造这些特定政治形式的过程中，还应该形成一种民主理想，把它作为纳入标准。根据以上定义，接下来我将对"儒家学说"、"至善主义"和"民主"进行理论性反思，以期进一步巩固陈祖为的论据，为其结论提供进一步的支撑。

---

① 陈祖为：《儒家至善主义——一种现代政治哲学》，普林斯顿大学出版社 2014 年版，第 82 页。

（四）约翰·杜威和民主"思想"

美国哲学家约翰·杜威（John Dewey）在他的时代唤起了一种对民主"思想"的宇宙论认识，将其作为一种检测标准来防止美国自由民主的发展出现偏差。他认为美国自由民主的发展方向不幸出现了偏差，正在渐渐偏离其基本前提，并且这种偏差在他逝世后的几十年间愈演愈烈。为此，杜威指出了民主"思想"（有时也包括"理想"）和民主政治形式之间的重大区别。在《公众及其问题》（*The Public and Its Problems*）中，杜威探寻了非正式状态下、整体意义上和日常生活中的民主实质，即特定人在其特定群体中的生活和关系，从而对"一般社会意义上的民主思想"给出了以下定义：

从个人角度来讲，"一般社会意义上的民主思想"包括，根据个人组织和指导活动的能力，为自己所在的群体贡献应有的力量，并依照群体持有的价值观需要来参与此类活动。从群体角度来讲，"一般社会意义上的民主思想"要求群体能够在保持与普世利益、善意相协调的前提下，释放其成员的潜力[1]。

这里我们必须要特别注意，因为杜威的言论一旦被错误解读（它确实也曾被频繁误读过），则会背离其深层含义。在杜威看来，"个体"和"群体"既非独立实体也不可分割。相反，从所有反思的出发点看，杜威在对经验整体性的论述中，认为群居生命高于独居个体，具体情境优于抽象代表。也就是说，我们沉浸其中的友谊是第一现实，而友情关系中独立的朋友仅仅是友谊的第二抽象。换句话说，个体和群体之间的关系应该被全面地理解为焦点和视野的关系，而不是部分和整体的关系，二者的内在含义是完全相互关联的。杜威的结论很简单，即联系是确实存在的。并不是我们参与到了关系之中，而是从一开始，我们根本就置身关系之中且由关系所构成。

---

① 参见《杜威精选》第 1 卷，印第安纳大学出版社 1998 年版，第 294—295 页。

这样来看，杜威的民主"思想"是一种社会政治理想，说到底，这对他本人而言是一种宗教理想，它从宇宙论的角度回答了我们是如何发展社群中人们之间最原始最本质的关系，从而使其达到最优产出的，并且如何通过发展这种关系，实现人类体验的最佳可能性。因此，民主思想也具有审美性和道德性：它是一种美学，它对交流社群的创造可能性进行最优化，以充分获取人类体验的价值和意义。对杜威而言，"大社群"中每个人的"行为和经历"是真正民主的来源和本质。这种真正的民主是独立又全面的"个体"在他们所共有的新型社群中，共同以各自独有的方式塑造同时也被塑造出的带有艺术性的最佳关联。

杜威的理论是有道理的。他从一开始观察到我们是由关系构成的，如此一来，如果我们的邻里更优秀，我们自然就更优秀。从积极方面来说，民主思想是一种策略，让我们充分利用构成社群的关系；从消极方面来说，民主思想是一种清醒的认识，即任何对社群成员和社群关系的强制都会大大削弱社群的创造可能性。更明确一点讲，杜威的民主"思想"并不是一种政治体系，不能供相互关联的生命进行选择。它更像是一种有关完美关系的理想，永远不可实现、不可完成、不可能完美。

在杜威看来，我们熟悉的民主体制形式包括一部宪法、总统办公室、投票站、投票箱等，但这些并不能保障政治繁荣。相反，如果仍不进行改革，这可能会成为暴力和压迫的源头。美国南方的吉姆·克劳法就是很好的实例。正式的组织机构自然是必要的，但它通常是历代政府形式背后的传统所遗留下的产物，其本身不仅不能体现民主"思想"，甚至久而久之，它自身的落后性即便对动态的民主"思想"不构成威胁，也会造成民主"思想"的迟缓。民主"思想"源自对每个人、每处环境的独特性认识，因而它要求任何政治形式在面对层出不穷的不同个性时能够作出必要的重构和调整。它承认生命的不竭流动与其形式之间存在和谐而发自本能的相互牵制。

至于宪法，比方说在几百年前革命热潮中的美国，它也许能很好地保证个人拿起武器保卫自己的权力。然而现在，宪法变得形式固定、内容过时却未经改革，在迥然不同的现代环境中，它俨然成了一种入侵源，根本无法服务于民主"思想"，反而助长了一种反社会暴力文化，阻碍了集体力量的壮大。从本质上讲，政治形式毕竟是保守的，而且政治形式的"重组"通常必须服务于活跃自由的民主"思想"，但在一个繁荣社群中，贯穿于其中的民主"思想"恰恰与一切根深蒂固的形式结构相对立。杜威主张，要治愈民主的顽疾，那么当特定人在特定社群中实现或表达出民主思想时，我们要不断地回归到民主思想，对顽固的政治形式发起挑战。

(五) 怀特海和民主的宇宙论背景

如果还需要进一步确证杜威指出的民主"思想"与其宇宙论背景之间的紧密联系，那么怀特海可以说与杜威"殊途同归"，在怀特海看来，民主的宇宙论"理想"同样是一种审美层面和道德层面的成就，它将人类环境的创造可能性最优化。

民主的基础是关于价值体验的普遍事实，它构成了每一次现实脉动的本质属性。每件事，对它们本身、对他人、对整体都有一定的价值，这让现实的意义具有特色。正是因为这个特点，为了构建现实，我们有了道德的概念……从本质上来讲，存在是对价值强度的支撑。同样没有哪个单位能够脱离整体独立存在，然而每个单元又依靠其本身而存在。存在支持价值强度本身，但这种支持包含了对价值强度的共享。任何存在的事物都有两面性，即个体事物本身和它在宇宙中的意义，而这两面性又是你中有我、我中有你的相互融合。①

更通俗一点讲，怀特海的意思是，特定的人群当然可以有他们自己的完整性，但这种完整性要具备自身的道德意义和审美价值。它不仅要能与该群体中的关系相融合，并且对于由同种关系组合起来的人们，这种完整性对成员本身和整个社群都要有其存在的意义。

---

① 参见 A.N. 怀特海：《思维模式》，麦克米伦出版社 1938 年版，第 111 页。

（六）唐君毅之优化人类体验的儒学理想

　　唐君毅评价了陈祖为主张的儒学理论的优缺点，他反复强调，即便在历史上，儒学同一些失败的政治形式，例如封建制、君主制和父权制等都有关联，但这些关联都是偶然而短暂的。唐君毅认为，儒学的执着理想不是源于某些封闭的意识形态，不是源自某些久远的帝国机构，也不是某些神圣的宗教启示所给予。唐君毅将"部分"与"整体"之间准确全面、相互依赖又富有成效的活力看作儒学文化最鲜明的特点和其最与众不同的贡献，在描述中华文化的潜在活力时，他将宇宙论和人类共同生活的可能性联系在了一起。对他而言，儒学理想是：

　　……个体与全体之间相互渗透、共生共栖的精神。从我们的知识了解角度看，儒学理想意味着不愿将任何个体愿望排除在外（这一点在中国人的宇宙认识中最为明显）；从感情纽带的角度看，儒学理想意味着任何个体在实现全体愿望时都承诺拼尽全力（这一点在中国人的日常生活态度中表现明显）。①

　　为了全面地还原唐君毅观点中的儒学理想，我们必须将儒学中的社会政治哲学与他所理解的中华文化背后的宇宙论假设相匹配。当被演绎到更确切的人类社群的社会政治领域内，这种个体与全体之间准确全

---

① 唐君毅认为："中国文化之根本精神即将部分与全体交融互摄之精神；自认识上言之，即不自全体中划出部分之精神（此自中国人之宇宙观中最可见之）；自情意上言之，即努力以部分实现全体之精神（此自中国人之人生态度中可见之）。"[《唐君毅全集》第11卷，（台北）学生书局1988年版，第8页] 这段论述表现了阴阳学中的相关性，而这种相关性在中国宇宙论中无处不在，它在一次次的复述中变得愈加抽象，因此对体用之间的连贯性存在要求。这种"体"和"用"之间的不可分割性，自然也适用于理想和政治改革之间的关系。

面、相互依赖的共生关系，或者说，这种焦点与视野、生态学意义上的"事件"与环境之间的关系，就变成了人与人之间兼收并蓄、两相情愿又富有成效的合作价值，从而最优化人们共有的"善"的理念。这种"善"是一种社会政治期望，如上文中杜威和怀特海所言，它与真正的民主有着密切联系。然而，作为儒学至善主义理想，这种"善"的组成和本质又将我们带回了人性问题。

二、儒学观念下的人类文化

在讨论关于人性的主导性儒学观念之前，我想先从最近大范围使用的"文化（culture）"概念现象着手，探讨文化隐喻对术语理解的重要作用，例如对"人性"理解的重要作用。换句话说，我们把田间劳作和畜牧养殖当作对既定天性的培育和实现，我们假设这就是一种贴切的文化隐喻，并且指望用我们所描述的"文化（culture）"概念来表述上述假设。更具体地讲，正是在思考人性的实现时，我们拒绝接受相同的目的性假设，才使得我们处于真正危险的境地——不假思索地为儒学传统赋予一种目的性。

在 1976 年出版的《关键词：文化与社会的词汇》（*A Vocabulary of Culture and Society*）一书中，雷蒙·威廉斯（Raymond Williams）提出了一个著名论断，他认为"文化（culture）"算得上英语中最复杂的两三个词之一。之所以复杂，他认为一部分原因在于"文化（culture）"的喻义已经从它本身的物理培育过程，即田间劳作和畜牧养殖，向着物质、智力、精神和审美表达的特色模式延伸。就像约定俗成一样，我们倾向于认为，这些农耕实践是被有意地不断推进，最终成为培育过程中客体的内在特色形式。在这个培育过程中，人类的干预作为一种外部助力，为上述客体提供了工具性的纪律和控制来源。我们假设，培育过程中的动植物在不受阻力的情况下可以繁荣生长，并且我们能够为其提供适合其品种的营养支持。

直到 18 世纪，才首次出现了对"文化（culture）"的一致表达，即人的全部"生活方式"。到 19 世纪末 20 世纪初，"文化（culture）"被认为是一种具有文明特色的实践和价值形态，其通常带有道德和审美性质。后者作为一种分化和分离人类社会的"文化（culture）"，曾被用于"社会进化"的进步理论语境中，使得某一群体和他们的"文化（culture）"更为先进。这种颇具争议的"文化（culture）"意义传承至现代社会，其中一个具体表现就是，媒体频繁地将高校课程中涉及的多元文化紧张关系描述为"文化战争"。

在近代欧洲和东亚地区，并不存在与现代英语中的"文化（culture）"相对等的概念性术语。有意思的是，我们发现"文化（culture）"这一现代概念，在上述地区被普遍译为或者被近似于另一个术语，但这个术语与"文化（culture）"的含义相去甚远。正如我们期待的那样，传统的东亚农耕文明中包括许多像英语中"culture"这类的术语，它们从工具的角度体现了动植物培育的物理过程（比如修、养、畜、培、栽等），但是由于这类术语偏离了"文化"的另一层喻义，因此这类词语并未被用作表示"culture"。而"文化"是个复合词，它是由"转化"（化）和"通过追求文学、礼仪和艺术来记录和润色人生体验"（文）两部分组合而成的。鉴于"文化"的喻义根植于作物培植和家畜驯化的实践中，那么在教化客体的自然生长过程中，文化标准便成了对客体内在潜力的一种至高无上的训诫力量。"文"（受到深刻的道德、社会、政治和审美影响）一直以来被理解为与自然之间充满灵性的协作，它阐释自然，精炼自然，最后以深刻的道德审美力量改变自然。"文"将甲骨文的自然积淀和商朝金文的苍劲优雅区分开来。

从早期的经典之作来看，"文化"这个话题由来已久。"文化"是一个现代日本汉字术语，它取自中国经典古籍，例如《易经》，是一种流行范围很广的思想。它第一次出现是作为一个特殊的别称用于目录学家刘向（前 77—前 6 世纪）的《说苑》中："圣人之治天下也，先文德而后武力。凡武之兴，为不服也，文化不改，然后加诛。"（《说

苑·指武》)

至少到 15 世纪后期，中国文学理论家，如刘勰（约 465—522），才开始认同自然的"文"和外在艺术感染力，以及"道"的生生不息，从而断定先天条件与后天培养并不是相互独立的，它们之间存在一个共生互补的过程，而这个过程被认为是实现道德与审美和谐的核心所在。从"文化"和"人性"的文化隐喻中可以看出欧亚语言是存在差异的。显然，这种差异的根源在于亚伯拉罕传统与经典儒学传统中对"创造力"有着不同的认识和应用。在亚伯拉罕传统中，这种可以"无中生有"的创造力是属于上帝的，他是一个可以自给自足的创造者；而在经典儒学传统中，就像《易经》和《中庸》中举例说明的那样，完成儒家学说的规划，不仅需要个人力量，同时也需要人类，作为宇宙的共同缔造者，具备责任心和想象力。①

进一步思考"文"的含义，我们发现，在上文提到的《说苑》中，曾用"武力"来比喻不同文化之间的紧张关系，虽然这里的"武力"跟现代汉语中的"武力"用法不同，但这也说明，"文"自古以来就与强制性的、破坏性的、非人道的"武"相对立。当固有的权威文本与后世对前人的不断评判出现越来越多审美上的批判性对比时，人类体验中的文明领域也就应运而生了，而"文"指代的就是这个领域。总之，代代相传的文化概念告诉我们，文化源自固守与转变之间——固有的道德审美传统与不竭的变通动力之间——本质的动态关系。回顾文化传统与展望富有成效的改变并不矛盾，二者是互补而又相辅相成的。事实上，我认为这种人与世界之间互补的道德审美动态与儒学传统中的人性有着直接的关系。

---

① 如《新约》第二十四章所说："地和其中所充满的，都属乎主。我们是他造的，也是属他的。"

三、儒学观念下的人性

麦克尔·桑德尔在他的《自由主义与正义的局限》（*Liberalism and the Limits of Justice*）一书中指出："说到人性，常常会提到一个经典的目的论观念，与普遍的人类本质的观念相联系，在所有的空间和时间中都一成不变。"①

李亦理在他的孟子与阿奎那研究中，将"给定天性"的说法进一步提炼。他将两种关于人性的模型进行了区分：一种是人性本体论／发现模型，这种模型很常见，但却是对孟子和阿奎那的错误解读；另一种是人性发展／生物学模型，这种模型恰好体现了上述两位哲人的思想。对于前者，李亦理这样说道：

在发现模型中，人性是一种持久稳固的性情集合，虽然模糊但是可以被触摸和发现。人们并不培养早期能力，但他们发现一种隐藏的本体实在。因此，这种发现模型反映出的是本体论而不是生物学概念。不论是谁，做了什么，本体实在总能反映真正的自我。②

对于孟子的人性理念，李亦理更支持人性发展／生物学模型，如他所说：

这种生物学框架展现了孟子对于人性的理解以及孟子观点的成功经验与失败教训。……框架内某个事物的本质指的是事物的某种内在构造，它能够以发展的方式展现事物，并以具体的形式推

---

① 麦克尔·桑德尔：《自由主义与正义的局限》，剑桥大学出版社 1982 年版，第 50 页。
② 李亦理：《孟子与阿奎那——美德理论与勇敢概念》，纽约州立大学出版社 1990 年版，第 60 页。

动事物的发展达到顶峰。①

虽然这种人性发展模型要比发现模型更吸引人，但它仍然是一种典型的亚里士多德哲学，它将人类潜能理解为一种内在的、起决定性作用的"人类能力"，这种能力以具体的形式得到展示和实现，而这种具体的形式则决定了我们是谁，未来会成为谁。李亦理等人对这种发展模型的推崇也许是源于孟子在其理论中频繁以农耕畜牧作比，例如，如果不受外伤，且得到养护，大麦的种子就会展现大麦的特点。②

的确，《孟子》等权威儒学文本中的关于农耕畜牧类的隐喻，巩固了这种亚里士多德式的思想——顺其本性而生长的动植物不过是在实现它们"根"或"源"中潜藏的内在本性。不过，对农耕畜牧的类比之所以能够适用于记录关系构成的"人"的发展，其真正原因在于，即使在最平淡无奇的农耕畜牧活动中，也仍然存在一个独立的非自然环境和人力付出。如果没有持之以恒的、彻底的人类干预，大多数"种子"并不能顺其本性长成"应该有的样子"，而会长出千奇百怪的果实。如果不是我们按照自己认为的"自然"方向来集中引导和培育动植物，那么大多数橡果会成为松鼠的美食，大部分玉米将是奶牛的口粮，几乎全部蛋类都会被做成蛋卷，而苹果大抵都成了堆肥。确实如此，一百万粒橡果中，只有一粒会长成橡树。任何事物的"根"或"源"以及它们的未来不仅取决于它们"起始的"自然条件，与后天的集中培育和环境偶然因素也息息相关。

当我们涉及更复杂的人类经验时，就不能局限于这两种李亦理的本体论模型和发展模型了。这里，我们进一步发现了第三种更有趣的模型，这是一种对人性的整体审美性描述理解，例如"文化"。在这种理解中，人与世界以一种动态互补的关系共同发展。个人的身份自然是根

① 李亦理：《孟子与阿奎那——美德理论与勇敢概念》，纽约州立大学出版社1990年版，第58—59页。
② 李亦理：《孟子与阿奎那——美德理论与勇敢概念》，纽约州立大学出版社1990年版，第59页。

植于其"起始的"家庭、社群和环境内在关系中。为了避免对关系造成损失或伤害，我们需要对其进行培养和保护。然而只有人们终其一生在受教、成长和圆满的复杂过程中，实现了所有目标与意义，这些身份才得以显现。人们的潜力并不是被给定的，而是在相互作用的过程中逐步显现的，最终，这些潜力构成了人们生活的世界。

也就是说，成为人的"潜力"并不简单地来源于人的"起始"。这种"起始"是人们与生俱来的特有的动态环境和家庭关系。首先，在这种自然宇宙观中，既不存在孤立的个人，也不存在孤立的"起始"。人并不是存在于自己的皮囊之下，而是存在于与他人的关系中。在人生不同阶段，构成人的重要角色与关系具有优先性，而人本身不论在任何时候，都只是这些关系的第二层次的抽象（abstractions）。因为人，作为叙事中的叙事，是由这些演变的重要关系所构成的，所以人的"潜力"和他们的身份实际上是同时显现于构成生命的特定偶然事件的。因此，对"潜力"最好的理解应该是一种虽然先于历史给定关系但同时具有展望性的潜力，它是随着不断变化的环境而改变的。也就是说，这种潜力不是泛泛的或者普遍的，对于特定的关系人而言它是独特的。它并不仅仅是一种内在的、起决定性作用的天赋；相反，只有当特定的故事展开后，我们才能分析出"潜力"的内涵。

近来，特别是在涉及中国古典语言时，著名的英国汉学家安格斯·葛瑞汉在讨论关于"气"的中国宇宙论时，认为"经典中文句式结构将我们置身于一个变化的世界，在这个世界中，我们会对其'根源'提出疑问"，又因为它是处在变化中的，所以对于"变化的时间"①我们同样存在疑问。葛瑞汉想要表达的是，任何事物出现过程中人们所感知到的相关性，在中国宇宙论中，都被假设为历史主义的，同时也是抽象的、理论化的。因此，这种相关性在演变过程中，就必须同时由地点和特定的时间来描述。在葛瑞汉对中国宇宙论语境下的人性提出疑问后，

---

① A.C.葛瑞汉：《中国哲学及哲学文献研究》，纽约州立大学出版社1990年版，第360—411页。

比如说，在问出"这是什么"的问题之后，他必须进一步追问"它在何处被认为如此的"，"它在何时具有如此含义的"，因为人性被理解为一种不断发展演变的过程，而不是一种必要的、永恒的属性或天赋。事实上，包含人性的宇宙秩序，虽然被理解为是宽泛而一成不变的术语，但同时也必须受到地域和特定情况的限制。对于中国宇宙论而言，在我们周围的世界不断改变的过程中，既不会否定时间，也不会否定空间。葛瑞汉对于中国宇宙论的探索显示，一切用于表示对人类经验的认识的理性结构，即我们可能参考到的理论、概念、分类、定义，都被其应用中不断变化的结构和客体变得不堪一击。

真正重要的是，孟子或许回答了哲学中最基本最重要的问题：我们该如何理解"成为完人"？我们如何定义"成人"的意义？——是通过推测和假设让人们拜托其生活中的角色和关系的内在孤立原因？或者相反，当人们在原始环境中得到展现而成为人之后，再对其人生故事中后续的动作进行分析？我们如何解释"成人"的出生、生活和成长？——是重复性的因果（婴儿是准成人）？目的论原因（婴儿只是现有理想的基础）？还是通过深思熟虑的个人行动获得的前后关联的叙事原因？在我们的世界中，线性因果关系和对目的论的恪守根植于文化隐喻当中，基本的个人主义已成为一种垄断知识感知的意识形态。因此，我们不得不对看似常识性的"个人"假设提出质疑。"气"的宇宙论为儒家学说提供解释性的语境，在这种发展背景下，上述常识性的"个人"假设能否与儒家学说保持一致呢？

回到文本自身，反思关于人性的儒学理念，我们发现在《论语》中有一句经常被引用的经典语句，但关于这句话的理解很是模棱两可，这着实让人不安："子曰：性相近也，习相远也。"

由于文化中居于领导地位的农耕隐喻的影响，我们倾向于将人性假定为某些一成不变的、普遍的、与生俱来的、固定的、自给自足的天性，它们对一切人类起决定性的作用，使得人们能够自然而然地发展为人。不过，考虑到上文中关于"文化"和"培育"的儒学理解，以及对"文化"隐喻的参考，孔子所说的人们"性相近"，并不是说人们有着相似的固有本性，而是想要表达，人们在个人发展过程中具备一系列不受限制的道德审美可能性。我们的"天性"，或者更确切地说，我们的"自然习性"并没有参考某种给定的来源或设计，它指向的是尚未定义的、共有的能力，这种能力能够引导我们以特有的方式成长或"设计"自己。而"习相远"指的是，这种相似的、不受限的、带有道德审美意味的自然习性，因为其本身的复杂性，而具备变化万千的可能性。正如唐君毅在《论语》的读后感中如是说：

> 此即孔子不重人性之为固定之性之旨，而隐含一相近之人性，为能自生长而变化，而具无定限之可能之旨者也。①

从这个意义上讲，我们能够培养起来的衍生习惯以及能够形成的文化，都是在展现我们具有创造力的自然习性。这并不是对某些设限的预设模板进行简单重复，相反，这些模板与美学成就形成鲜明的对立，甚至对其造成损害。

唐君毅强调了这一过程中充满活力的、协同合作的、具有创造力的、自然发生的本质：

> 中国自然宇宙论中，共相非第一义之理。物之存在的根本之理为生理，此生理即物之性。物之性表现于与他物感通之德量。性或生理，乃自由原则，生化原则，而非必然原则……盖任一事象之生起，必由以前之物与其他之交感，以为其外缘。而一物与他物之如何交感或交感之形式，则非由任一物之本身所决定……因而一物之性之本身，即包含一随所感而变化之性。②

唐君毅认为，在对人性的儒学认识中，我们必须充分认识一个

---

① 唐君毅：《唐君毅全集》第 13 卷，（台北）学生书局 1988 年版。
② 唐君毅：《唐君毅全集》第 4 卷，（台北）学生书局 1988 年版，第 98—100 页。

事实，即"性"是由"心"和"生"两部分构成的。"心"的部分指的是那些原生的、内在的关系条件，它们为人的成长提供了环境和轨迹；而"生"的部分指的是那些原生条件自发的、充满活力的成长过程，在这个过程中，原生条件在交替的叙述中不断显现，继而被改造。唐君毅还强调，人类叙事的情景化、事务性的偶发本性还伴随着创造力：

> 且物必愈与他物感通，而后愈有更大之创造的生起……个体的德量，由其与他物感通，新有所创造的生起而显；亦由时时能自觉的求多所感通，求善于感通，并脱离其过去之习惯之机械支配，及外界之物之力之机械支配，而日趋宏大。但此非一般物之所能，唯人乃能之耳。①

值得注意的是，为了理解唐君毅的上述观点，我们需要澄清三件事。第一，如果我们将"生"定义为"出生、生活和成长"的过程，而不是简单的"出生"，那么人性的可能性就不仅仅局限于事物本身了。关于人"性"的推论，由"心"而发时自然是深思熟虑且果断坚决的，但就像在行动中展现的那样，它实际上是人与周围环境、人物之间的创造性合作。第二，在一个人的故事刚刚开始时，"心"自然指的是原生的人类条件，但在"生活和成长"的过程中，"心"也是一种转喻轨迹，它呈现了创造性地衔接和展现个人习惯的动态复杂过程。这些个人习惯使得人们在整个叙事中能够举止谨慎，并通过审美文化增强人生体验。这里的审美文化即"通过追求文学、礼仪和艺术，进而记录和润色人生体验"。第三，正是我们创造文化和改造宇宙的复杂能力，使得人类相对于天地而言有其特殊的地位。

孔子在他的言论中很喜欢强调文雅嗜好造就的具体产物，在讲到"仁"时，孔子反复指出"仁"是人们在各自的角色和关系中，通过效

---

① 唐君毅：《唐君毅全集》第4卷，（台北）学生书局1988年版，第100页。

仿道德榜样而练就的高超技艺。同时，孔子反感抽象思辨和"意"① 的虚构想象，难怪他的弟子子贡曾有言，"夫子之文章，可得而闻也；夫子之言性与天道，不可得而闻也"（《论语·公冶长》）。孔子的文化成就可拿来展示给世人；然而人类创造力所能及的世界却是不可穷尽的，其概念也是模糊不清的。对孔子而言，我们必须要先有令人满意的精湛技艺。只有对我们生活中的文化进行提炼改进，我们才能进一步地探索周围世界的无限可能。正如孟子所言：

> 尽其心者，知其性也。知其性，则知天矣。存其心，养其性，所以事天也。殀寿不贰，修身以俟之，所以立命也。（《孟子·尽心上》）

同样，唐君毅在反思经验与其概念之间的关系时，也曾强调实现人类抱负要优先于其后续的概念化和相互衔接；真正理解和表达人类潜能的唯一途径，就是实现个人理想：

> 人之现实性不必能穷尽人之可能性，而欲治人之可能性，亦不能如人之求知其他事物之可能性，而本推论与假设以客观知之；而当由人之内在的理想之如何实践，与如何实现以知之。即对人性有知，自亦必有名言概念，加以表达。然此名言概念，乃顺此所知，而随机以相继的形成。②

上文中托马斯·霍尔卡认为，不同的人性理念能够形成不同版本的至善主义。而儒学对人性的叙事性认识则表明，人类创造性的自我"完善"过程不可穷尽，这个持续不断的过程将会造就出形形色色的"成"人，并且它呈现的实在人"性"总是暂时性的，是对过往人"性"的认识，在这种认识中，人与人之间的差异总要比他们的相同之处有趣得多。

---

① 《论语》子绝四：毋意，毋必，毋固，毋我。
② 唐君毅：《唐君毅全集》第 13 卷，（台北）学生书局 1988 年版，第 22 页。

四、还原儒学的规范性理想

了解了儒家关于"成"人的"叙事性"理念，接下来我们将要讨论的问题是，要拥有怎样的儒学规范性理想，才能实现如此悬殊的人类潜能？考虑到充满活力又不可穷尽的关联具有优先性，那么个人的偶发身份和固有的独特性恰好体现了它们之于给定环境中的一切互补成分的意义。"个"与"道"——无以计数的一切以及构成一切的无穷事物——只是同一种现象的两个不同"方面"。正是从这个意义上讲，如同对关系优先性的推论一样，这种早期的中国宇宙论，作为儒学传统的阐释性语境，其实是一种唯美主义。在这种唯美主义中，每个人都成了一个独特的焦点，在这个焦点下，每个人都有着无穷的体验。

怀特海之所以认为这是一种审美学的宇宙观而非还原论的理性或逻辑秩序，其原因在于它是整体性的，它兼收并蓄又毫无头绪。[①] 也就是说，在这种模式化的宇宙论秩序中，没有任何特权秩序能够占据主宰地位，一切事物无一例外地参与到"社会和世界秩序"的和谐互补之中，并且每样事物在相互协同产生其他新事物的同时，依然保留了自己的特色。

唐君毅提供了关于儒学理想的宇宙论认识，这种宇宙论认识即便不能使我们了解陈祖为的演变"儒家民主"，至少也可以帮助我们了解其发展轨迹。假如这种民主能够忠于其儒学初衷，那么相对于其他肤浅的平等主义或特定的民主制度而言，这种民主必将为宇宙论的儒学理想提供更多的帮助。因此，在我看来，唐君毅认为民主将会沿着中国式的演变道路发展下去。

在人类世界中，上述宇宙论被称作"礼"，它对人类体验进行了全面解析，并由此美学化了人类体验：

---

① 参见怀特海：《思维模式》，麦克米伦出版社 1938 年版，第 58—63 页。

有子曰：礼之用和为贵。先王之道，斯为美；小大由之。有所不行，知和而和，不以礼节之，亦不可行也。（《论语·学而》）

由于人的焦点—视野本质，"礼"为社群中每个渴望在自己的角色和关系中言行有礼的人提供了一种儒学准则。这与杜威以及怀特海的假设不谋而合，他们同样认为真正的民主前提是：一种最优化人类体验的社会政治关系模式。至少在这个理论层面上，我们可以确定，即便政治体系没有"表达儒学所支持的规范性理想或价值"，那么至少民主理想实现了这种表达。①

儒学理想与杜威、怀特海主张的不同之处在于，在追求最优化的起始之初，家庭被给予了核心的启发性地位。在唐君毅看来，中华文化根植于人们的日常生活以及家庭生活中常见的谦恭顺从。②家庭关系的意义和价值不仅是社会秩序的前提基础，它同时还带有宇宙论和宗教学启示。合理维系的家庭纽带是理解的出发点，这种理解是指，我们每个人对于拓展开来的关系网都担负道德责任，这种关系要远大于我们自己划定的范围。③家庭是宇宙秩序的核心，正如《大学》中所言，一切秩序都源自共同的核心，层层扩展开来，但又回归同一个起点。

在杜威看来，民主"思想"就是他眼中繁荣的公共生活。人们通过贡献独有的力量来实现这种公共生活。同样地，唐君毅的儒学也是用来为社群中的个人实现整体的最高文化、道德和精神发展。而儒家的"价值"理想特色在于，其中每一种价值，即"孝"、"悌"、"礼"、"仁"、"道"等，在最优化创造性潜力的审美主义中都发挥作用。

诚然，儒学中引入家庭概念，用来比喻人类体验的组织概念，这并不都是正确的。在反思真正民主的基础时，对家庭传统的探索可以说是最深刻的，家庭组织中的亲密关系成为地方性腐败的源头，这一点也

---

① 参见陈祖为：《儒家至善主义——一种现代政治哲学》，普林斯顿大学出版社 2014 年版，第 85 页。

② 参见唐君毅：《唐君毅全集》第 4 卷，（台北）学生书局 1988 年版，第 219—302 页。

③ 参见唐君毅：《唐君毅全集》第 4 卷，（台北）学生书局 1988 年版，第 219—302 页。

成为中国民主化道路上的主要障碍。我们看到，在提到唤起民主"思想"时，杜威理论的基本难题就是试图克服聚集的制度惯性。一旦停止改革制度，它就会反过来制约真正民主社区的生活。然而如果我们想要将儒学"理想"发展为儒家民主，那么它所面临的问题恰恰相反。就像陈祖为提到的，儒学传统将太多的精力放在了亲密的、非正式的家庭关系上，但在正式的、更加"客观的"制度建设方面进展缓慢。不过即便制度建成，由于对个人关系关注过多，对公众关系少有关注，这些制度最终还是妥协于家庭关系。

从"道的错置"到"道的正置"

——兼论"后新儒学"及其"公民儒学"建立的可能

林安梧*

本文旨在就作者多年来研究所得，指出中国政治传统的根本困结："道的错置"，做一总的回顾、阐述，进而指出其回返、疗治的可能；如此，归返于正，斯为"道的正置"。从"道的错置"到"道的正置"的厘清与转化，进一步提出公民儒学的可能。首先，回顾近四十年来，作者自己关于此论题的探讨，做了一精神史式的反思；指出经由王船山到熊十力，并对举牟宗三，且在西方哲学思潮的激荡下，开启了一"本体—发生学"的学问探察方式。再者，关联着中国政治传统，就其"儒学的帝制"与"帝制的儒学"，经由"五伦、三纲"的深层分析，开决其辩证的纠结。进一步言之，集中"君、父、圣"三个核心性概念的纠葛，探察"君父、圣君"，彰显"道的错置"的奇诡结构。解开了中国传统政治的根本困结：道的错置，进而调整"内圣—外王"的结构，对比指出"外王—内圣"的新思考，而这强调的是一公民儒学式的思考。它主张在"契约性的社会联结"下，缔结"委托性的政治联结"，重新调节"血缘性的自然联结"的人伦次序，并长养"人格性的道德联结"的德性生长。总的来说，从"血缘性纵贯轴"到"人际性互动轴"的转

---

* 林安梧：慈济大学宗教与人文研究所教授，山东大学儒家文明协同创新中心杰出访问学者、儒学高等研究院教授。

化与发展，相应的是由君子儒学开启了一崭新的公民儒学的历程。相应来说，这正是由"新儒学"迈向"后新儒学"的发展历程。

一、问题的缘起

哲学，之于我来说，是人参赞于天地万有一切之间的总体理解与诠释，并在这样的向度下逐渐地达到自我本性的确知。因为，自我本性并不是先天本然之为如何，而是在历史社会总体的熏染下，积累成如何。用王夫之的话来说，"命日降，性日生日成"，"习与性成，未成可成，已成可革"；并没有一先在的国民性，只有在历史社会长养的过程中成就的国民性，它是变动的，是历程的；是在变动历程中积累成的性子。

华夏族群积累了数千年的文化传统，在宗法封建、帝皇专制、小农经济、圣贤教养下成了一自家的性子。这性子有好有坏，可上可下，或善或恶，或高或低。天下有道时，这性子可能显示的是"天行健，君子以自强不息；地势坤，君子以厚德载物"；天下无道时，它却也可能"处士横议，诸侯放恣，邪说暴行有作"，"富岁子弟多赖，凶岁子弟多暴"。诡谲而难理的是，原本的"敦厚朴实"居然滑转为"世故颟顸"；原本的"人情义理"竟也扭曲为"私情恩义"。多年以前，我即曾为此撰了一篇《孔子与阿Q：一个精神病理史的理解与诠释》，我的提法是这样的：

原先孔子所开启的儒学强调的是一"道德的社会实践意识"，但显然的世代并未真从宗法封建与帝皇专制中解放出来；因而在此两面向的纠葛下，道德的社会实践意识无法畅达地发展，遂滑转为一"道德的自我修养意识"。原先之转为一道德的自我修养意识，为的是要归返生命自身，而再度开启社会实践意识，传统之要求由内圣通向外王，所指始此。问题是，内圣通不出去为外王，反折回来，又使得那道德的自我修养意识再异化为一"道德自我的境界之追求"。此时之道德转而为一境界型态之物，而不再是实理实事。原先的道德精神境界的追求所为的是自我的治疗与康复，俾其能开启道德的自我修养之可能；但在世衰道微的情况之下，即如道德精神境界亦成为一虚假而短暂的境界。这再度往下异化便成为"自我的矫饰"与"自我的休闲"，明说其理由，实则为虚，终而堕入自我蒙欺、万劫不复的魔业之中。魂魄既丧，游走无方，来去无所，这失魂症的病人也只能以"道德的精神胜利法"自我蒙欺罢了。

如上所说，"孔子"与"阿Q"两者可以关联成一个井然有序的系谱。由"道德的社会实践意识"滑转而为"道德的自我修养意识"，再滑转为"道德自我的境界追求"，而后再异化为"道德的自我矫饰"与"道德的自我休闲"，终而堕到以"道德的精神胜利法"而转为一"道德自我的蒙欺"。我们之所以将"孔子"与"阿Q"做这个精神病理史的关联性理解，并不是要去说当代中国族群之为阿Q为可接受的，而是要借由这样的理解与诠释达到一治疗的作用，进而得以瓦解这个奇怪的综合体，让中国文化及在此中长养的中国子民有一重生的可能。

大体说来，这样的问题已纠缠整个中华民族数千年，作为一实存的体会者、研究者，它着实如鬼魅般纠缠了我几十年，挥之不去、弃之不得。这问题引生了我哲学研究的重要环节，它大抵环绕着"道的错置"与如何克服此"道的错置"，而拨乱反正，回归于"道的正置"的过程。或者换句话来说，那是从生命的异化状态下，经由批判、治疗与回归的历程。

二、关于"道的错置"四十年长远的探索历程

关心中国传统政治哲学的论题，已近四十年，早先于1976年间，读到余英时先生《反智论与中国政治传统》，觉得很有意思，但我总觉得契入不足。后来，在1979年，就在戴琏璋先生的"中国哲学史"课上，我愈深思这论题，配合着读了牟宗三先生的《政道与治道》，徐复

观先生的《儒家传统与自由民主人权》，我大胆地提出了《中国政治传统中主智、超智与反智》一文，这篇文章可以说是针对着余先生的论点而发的。余先生认为儒家为主智论、道家为反智论、法家也是反智论，儒学后来被法家化，成为一阳儒阴法的调性，构成了"反智论与中国政治传统"。这说法大体是不错的，但不准确，我以为这里有一更为奇特的吊诡必须说出来，那就是"主智、超智与反智的纠结"。大体说来，余先生的做法是思想史式的，而我的作法则是哲学思辨式的，着重点不同，却可以殊途同归。后来我这篇文章被收到《道的错置：中国政治传统的根本困结》一书以为附录。我现在再看这篇文章，只觉这篇文章很粗糙，但大方向是对的。他的确就是后来我概括的用"道的错置"（misplaced Tao）去说中国政治传统的根本困结的一个思考起点。

1979 年，那时，我在师大国文系读大四，写了《中国政治传统中主智、超智与反智的纠结——环绕先秦儒、道二家政治思想的试探与考察》，它的确可以说是我探索这问题的一个切入点。我当时直觉得要深入研究中国文化传统，一定不能忽略这个向度，特别是研究儒学义理，更不能忽略整个历史纵深度、社会广厚度的理解。尽管那时已经有些人将我视为新儒学派的承继者之一，但我对新儒学之特重"形上理由的追溯"，而忽略"历史发生原因的考察"一直是有所疑虑的；对于新儒学之特重"意义的生发"，而忽略"结构的契入"一直是期期以为不可的。那时，我常为这问题搞得心闷，郁瘁难舒，莫名所以，但无可怀疑的，哲学的问题意识就在这过程中发荣滋长。

1980 年到 1982 年间，我服预备军官役于中坜，结识了一些研究社会哲学的朋友，因而对法兰克福学派（Frankfurt School）的批判理论（Critical Theory）有了些了解。在诸多交谈对话过程中，更引发了我对中国文化传统深一层的理解兴趣，原先的纠结慢慢地豁显了出来。记得，我当时一边翻译一边阅读了一些卡尔·曼罕（Karl Manheim）、马克斯·韦伯（Max. Weber）、柯林乌（R.G. Collingwood）、波普尔（Karl Popper）的文章，卡尔·曼罕的知识社会学式思考深获我心，马克斯·韦伯的"理念类型"（Ideal type）方法、柯林乌的"问题——答案"

（question-answer）逻辑，对于我去诠释中国学问大有帮助，波普尔的反本质主义（anti-essentialism）更是给我一剂强心针。此后，尽管我的个人信仰上仍是以儒教为导向，仍禀持着"乃愿学则学孔子也"；但我与波普尔的"方法论上的约定主义"（methodological conventionalism）自此却结下了不解之缘，可以说是十分投契。

服预官役，身居军中，对于专制主义自也更有情境让我有一"实存的觉知"，并由此觉知，逐渐长养成理论性的契入，作出架构性的诠释。感之既深，笔札不断，译文不停，对新儒学的理解日深，反省也日多；那时，我写了《"旧内圣"的确开不出"新外王"》、《当代新儒家述评》、《梁漱溟及其文化三期重现说》，也译了《斯宾格勒及历史循环论》等文，这些文章大体在《中国论坛》、《中国文化月刊》、《鹅湖学刊》发表。我只觉得，我对中国专制政治的理解逐渐"旋转契入"，像螺旋般渐旋渐入，山重水复，原疑无路，却又是柳暗花明，我慢慢意会到此中别有洞天。借用《庄子·齐物论》"恢诡谲怪，道通为一"的话来说，若真能得其"一"，当可道出此中的"恢诡谲怪"，若不能道出，那这样所证得的"道"，恐亦是玩弄光景而已。但此中的"恢诡谲怪"究为如何，又如何会落入"玩弄光景"，我直有所感，却又道它不得。

1982 到 1986 年，我在台湾大学读哲学研究所硕士班，这期间读书甚勤，笔札不停，我经过了"十九世纪欧洲哲学"、"社会科学的哲学"、"德国史学史专题"、"科学哲学"、"历史哲学"、"分析哲学"、"诠释学"以及康德（I. Kant）、黑格尔（G.W.F. Hegel）、休谟（D. Hume）、穆勒（J.S. Mill）、迈乃克（F. Meinecke）、韦伯（Max. Weber）、马克思（K. Marx）、佛洛姆（E. Fromm）、涂尔干（E. Durkheim）、高达美（G. Gadamer）等西方哲学相关课程的洗礼，配合着"中国哲学专题"、"先秦儒学"、"宋明理学"、"易经哲学"、"道家哲学"、"当代儒佛论争"，还有往昔以来即无间断的当代新儒学诸如马一浮、熊十力、牟宗三、唐君毅的学习与反省。1985 年我选定了"王船山的人性史哲学"作为我硕士论文的写作方向，我将这些年来所习得的西学资源与中学熔于一炉，在船山学"两端而一致"淘洗下，逐渐长成了一"本体—发生学的方法论"(the methodology of onto-genetic analysis) 思维，对于船山学中的"人性"与"历史性"的辩证性思维做了一番厘清。就在这过程里，我原先所熟知的怀特海 (A. Whitehead) 所说的"具体性的错置"(the fallacy of misplaced concreteness) 一词似乎有着一股迷人的呼唤，对比于此，我深切觉知到中国文化传统有一"道的错置"(the fallacy of misplaced Tao)。1986 年我完成了硕士论文《王船山人性史哲学之研究》，并以"道的错置"为核心概念架构了一研究计划，顺利地考入了台湾大学哲学研究所博士班。"道的错置"这中国人固有的"历史业力"依然困扰着我，但我却也逐渐有了"带业修行"的理论能力。

"带业修行"是辛苦的，却也有着"即烦恼即菩提"的喜悦；修行的进程是缓慢的，后来我并没有以"道的错置"作为我的博士论文方向，反倒以我夙兴夜寐、魂想梦思的熊十力《新唯识论》作为我博士论文的研究向度。诚实地讲，我这研究是带有创作意味的，是在"诠释"中"转化"，在"转化"中"融通"，并进一步有所"批判"、"重建"。我在熊十力的体用哲学的熏陶下，对于"存有"、"意识"与"实践"等最为基础的哲学问题，渐有定见，整个哲学的向度从业师牟宗三先生的"两层存有论"转了出来，朝向"存有三态论"迈进。我在 1991 年写完了博士论文，便预想着"后新儒学时代"的可能向度须得由"牟宗三"逆返到"熊十力"，由"熊十力"逆返到"王船山"，这样的逆返并不是复古，而是一崭新的发展。

我对康德式的中国哲学诠释既有深入理解，继而发现此中的限制，因而试图走出一相关于现象学、解释学、知识社会学、社会批判理论、文化治疗学的中国哲学诠释向度。对于"存有三态论"的理论建构，我愈契愈深，并确知这是一值得努力的向度。原来所关怀"道的错置"的问题，亦可置于"存有三态论"的建构中来处理，因为"存有三态论"就某一方面来说，也是由"道的错置"的问题感，苦苦逼迫，盘旋而上，才得开显认取的。换言之，我一方面对于当代新儒学之体系性建构有着批判性的继承与发展，思能以"存有三态论"来做一转出开展，而另一方面则对于中国文化传统中"道的错置"的历史业力如何消解，一直耿耿于怀，盼得解决。

从 1989 年以来，"道的错置"已成为我带业修行、苦参实修的"话头"。经由十余年的努力，这问题大体厘清，记得在 1997 年《鹅湖学刊》与"中央大学"哲学所举办的"中国哲学与政治哲学国际研讨会"上，我宣读了《三论"道的错置"：中国政治哲学的根本问题》论文。记得在"问题的缘起"有着一段这样的追述：

"道的错置"一词，笔者始用于 1986 年，当时申论船山之史论，曾有这样的议论："一般说来，历史退化论者（或历史复古论者），他们将自己胸中的道德理想托之于古代，他们将理想的历史与现实的历史混同为一，他们将道的开展次序和历史的时间次序等同一气，并认为道的开展是逐渐贫困，终至失丧而难挽的。换言之，他们将逻辑上道的源头转变成时间上道的根源，认为有个历史的起源，而历史的起源即是道的源头。简言之，他们将道错置了——一种'时间性的错置'——。这种时间性的'道的错置'，使得中国儒者一直徘徊在怀古的情调里，低回不已。"紧接着，我又做了这样的补充——"这里所使用'道的错置'（Misplaced Tao）这个词是笔者省思中国传统的历史及政治而安立的一个词。笔者以为'道的错置'这个现象在历史上则表现为历史复古论及历史退化论，这是所谓'时间性的错置'，而'道的错置'这个现象在政治上则表现为专制极权，这是所谓'结构性的道的错置'。时间性的'道的错置'将愈古老的世代认为是愈接近于道的世代，故是愈理想的世代，而愈往后的世代则愈远于道，故离理想愈远，一般所谓'世衰道微，人心不古'即隐含此错置的谬误。至于'结构性的道的错置'则是认为政治制度结构中愈高的阶层愈接近于道，而君主（国君）即是道在人间世的化身，依次递降而有君子与小人之别。"这样的问题意识一直吸引着我，它唤醒了我对传统主义者的反省与批判，特别是上面所述的后者——"结构性的道的错置"，之后更是我所着力之处。于是我又写了《道的错置

（一）：先秦儒家政治思想的困结——以〈论语〉及〈孟子〉为核心的展开》、《论"道之错置"——对比于西方文化下中国文化宰制类型的一个分析》两篇文章，来阐明这个问题。

其实，这问题的缘起应早溯自牟宗三先生《政道与治道》一书，之后余英时先生又发表了《反智论与中国政治传统》一文（1975年），这篇文章给了我许多启发，但也引发起我不同的观点，于是在1979年我写了《中国政治传统中主智、超智与反智的纠结——环绕先秦儒、道二家政治思想的试探与考察》一文，这应是我对中国政治社会哲学研究的起点。从"主智、超智与反智"纠结的论述，到"道的错置"之提出，算是我在中国政治社会哲学探索的一点心得，之后再顺此写就了多篇文章，而于1994年于麦迪逊写成，于1996年印行的《儒学与中国传统社会的哲学省察》，可以视为此问题的一个总结。1997年所写成并刊行的《牟宗三之后：咒术、专制、良知与解咒——对"台湾当代新儒学"的批判与前瞻》，亦可视为此系列的另一个新的发展。这发展在强调即如当代新儒学而言，他对于中国传统政治社会已有深入的探讨与批判，但仍不免落于"道的错置"之中，它像是一个"咒"一般，须得瓦解与重建。

做了以上冗长的追述，并不意味有关"道的错置"之问题我已"得证正果"；相反的，我仍然感受到这是一没完没了的志业，我仍在"带业修行"中。这里所提出来的，可以说是"带业修行"的报告书而已。这些报告书因着不同的因缘，响应着当时存在的感受与体会，也因此而有着不同的笔致，或长或短，或雅或俗，或古或今，为了单篇文章的完整性，论述之义理亦不免有重讲一遍者。显然地，问题感是一样的，只是理论逐渐深化，架构亦逐渐分明，烦恼所显之菩提日熟而已。

1979年的《中国政治传统中主智、超智与反智的纠结——环绕先秦儒道二家政治思想的试探与考察》，发表在《鹅湖学刊》上，是我大四所写的，起因于不满意余英时先生所写的《反智论与中国政治传统》，想进一步深入去理出此中的困境。我当时以为儒家之所以变成"主智、超智与反智"的纠结,就其义理本质的内在关联而言,是很间接的,是很诡谲的;它只是因为没有发展出理性的架构表现,无客观性的护持,又经过荀学,转到韩非的歧出,才堕入这种纠结里的。道家之成为"超智"与"反智"的纠结,就其义理本质的内在关联而言,是很直接的,而其诡谲则涵藏在超智之直接落为反智的思路中。它不仅没有理性的架构表现,于理性的运用表现亦缺,而它又想超越理性的表现,因而一变为反理性的运用表现,终堕入大无明大漆黑之中。岂不可叹!……民主法治虽不是原有的政治传统早有的,也不是与原有的政治传统两相背反的,在原有的政治传统中,我们看到民本的思想与物各付物的思想,这基本上都是民主法治所要必备的精神。而只因为原有政治传统中,智性的发展不够,以致未发展一客观性的"政道"与一客观性的"架构表现",因而形成"主智、超智与反智"的大纠结。

尽管话说不满意余先生所说,但其实我大体是接受了余先生等的说法,中国传统政治缺乏应有的智性活动。这也是牟宗三先生等当代新儒家的看法。我现在对这看法则有些改观。这是整体文化创造转化的问题,它不能说本质上较缺的是什么。简单地说,早年我还是不免文化本质主义的思考方式,现在则是文化约定主义的思考。

1989年间,我写了《"道的错置":先秦儒家政治思想的困结——以〈论语〉及〈孟子〉为核心的展开》一文,先在东海大学所举办的"第一届中国思想史研讨会:先秦儒法道思想之交融及其影响"上宣读,后来又经修改提交到"孔子诞辰2539年国际学术研讨会"上,当时我并未到北京宣读此文,这论文却也收到论文集中去了。

这篇文章旨在通过一文献的解读方式,以《论语》及《孟子》为考察的核心,企图将儒家政治哲学所隐含的困结和盘托出。……依笔者看来,儒家之最可贵者,以其能于既有的"血缘性的自然连结"之上,进而开发之,以阐扬人之所以为人的根本,点出吾人实于此"血缘性的自然连结"之上,尚有一更深切而真实的"人格性的道德连结"。至于其所谓的困结则在于帝皇专制之后,使得儒家原来的"圣王"理想,被异化成一"王圣"的现实困局；这使得原先儒家所强调的以"人格性的道德联结"为核心，以"血缘性的自然联结"为方法这样的"圣王理想"，变成了以"宰制性的政治联结"为核心，以"血缘性的自然联结"为背景，以"人格性的道德联结"为工具的"王圣"现实，这便构成了一严重的"道的错置"（misplaced Tao）的情形。

同在 1989 年间，适逢中国文化大学举办了第一届"比较哲学国际研讨会"，我本想对比的写怀特海（A. Whitehead）所提的"具体性的错置"与我所拈出的"道的错置"。结果，只写了一半，更了题目，就叫《论"道之错置"——对比于西方文化下中国文化宰制类型的一个分析》。

这篇文章旨在针对中国文化之宰制类型提出一总体的诠释，提出"道的错置"一词以为概括。首先，经由"绝地天之通"与"巴别塔"二神话，做一宏观的对比，指出中西文化心灵之根本差异，拈出"气的感通"与"言说的论定"之异同；进而对比怀特海所提之"具体性的误置"，而逼显出"道的错置"。再者，经由"君"、"父"、"圣"三概念的深层分析，指出中国文化传统中之以"宰制性的政治联结"为核心，而以"血缘性的自然联结"为总枢，以"人格性的道德联结"为理想，而纠成一不可分的总体。君权中心、父权中心而管控一切，圣贤教养异化为工具，"道的错置"于焉构成，中国族群之文化心灵受到严重的扭曲与摧残。最后，笔者强调须迈出"血缘性的自然联结"，开展出一"契约性的社会联结"，进一步，瓦解"宰制性的政治联结"，进而构造一"委托性的政治联结"，如此才能使得"道德与思想的意图"与现代化接榫，而不致形成一种谬误。

或者，可以清楚地论定：自 1989 年后，有关中国文化"血缘性纵贯轴"的阐释结构大体底定，1994 年访美期间，我在威斯康辛大学麦迪逊校区完成了《儒学与中国传统社会的哲学省察：以"血缘性纵贯轴"为核心的展开》一书。这书有部分曾论到了林毓生先生提出的"道德与思想的意图"之问题，但我只带过，未及详言。记得林毓生先生有了响应，我直想好好再写一篇文章来阐释。适逢"第四届华人心理与行为科际学术研讨会：思维方式及其现代意义"，1997 年在台湾召开，我应邀发表论文，就此写了《"道德与思想之意图"的背景理解：以"血缘性纵贯轴"为核心的展开》一文。我认为林先生的确看到了"道德与思想意图"的严重问题，至于这问题是如何产生的，它可以有多方的诠释，我认为须得通过"血缘性的纵贯轴"为核心来展开，才能彻底将此中的纠结处理清楚。

顺着这样的理路，我在 1997 年到 1999 年间，关于这个主题，又写了许多篇文章。《三论"道的错置"：中国政治哲学的根本问题》于 1997 年，在"中央大学"与鹅湖社合办的"中国哲学与政治哲学国际学术研讨会"上提出。《"心性修养"与"社会公义"之错置与解消》则于 1998 年，在香港中文大学举办的"中华文化与廿一世纪国际学术研讨会"上，以《中华文化迈向廿一世纪的纠结之一》为题提出。《解开"道的错置"——兼及于"良知的自我坎陷"的一些思考》一文则于 1998 年在山东济南，由孔子基金会与鹅湖社合开的"牟宗三与中国哲学国际学术研讨会"上提出。这几篇论文，大体都在"血缘性的纵贯轴"下所展开的诠释，但显然地，有关"道的错置"的思考，我扩及到了当代新儒学的检讨，我以为牟宗三先生所提"良知的自我坎陷"一词值得进一步做批判性地展开。或者，可以这么说，我从牟先生的"两层存有论"转而开启以"存有三态论"为核心的中国哲学诠释，这是关联到我对"道的错置"之研究而转出来的。"存有三态论"的提出，当然朝向的是"后新儒学的发展向度"，这向度不只是作为纯理的哲学探讨，我们所冀望的是进一步走入生活世界与历史社会总体之中，展开社会批判、文化治疗，甚至是革命的实践。

如上所说，《道的错置》之论题，主要是 1979 年，由中国政治传统中"主智、超智与反智"的纠结所衍生出来的。我当时对于"儒学的法家化"这样的提法犹有未足，是以引出之。不过，中国政治思想的研究，法家是极为重要的论题，1988 年我在《鹅湖学志》创刊号发表了《韩非政治哲学的特质及其困限——以"法"、"势"、"术"三者为核心展开的分析》一文。

这篇文章旨在经由"法——结构性原则"、"势——动向性原则"及"术——运用性原则"三者对于韩非政治哲学作一概括掌握,并经由这种概括掌握,以一种几近马克斯·韦伯的理想类型(ideal-type)之分析方式,回过头来指出韩非政治哲学的特质及困限。由于韩非之"法"只是刑赏的工具,而且背后为"术"所操纵,故不足以构成契约性的客观结构性原则。而他强调的"势"虽着重于所谓"人造之势",但由于他太注重位势,而忽略了真正的动向性之理解。至于韩非强调国君要执术而抱法处势,可见它是以"术"为首出的,但由于他的"法"稳不住,"势"亦不明,故"术"亦落入暗无天日的"秘窟"之中,这造成了中国政治传统帝皇专制的恶性文化。

我以为凡此种种都指向了所谓"一体化结构"之困限。显然地,此时有关"道的错置"的思考尚在酝酿阶段,"血缘性纵贯轴"的分析架构亦未提出;不过,现在回过头去,倒是可以看出此中的思想胎动。

《当前台湾研究的错置与厘清:以张深切为例——"台湾性"与"中国性"及其相关问题之阐析》一文,发表于1998年在台大哲学系举办的"认识台湾学术研讨会"。这篇论文旨在经由《张深切全集》的阅读、理解,集中地点出其中的一个焦点:"台湾性"与"中国性"。我以为"台湾性"与"中国性"并不是矛盾的敌体,而是一"台湾、中国连续体"。再者,我亦因之而厘清当前的台湾研究多喜站在"台湾、中国断裂体"的理解角度上,这是不应理的,但这现象却值得深入梳理。三者,笔者指出张深切于中国文化及世界文化之融和贯通问题上,他亦有着独到的见地,值得重视。最后,我以为台湾海峡两岸的问题可以借由张深切的台湾性与中国性的启发,站在"文化中国"的立场,以"台湾、中国连续体"的思考面向开启一新的未来。广地来说,这也是一"道的错置"及其厘清治疗。

因缘所至,由是兴作,《论"生命的原乡"及其回归开启之道——〈归去来辞〉的哲学理解》一文,在2001年中兴大学所举办的"雅正与通俗文学会议"上发表。我自中学读及陶渊明《归去来辞》以来,即体会到"此中有深义焉"。后来,又读到他写的《五柳先生传》,对比开头的"先生不知何许人也，亦不详其姓字"与鲁迅的《阿Q正传》的开头"阿Q不知是什么地方人，也不知道他姓什么、名字是什么"，我深切感受到此中充满着自我迷失及意义危机的困惑，但所不同的是陶渊明笔下的五柳先生回到乡土田园，归返到历史的原乡，自谓无怀氏、葛天氏之民，因之生命获得治疗与苏醒。相对地，鲁迅笔下的阿Q已无乡土田园可归，已无历史的原乡可回，因之走向了断头台的绝路。我以为数千年来"道的错置"之问题，纠结难理，但不管怎么说，我们都得回到"生命的原乡"，唯有如此，生命既有彻底的回归，因此才真切的如实开启。

当然，这篇文章的写作，有个附带的功能，我一直想呈现"文、史、哲"不分家的思考是重要的，我以为"没有'文、史'的'哲学'是空的，没有'哲学'的'文、史'是盲的"。文学重在"觉知的感应"，史学重在"文献的考证"，而哲学则重在"理论的辩证"，但无论如何三者都离不开"生命的体证"。无生命的体证何足以言学之本源，学无本源如何深造自得，如何调适而上遂于道，如此迁就话尾，直将话尾当话头，搜了来，说说了事，如何言学。

"道的错置"是中国文化传统的罩门，也是我长年"带业修行"、苦苦参寻的"话头"，这"话头"的参破，费我二十余年的工夫。说也奇怪，这话头的参破竟带领我从牟先生的哲学氛围里走了出来。1999年在台湾举办的"第十一届国际中国哲学会"上，我提出了《后新儒家的哲学拟构：从"两层存有论"到"存有三态论"》一文。这篇论文旨在经由1996年秋笔者所撰之《道言论》，进一步申论之，意图由牟宗三先生的"两层存有论"进一步转化构成一"存有三态论"。"存有三态论"：存有的根源、存有的开显、存有的执定，我一方面强调这是一生发的连续历程，一方面又表明此中之分际。特别由语言的介入（言以定形），业力的衍生（言业相随），我们必须重视知识与权力的复杂问题。再者，经由存有学的回归与还灭，而连结了"言"与"无言"，"业"与"非业"，指出语言还归于沉默，业力原本虚空。在这存有学的回归与还灭过程里，最后则指向总体之源的场域觉醒。这样的哲学构造，意图走出主体性哲学，而代之以场域性、处所性的哲学。我深信这是后新儒学的一个可能向度。总的来说，这涉及"道"的彰显、遮蔽、错置与治疗之可能。

三、"帝制式儒学"与"儒学式帝制"的构成内涵

对于中国政治哲学的深层探索，让我深切体会到"道的错置"问题，隐含着儒学与帝制的复杂问题，或者，简单地说，这里有着"帝制式儒学"与"儒学式的帝制"的纠结。我以为深入阐释儒学所强调的五伦与三纲，就可以充分地把这关节处显题化。1999 年出版的《儒学与中国传统社会之哲学省察：以"血缘性纵贯轴"为核心的展开》，应是对这问题总体的哲学性反省。其分析主要便着重在五伦及三纲的论题上。

显然地，"父子"这一伦原是五伦的重心，他们的理想关系是"父慈子孝"。"慈"是对于自己生命的延展自然而有的一种情感，而"孝"则是回溯自己的生命根源，对于自己生命根源的崇敬。"慈"是一种自然的情感，而"孝"则是自觉的。自然是顺着自己的血气就会的，但自觉则是人文的、符号的，是经由意义的诠释而开启的，这是逆返于自家生命根源的。"父子"这血缘性纵贯轴的关系既是中国人存在的原型，因此其理想关系的"父慈子孝"便是最重要的德性。更由于父子是一上下的、隶属的关系，因此落在德性上说，大家所要求的便落在"子"上说得多，而落在"父"上说的少，并且因为是上下的、隶属的关系，因此连带"孝"而说的便是"顺"，甚至就不明就里的"以顺为孝"，忽略了"孝"的深层意义。

血缘性的纵贯轴关系推到极处，整个天、地、人、我四方通包在内，进而由这一主轴而说"纵贯的创生"，说天命性道相贯通为一。血缘性的纵贯轴不只用来说明"家"的原型，而且可以推到一切存在的实况。这也就是说，这样的一个血缘性的纵贯轴是一撑起整个天地六合的纲维，我们一般所说的"三纲"的"纲"便带有这样的宗教意义。三纲里的"忠君"、"孝亲"、"守节"便带有宗教性的意义了。什么是宗教性的意义呢？宗教性的意义便是一终极性关怀的意义，把"忠君"、"孝

亲"、"守节"看得这么重，不是没有理由的。而这三者，就其原型来说，当以"父子"这血缘性的纵贯轴为主导，因而这个民族也就格外重视"孝道"，孝不只是"行"，也不只是"德"，而是提到了"道"的层次。"道"指的是整体的、根源的、终极的。有人说儒家不是宗教，但若以"孝道"的分量来说，当然它十足的是个宗教。

其实，"孝亲"、"忠君"并不能等同为一，但我们平常则听到"忠臣必出于孝子之门"，他们好像又密切地结合成一个整体，不可分别。这里隐含了一个大问题，须加以说明。"父子"是血缘性的纵贯轴关系，而"君臣"就理上说，当然不是血缘性的纵贯轴关系，他们应是左右的、横拓面的，可能是地缘的，也可能是人缘的关系。古代儒家强调"君使臣以礼，臣事君以忠"，"君臣以义合，合则留，不合以义去"，这大体还是与"父子"这伦清楚地分立出来的。但后来俗谚中常听到的"君要臣死，臣不得不死，不死谓之不忠"、"君臣之义，无所逃于天地之间"，并且"君父"连着说，"臣子"连着说，这显然就与以前大大不同，甚至可以说天差地别。

一般人常将"大一统"与"大统一"混淆做一样看待，其实两者大有不同。孔老夫子强调的是"春秋大一统"，这与秦汉及以后的"大统一"是不相侔的。在大统一的专制皇朝还没建立前，列国并立，自然"君"也是如此，因此"君"的绝对性并没有建立起来，至于"天子"这观念则又高出"国君"一个位阶。天子是一符号或征符式的统治者，此不同于国君是一实际或力量的统治者。天子是就"王道"说的，而国君则是就"霸道"而说的。秦汉以后，天子即是国君，这是将王道与霸道的分际搞乱了，直将霸道当王道来说了。

秦汉大统一专制皇朝建立起来了，君是唯一之君，君成了皇帝，皇帝这词是比天子夸奢得太多了。"始皇帝"一词，大有天下洪荒、宇宙六合就从我开始的意思，这显然已离失了原来"天子"的意思。但值得一提的是，到了汉朝虽然仍是大统一的专制格局，但仍有着"天子"的意味，换言之，其皇权专制仍然不是一命令式的、权力式的、支配式的专制，而是一符号式的、象征式的、身份式的专制。这样的专制既言之为专制当然有其命令式的、权力式的、支配式的一面，只不过一切命令式的、权力式的、支配式的都不是第一义的，而是由那符号的、象征的、身份的这样的一面所衍生出来的。

自秦汉以来，"君臣"成了一宰制的纵贯轴，它是具有主导性的。原来这样的主导性是与"父子"这一血缘性的纵贯轴相冲突的。《韩非子》书上说"父之孝子，君之暴臣"，便是这个意思，法家之所以要大大非儒，所争的就在于"忠君"与"孝亲"何者为优先的问题。这个问题似乎到了汉朝就被解决了，我们看《孝经》所说，就将"忠君"与"孝亲"完全结合在一起了，而且"移孝做忠"，"忠君"的思想取得了绝对的优位性。在思想史上，常把这历程称作儒学的法家化。其实，不只是单面的而已，因为从另一个角度来看，不只是儒学的法家化，而且是法家的儒学化。我以为这时候起，整个儒学与专制便结合在一起，两者不可分，一方面成了一"帝制化的儒学"，而另一方面则是一"儒学化的帝制"。

帝制化的儒学最重要的表征在于将儒学所最强调的"父子"血缘性的纵贯轴"君臣化"了，也就是帝皇专制化了。于是"父子"不只是自然骨肉的亲情而已，更是整个社会构造、政治权力所赋予了一绝不能改易的上下的、绝对顺服的关系。平常我们听到"父要子亡，子不得不亡"所指的就是如此。"父"这时候便不只是那血缘性的自然联结的最高象征，而且具有绝对的宰制性、权威性，"父"不再只是"家庭"里的"父'亲'"，而且是整个"社会"里的"父'权'"。不过，我要强调的是尽管他是"父权"，但仍带有几分"父亲"的味道，亲情第一、身份第二，至于权力、命令则第三。乱世时，这几个分际就搞乱了，"父道"被误置了，父亲就变成了"暴君"，这时候的父权是当该受到严厉谴责的。至于，如理的"父道"下的父亲与父权，则有其存在的时空，亦有其存在的当然理由。

儒学化的帝制，使得"君臣"这一轴，有可能从绝对专制性的纵贯轴，再转而"父子化"了，它加上了那血缘性的纵贯轴之意味。这时，"血缘性的父子"变成了"专制性的君臣"，而"专制化的君臣"亦被视同一"血缘性的父子"。此即是我常说的"父子君臣化"、"君臣父子化"。君臣父子化的结果使得大家所理解的君臣关系成为一"天经地义"的关系，是无所逃于天地之间的关系。显然这已经不再是原始儒学所以为的君臣关系。

当"父子"被"君臣化"之后，原先的"孝道"，除了作为自家生命根源的追溯与崇敬外，重要的是由此"内在自觉的反省"转而为一"外在专制的规定"。原来所要求的是做子女的应经由一内在的自觉与反省来对待父母好，现在则一转而成了做父母的用一外在专制的方式来规定与要求，要子女对自己好。孝道一旦外化为一专制的规定，它也就逐渐地沾染了强烈的专制性格，逐渐失去了本来应有的父子亲情。后来专制化的儒家所提倡的"孝道"，其弊在此，而它已远离了原始儒学所说的"孝道"，它只是一味地"孝顺"（或愚孝）而已。这两者必须厘清，不可含混为一。今之中国研究学者于此常常未能拣别清楚，殊为可惜。

"君使臣以礼，臣事君以忠"，具体的规矩、仪节是礼，乃至分寸都可以叫做礼，君臣有君臣之礼，在此君臣之礼下，臣事君以忠。忠是就事上说，是就事之合于义上说，所以又说"君臣以义合，合则留，不合则去"，这样的"忠"是合于原来儒家所说"忠恕之道"的"忠"，是就"尽己之谓忠"而说的"忠"，是如曾子所说"为人谋而不忠乎"这意义下的"忠"。"忠"原义上要求的是归返到自己内在生命而做的是非善恶的标准。"君臣有义"下的"忠"并无不妥，但大统一的专制皇朝建立了。"君臣"成了一绝对宰制血缘性纵贯轴，这时就不再是"君臣以义合，合则留，不合以义去"，而是"君臣之义，无所逃于天地之间"，这时候所说的"忠君"就不再能是回到自己内在生命而做的是非善恶的恰当分判，而是一切依于外在绝对权威的势力所加予自己生命的任何要求。"忠"成为一绝对外化的规约性的、命令式的伦理，而不再是相对的、互动的、感通式的伦理。再者，当"君臣"被"父子化"之后，看似"父子"血缘性的纵贯轴所强调的"孝道"应可以柔化这"绝对外化的规约性、命令式的伦理"，但柔化是柔化了些，但可不要忘了那被异化了的"孝道"则与"忠君"彻底地结合在一起，"君父"、"臣子"当然无所逃了。"忠君"成了一彻底的顺服性的伦理、奴隶式的伦理，清朝大臣之自称"奴才"，于此可见其一斑。"忠君"之道而至于此，是整个民族的堕落，真是可悲！

讨论了三纲里的"父子"、"君臣"的关系，再者我们来讨论"夫妇"这一纲。原先的夫妻的"妻"字强调的是"妻者齐也"，但一落到"妇"来说则是"从女持帚洒扫也"。若以原先《易传》所强调的"一阴一阳之谓道"、"乾坤并建"的原则，当取的是"夫妻"之义，较近于前者，若取后者则较近于帝皇专制化后的儒学解释。简言之，帝皇专制化的儒学对于"夫妇之道"的解释已失去了其对列性、互动性。在三纲的说法里，"父为子纲"、"君为臣纲"、"夫为妇纲"，"夫妇"是顺着"父子"、"君臣"而往下说的。当"父子"的血缘纵贯轴、"君臣"的专制纵贯轴，已然联成一个整体，父子君臣化，君臣父子化，这时候"夫妇"这纲也受到严重的影响。一般所谓的"三从四德"，"未嫁从父，既嫁从夫，夫死从子"、"妇德、妇言、妇容、妇功"，这在在说明了妇人唯一的德性就是"顺从"。《孟子》书中，齐人那一章就说"良人者，所以仰仗终身也"，这里所说的"仰仗"，其实指的仍是"顺从"，只不过"仰仗"一词，比较是站在妇人的立场上来说，而"顺从"则是就良人那面说，所指并无不同。夫妇当然不会是像"父子"一样是一血缘性的纵贯轴关系，但它却是成就这血缘性的纵贯轴之所以可能的根据，如果依照"一阴一阳之谓道"、"乾坤并建"的原则来说，夫妇当是平等的、互动的、感通的，而《易经》"咸卦"所谈及的爱情之道正是如此。再者，就文字学的意义来说，"妻者，齐也"，夫妻本是平等的。"夫妻"是一平等的、对列的、互动的、感通的双方而一体的存在；但"夫妇"则不同，"妇"这字原是放在"翁姑——媳妇"这样的格局下来说的。一般世俗将媳妇称呼丈夫的父母亲叫做"公公"、"婆婆"，这显然是把"媳妇"的地位往下数一个位阶，而与孙子相同。这么一降，媳妇之于他自己的丈夫，也就变成了"父子"这样的角色关系了，尽管在实际上它并不是"血缘性的纵贯轴"，但它却被类拟的血缘化了，纵贯化了。

值得注意的是，这里所说的类拟的血缘化，并不能真有父子般的血缘亲情，而能有的却是父子般的宗法社会的位阶与角色。血缘亲情是自然的，而位阶与角色则是社会所订定的，两者固然都有其文化的、征符的、权力的关系，但血缘亲情是以自然的爱为首出的，而位阶、角色往往是权力所派生的文化的、征符的关系。如此一来，我们便很容易了解，"夫妇"的角色极容易滑转为"君臣"的关系。在大统一的专制皇朝下，"君臣"是上下的、隶属的、专制的关系，不幸的是这样的角色不但内化到"父子"这血缘性的纵贯轴上，它更厉害地内化到"夫妇"这一轴上头。一般俗语中，妇人对自己的丈夫一般称为"夫君"，将"夫"与"君"连在一起，当然自己就模拟成"臣子"，而丈夫也就称自己的妻子为"卿"，昵称就叫"卿卿"。就这些称呼而言，可以说是很重要的象征与符号。

显然地，儒学并不一定会走向帝制，但自秦汉以来已走入帝制两千年，父子被君臣化、君臣被父子化，夫妇也被君臣化，兄弟被父子化，进而君臣化，朋友则兄弟化、父子化、君臣化，如此一来，整个儒学与专制便结合在一起，两者难分难解，这时的儒学是一"帝制化的儒学"，其帝制则为"儒学化的帝制"。

四、"道的错置"："君、父、圣"的奇诡结构

先秦时期的孔孟儒学所强调的即是以此"血缘性的自然联结"及"人格性的道德联结"合而为一的"血缘性纵贯轴"之理想的实践，并认为这样的实践是超乎政治之上，而且是足以抗衡现实政治的。孟子就说："君子有三乐而王天下不与存焉！父母俱存，兄弟无故，一乐也；仰不愧于天，俯不怍于人，二乐也；得天下英才而教育之，三乐也。君子有三乐而王天下不与存焉！"这里可见"父母俱存"指的是"孝"，"兄弟无故"指的是"悌"，这强调的是孝悌人伦；"仰不愧于天，俯不怍于人"指的是"天理良心"，这强调的是人实存所对的人格性总体；"得天下英才而教育之"指的是"文化教养"，这强调的是人之所生所长

的历史长流所给人的陶养。这个陶养，其经验上的基础是孝悌所及的家庭，其存有论上的基础则是人格性的总体。血缘性的自然联结及人格性的道德连结合而为一，为的是去抗衡君国霸权，职是之故，孟子三复其言"君子有三乐，而王天下不与存焉"盖如是者也！

如孟子之所言，儒家所强调的是经由"血缘性的自然联结"之网络，推而扩充之，让"人格性的道德联结"得以养成，真正形成一良性的"血缘性纵贯轴"的理想。这样说来，应是从自己推而扩充之以达于大公之际，当不致公私不分或大私无公；但我们又发现公私不分或大私无公确是中国人常犯的毛病，在理上这又如何说呢？问题的症结在于这种以"血缘性的自然联结"为最基本的样式，并没有一独立个性的个人，而且一切的存有亦无一彻底而孤离开来的客观性；一切都在主体的互动与消融之下，连结为一体，无可分，亦不必分。

尽管儒家所强调的是"人格性的道德联结"，但真能与于此者本属有限，更何况从秦汉之后，"宰制性的政治联结"成为一切的管控核心，这使得"人格性的道德联结"异化为一切宰制之合理化及合法化的基础。因此之故，人格性的道德连结竟成了以理杀人的礼教；在这种情形之下，人格性的道德连结既已成僵化的教条，甚至是一有害之物，这便使得原本立基于个人之上推而扩充之的波纹状连结，无法依大公无私之心推扩之以达于四海。如此一来，由"一体之仁"所推极而成的人格性总体既属不可能；但个人还是一切的核心，只不过其方向做了彻底的翻转。原本是个人通过"一体之仁"的实践而消融于整体之中，让自己真切地进入人格性的总体之中；而异化之后则流落于感性的功利之境，个人成为此感性功利之境的核心。更可怕的是，这样的个人常夹杂着堂皇而伟大的道德仁义之名，去行感性功利之实。

通过上述的分析，我们可以清楚地发现这里隐含了一个"道的错置"的问题，这是值得注意的。为了更清楚豁显这个问题，笔者拟从"父"、"君"、"圣"这三个最重要的象征，再做一番分析。

"父"这个字眼代表的是，通过"血缘性的自然连结"而结成的人际网络之中，那最高阶位的伦理象征。"君"这个字眼代表的是，通过

"宰制性的政治连结"而结成的人际网络之中，那最高阶位的精神象征。"圣"这个字眼代表的是，通过"人格性的道德连结"而结成的人际网络之中，那最高阶位的文化象征。

值得注意的是，秦汉帝制之后，这三者是以"君"为中心的，它可以横跨到其他两个面向里，并且与之结合为一体，像我们平常所听到的"君父"或者"圣君"这两个词便是一明显的例子。"君父"一词显然是将那宰制性的政治连结作为主导力量而将血缘性的自然连结吸收内化成为一稳固政权之后所凝铸而成的，它意味着原本作为中国人最基本的自然连结网络已被政治化了，它已丧失了独立性。当然作为血缘性的自然连结之中最重要的伦理——孝道，这时也被异化成统治者宰制的工具。至于"圣君"一词从字面上看来似乎是"圣"高过于"君"，是将那"人格性的道德连结"摆在优位，而将那"宰制性的政治连结"作为从属，其实不然。因为骨子里具有决定性力量的不是道德理想的圣人，而是现实中具有威权的国君；因而使得所谓的"圣君"异化转变成"君圣"。"圣君"要求的是，让那有德、有才者始能为君；"君圣"则异变成只要在现实中当了国君的人都既是有德者、又是有才者。在这种情况之下，人格性的道德连结不但未能处于主导性的优位地位，而且成了宰制性政治连结的阶下囚。

做了这样的概括分析之后，我们可以笼统地说，中国历史传统中，其政治社会共同体是以"宰制性的政治连结"为核心，以"血缘性的自然连结"为背景，以"人格性的道德连结"为工具而形成了一个庞大的总体。"君"成了"圣君"，又成了"君父"，"君"成了中华民族心灵的金字塔顶尖，是一切汇归之所，是一切创造的源头，是一切价值的根源，及一切判断的最后依准。显然地，正是这样的情况使得中国文化落入一极严重的"道之错置"（misplaced Tao）的境域之中。

由于"君"不只是政治连结所构成的"君"，而且是"君父"之"君"，它不只是宰制性的政治连结的最高精神象征，更代表的是血缘性自然连结的最高伦理象征。也因如此，血缘性的自然连结充满了宰制的气息，原本所注重的伦理亲情，此时便空洞而一无所有，只剩下一宰制性的迫压形式。原本所注重的一体之仁道德真实感的互动感通，此时便异化而成为宰制者的工具，而且道德仁义亦因之而滑转成所谓"吃人的礼教"。

经由以上的疏释，我们可以清楚地指出所谓"道的错置"原指的是这种以宰制性的政治连结的"君"为核心，并因而侵扰了"父"与"圣"的情形。在这样的情况之下，父无一独立的"父道"，圣无一独立的"圣道"，它们都只是"君道"底下的附庸，甚至阶下囚而已。

再者，以"血缘性纵贯轴"为根本背景的中国社会，它当然是一家长制，是一父权制，此无所疑。但当"宰制性的政治连结"成为一切管控的核心时，中国的文化更趋向于以"心性"为核心（或者说是以"道德思想意图"为核心）。这一方面，因为中国的社会是一波纹型的结构，是一差序格局所形成的结构；如前所述，中国文化最为强调的是一连续体的观念，天人、物我、人己，他们都是合而为一的，只要通过一道德的真实感，自然能怵惕恻隐地与之关联成一体（或是经由一艺术境界的修养，亦可以与之关联成一体），所谓"亲亲而仁民，仁民而爱物"即此之谓也。不过"亲亲而仁民，仁民而爱物"原强调的是将那"血缘性的自然连结"与"人格性的道德连结"合而为一，想经由一种推扩的工夫而达于四海天下，如前所述，这原是与"宰制性的政治连结"相互背反的。

就另一方面来说，中国的历史从秦汉以来，就陷入一严重的宰制性困局之中，作为宰制性政治连结的最高象征的"君"成了最高的绝对管控者，它将儒家所强调的"人格性道德连结"及中国传统社会的"血缘性自然连结"吸收成统治之一体。如此一来，"宰制性的政治连结"、"血缘性的自然连结"、"人格性的道德连结"形成了一个极为奇特而怪异的总体。相互依倚而相互抗持，尤其儒家所强调的人格性的道德连结所构成的"道统"与帝王家所强调的宰制性政治连结所构成的"政统"形成了一个内在对比的抗衡结构。相应于这内在对比的抗衡结构之一端，另一端亦因之而有所跟进；当宰制性的政治联结愈为绝对化，那么连带的人格性的道德连结也必须更为强调，甚至彻底的绝对化才可能与之相抗相持，那个内在对比的抗衡结构才能保持稳定状态。在政治上以"君"为核心，在社会上以"父"为总枢，在教化上以"圣"为理想，这样的历史文化走向陶铸了数千年，自然地成为中国人的基本思维模式。一元化或道德思想之意图的思维方式于焉构成。

再者，我们可以更进一步地说"道德思想的意图"虽然与中国文化"天人之际"的强调其一体连续观有密切的关联；但更为重要的是，中国长久以来的帝皇专制所造成的"道的错置"更使之极端化了。

这样的情形产生一极为奇特的"宰制型的纵贯轴理性"，它仍然守着中国文化那种"连续型理性"的传统，但由于"宰制性的政治连结"之国君成为独大的管控者，原先那种发自生命内部深处的"一体之仁"这样的道德真实感所开显的"自律型之慎独伦理"异化而成为一"他律型的顺服伦理"。更值得我们去注意的是这样的"他律型的顺服伦理"，因为它不是以一超越的位格神作为最高的管控者，而是以一现实世界的国君皇上为最高的管控者，所以它并没有一恒定性，没有一普遍性。它有的是系属于帝皇专制下的奴隶性及暂时的规约性而已。只有当那国君皇上被提到超越界的地位，这时他律型的顺服伦理才可能具有恒定性及普遍性，而所谓宰制型的理性亦才能真正地建立起来。

然而，国君皇上毕竟不是上帝，他只是一个专制政治上最高阶位的存在而已，将国君皇上视之为一超越的绝对者，这无疑是一种严重的错置情形，因此所谓"他律型的伦理"并未真正建立起来，而只是一类似于他律下的"顺服伦理"。如上所说，我们知道相应于"他律型的顺服伦理"，其理性是一"宰制型的理性"；而相应于"自律型的慎独伦理"，其理性是一"良知型的理性"。值得注意的是，这里所谓的理性是就其为连续观及一体观的情况下的理性；这不同于就其为断裂观及二分观的情况下的理性。连续观及一体观的情况下的理性不是一"决定型的理性"而是一"调节型之理性"，不是一主体的对象化而成的"概念型之理性"而是一互为主体化而成的"体验型理性"，不是一外在超越界与经验世界相对执的理性，而是内在地将那超越的世界内化而交融为一体所成的理性。

事实上，中国文化的一体观及连续观之所产下的帝皇专制和西方二分观及断裂观下的君主专制，在表面上尽管有些相似，但骨子里却有甚大的不同。中国的皇帝尽管也要强调自己的神圣性，但却不同于所谓的"君权神授"；皇权是"天授"，但所谓的"天授"又是依准于"人民"的，是依准于道德的。或者我们可以说：那宰制性的政治连结这样的最高管控者，它一方面渗入到血缘性的自然连结之中，另一方面又渗入到人格性的道德连结里头。它使得血缘性的自然连结之孝悌伦理异化成宰制的工具，使得人格性的道德连结之仁义礼智异化成控制的伎俩，又使得它由于孝悌伦理及仁义礼智的熏习而受到限制。

换言之，尽管在中国的帝皇专制体制下应指向一绝对地宰制，但显然地，因为那调节型理性的调节作用，它仍然保持到一相当的和谐状态。再者，在宰制型理性的管控下，使得那体验型的理性转变成一境界型的向往；而且宰制型理性的特别突出使得此境界型的向往随之而日趋强烈，甚至有病态的倾向。原初儒家所最强调的是通过这体验型的理性而达到一真切的社会实践，但由于帝皇专制的宰制及其造成的异化，而使得社会实践没得开展，因此它只能滑转成一往内追求的修养意识，随着宰制及其异化的程度，它再度滑转成日常的修饰意识，甚而成为日常的休闲意识；伴随此，道德实践既已开拓不出，境界型的修养，进而异变成精神上的自我蒙欺，阿Q式的精神胜利法于焉构成。此亦可证明前面所述，由于"道的错置"使得道德思想意图的倾向日趋于极端化及空洞化的表现。

五、大道之行，天下为公："外王—内圣"的新思考

在血缘性纵贯轴下的旧三纲下，所开启的"内圣—外王"思考是一内倾式的、封闭性的思考，这与儒学之本怀大异其趣。现下最重要的便是正视吾人实已由原先的血缘性纵贯轴所成的宗法家族社会，转而向一契约性社会连结的现代社会迈进。换言之，儒家道德学当以此作为理

解及实践的基底，这是以"社会公义"为优位的道德学，而不是以"心性修养"为优位的道德学。笔者以为此社会公义论核心的道德学，有别于以前的"内圣—外王"的思考方式，一转而为"外王—内圣"的思考。

"社会公义"指的是就一政治社会总体而说的"公义"。"社会"（society）一般用来指的是经由"公民"以"契约"而缔结成的总体。这样的总体经由"公民"以"契约"缔结而成，故可称之为"公民社会"或"契约社会"。此与中国传统的血缘性纵贯轴所成之总体有别，它是一有别于"我与你"之外的"他在"。这样的"他在"所依循的不是"血缘亲情"，而是"社会契约"。"公民"并不是内在具着"大公无私"本质之民，而是进入"公众领域"之民。

"公民"并不同于"天民"。"天民"是"自然人"，而"公民"是"公约人"。中国传统虽属专制，但"皇民"之观念不强，而"天民"之观念甚强；截至目前，其"公民"之观念仍颇为薄弱。这与中国之重"血缘亲情"、"孝悌仁义"之传统密切相关，此即一"差序格局"，一"波纹型的格局"。值得注意的是，"血缘亲情"、"孝悌仁义"并不只平面展开而已，它更调适而上遂于道，通于宇宙创生之根源。这与中国传统的巫祝信仰有密切的关系，是由此而转向一天人连续观的气化宇宙论哲学。

儒家的"道德创生论"亦在此"气化宇宙论"之基底下作成，都可以归结到一"连续型的理性"这样的大传统中。"道德创生论"原与"社会实践论"是合而为一的，但在"宰制性的政治连结"这样的帝皇高压底下，"道德创生论"往"境界修养论"迈进，而逐渐忽略了"社会实践论"。"境界修养"下委而成一"乡愿"，或者是如鲁迅笔下的"阿Q"。这都是传统修养论的变调与扭曲、异化。

强调"大公无私"，此"公"与"私"是一伦理性的指涉，且显然地见不出一容纳"私"之领域。有趣的是，这"大公无私"的思考，原先是落实在一"血缘性纵贯轴"的思维下来思考的，是由"亲亲而仁民"，"仁民而爱物"推扩出去的。这样推扩出去，应是"由私及公"，或者"雨我公田，遂及我私"，但吊诡的是其却反面地转为一"大公无私"。实者，这"大公无私"之论，要不是统治者所教导之意识形态，就是太强调由主体而上遂于道体，由人之本心而上遂于道心所成的意识形态。极可能，两者交结为一不可分的总体。在帝皇专制下强调"大公无私"，又强调"天理良知"，并将两者通而为一，最后做成的"性善论"，此与原先的血缘亲情下的"性善论"已有所不同。

"血缘亲情"下的"性善论"是经由一差序格局、波纹型之格局，渐次开来的伦理实践态度，其性善是一具体之感通性。"帝皇专制"下的"性善论"则渐离开了此具体之感通性，而上遂到一宰制性的政治连结所成的总体，并且规定此总体之本源。吊诡的是"大公无私"在历史上反而是"大私无公"，甚而以此大私为大公，"公众领域"因此更难独立成一"他在"。

"公民"是进入"公众领域"之民，这样的"民"不是"道德人"，而是"公约人"，是由一般具有个体性的个人做基础而成的。如是言之，先作为一个"个人"，然后经由"公约"，才作为一个"公民"；但若从另一面来说，如此之个人当在公约所成之社会下，而成一个人。这样的"个人"进入"公众领域"才发生其"公民性"，才成为一公民。或者说，在公共领域下方得成就一普遍意志，即此普遍意志才有所谓的"公义"。

"公义"指的是依其"普遍意志"为基础而建立之行为规准背后之形式性，原则。换言之，"公义"并不是"大公无私"之义，而是"有公有私"之义。这样的"公"与"私"并不是截然相互背反的，它有其连续性。这样的"公"是建立在"私"之上的，"私"不是"自环也"的"私"，而是一独立之单位的"私"，是作为"公"的基础的"私"。值得注意的是："公"与"私"的连续性，并不建立在"性命天道相贯通"这样的连续性，而是建立在经由"契约"所构造成的连续性。这"连续性"不是内在"气的感通"义下的连续性，而是外在"话语的论定"义下的连续性；不是内在亲缘的连续性，而是外在契约的连续性。

相对于这样所成的政治社会共同体，其背后的根源性依据乃来自"普遍意志"。"普遍意志"是"契约"的根源，而契约则是普遍意志实现的途径。"普遍意志"并不同于"天理",因为"普遍意志"之所对是"公民",而"天理"之所对则为"天民"。天民与公民并不相同。康德(I.Kant)更由鲁索(J.J.Rousseau)的"普遍意志"(general will)转而言"无上命令"(Categorical Imperative),这正如同儒家之由"天理"转而言"良知"。康德学与其社会契约论的传统密切相关,儒学与其血缘性纵贯轴所成之总体密切相关。儒学与康德学颇为不同。

换言之,"公义"并不是经由内在的修养来作成,而是经由一"话语的公共论域"而达致。社会契约是经由话语的公共论域而产生的,是经由彼此的交谈而出现的。这样所成的伦理,彻底地讲不能停留在"独白的伦理",而必须走向一"交谈的伦理"。儒家是一"交融的伦理"并不是一"交谈的伦理",当然也不是一"独白的伦理"。"交融的伦理"以血缘亲情为主,而"交谈的伦理"则是以公民互动为主。前者是以家庭为本位的,而后者则是以个人为本位的;由个人而走向一契约的社会,前者则是一宗法社会。

进入到现代化的社会之中,契约性的社会连结是优先于血缘性的自然连结的,原先长自血缘性的自然连结的"仁爱之道",现在当长成一"社会公义"。真切地涉入公共领域中,经由"交谈"互动,凝成共识,上契于社会之道,在这样的社会公义下,才有真正的"心性修养",才有真正的内圣。

原先的"内圣—外王"是一波纹型结构的展开,而现在的"外王—内圣"则是一捆材型结构的内化。我以为这对于儒家的传统是极为顺适的发展,只要归返先秦即可重开生源,因为在《论语》里就有两个不同的传统,一是有子所强调的"孝悌传统",另一是曾子所传的"忠信传统",当然从"孝悌"到"忠信"亦是一连续型的展开,不过曾子所说的"为人谋而不忠乎,与朋友交而不信乎"所指的是"社会群体",面对着"契约性的社会连结"所成的现代社会,曾子所论的"忠信"更是隐含着"责任伦理"的可能。轻易地误以为儒学没有责任的伦理,只有意图的伦理,这样的论点是要面临挑战的。

将儒学限在意图伦理的理解是长久以来的错误,这正反映着中国文化传统所形成的帝制式儒学的思考。我们当解开这帝制式的藩篱，重开儒学的生命，进到契约性社会来思考，以社会公义论为中心重开"忠"事、友"信"的内圣之学。

如前所述，当前我们最切要的问题是如何免除"道的错置"的困结，而迈向一崭新的构造，缔结一新型的理性。明显地，当前的社会已不再为血缘性的自然连结及连带而来的土地的固着性所限制。就社会构造方面，它已被历史的理势逼向非往一"契约性的社会连结"建立之路走不可的地步。唯有顺此大流而趋，才可能瓦解长久以来作为整个中国人心灵的金字塔顶那个宰制性的政治连结体的最高权力的管控者，才可能建立起一"委托性的政治连结"为核心的全民政治。

相应于这里所谓的"契约性社会联结"及"委托性的政治联结"，我们可以再回过头去检讨前面所述的中国文化的总体性结构。我们势将发现原先的那三种联结，所谓"以宰制性的政治联结为核心，以血缘性的自然联结为背景，以人格性的道德联结为工具"而形成的庞大政治社会总体，如今必然面临瓦解及重建的命运。若就这三者而言，我们势将发现只有"人格性的道德联结"足堪作为接榫的过渡，而且适巧长久以来它又作为中国文化之总体表现的心源动力之核心，这是值得我们去关注的。如前所说，那样的中国文化传统所造就的"道德思想的意图"本就不可以简单地从另外的立场说它是一种谬误能了事的；事实上，它是作为传统迈向现代必要的过渡关键，在这关键上，它提供了我们来自自家文化传统内部的动源。或者更扼要地说，它提供了一个"定向性原则"。须知，在一个要由传统迈向现代，要由开发中迈向已开发的国度里，定向性原则上无疑是极为重要的，定向性原则如果不能清楚地被把握住，必然会产生整个民族心灵意识的危机。更为吊诡的是，当这个危机严重到一个相当的地步时，那些勇于去为中国找寻出路的知识分子，却以为此定向性原则是不需要，甚至是有害的，须得铲除；如此一来，将会使得中国陷入一无定向的迷思（迷失）之中。长久以来，有多少知识分子在此头出头没，声嘶力竭，却是浮沉度日。当然光靠一个定向性原则亦不能有所为，它必得依循着时代的声息脉动，方得落实。定向性原则的要求绝不是守旧，也不是所谓的"中体西用"，它是作为"接榫的过渡"而不是作为"什么什么的基础"，这一点的辨明是极为重要的，亦唯如此，才能免除所谓的"道德思想意图的谬误"。

如上所述，我们可以更清楚地发现，依循"契约性的社会联结"而构造成的社会，以及依循"委托性的政治联结"而构成的政治，这并不意味着说作为中国族群最根本的"血缘性的自然连结"就已不再需要，而是说原先那血缘性的自然联结的方式，今日必然要被限制于个我的家庭之内，如此方为合理。至于"宰制性的政治联结"则原属不合理，它与"委托性的政治联结"适为相反，它必然要瓦解。

值得注意的是，无论瓦解也好，限制也好，足以作为其内在心源的动力者，唯此"人格性的道德联结体"所发之"道德思想的意图"始足以当之。不过笔者仍得再强调它只是作为"接榫的过渡"，过渡之后，势必再由一崭新的社会构造、政治组织及经济体系等来型构另外一个心源动力。心源动力并不是百世不迁的，它是"日生日成"的，是"未成可成，已成可革"的。

总而言之，唯有我们通过一文化结构的总体性之疏清，才能谛知"血缘性纵贯轴"之限制何在，而"道的错置"究何所以。显然地，我们不是要去打垮这血缘性的纵贯轴，而是要去批判这血缘性的纵贯轴，盖经由批判始能重建也。所谓的重建是落实于家庭之中，而且限制于家庭及家庭的联结之中，至于政治社会共同体的建立则须由此血缘性的纵贯轴中所含之人格性的道德联结开启一新的格局，而解脱出原先血缘性自然连结的陷溺，开启新的契约性的社会连结，从而建立一委托性的政治连结。我们以为对于"道的错置"做了这番新的厘清，将有助于道的重新开启。

六、结语：从"君子儒学"到"公民儒学"

这几十年来处理"道的错置"问题，大体集中检讨了"血缘性纵贯轴"的构成及其带来的限制。我指出了"君、父、圣"的奇诡结构，把父子之伦收摄入于君臣之义的结构之中，强调"君父—臣子"；再者，将文化教养的师儒圣贤传统收摄入于君臣之伦，转成了"圣君—贤相"的格局。再者，由于权力的扭曲与异化，让"圣君"变成了"君圣"，让"圣王"转换成了"王圣"；如此一来，便形成了一严重的"道的错置"状态。

所谓从"道的错置"回返为"道的正置"，便是要将"圣王"与"王圣"作区隔，进一步厘清"圣"是"圣"，"王"是"王"。让"君父"做一适当的区隔，"君"是"君"，"父"是"父"。做了这区分后，保住了"父"与"圣"，而该瓦解的是"君"，"君"被瓦解后，转成了"群"，而开启了"契约性社会"，这就是我所说的瓦解了"宰制性的政治连结"，开启了"契约性的社会连结"，重新缔结了"委托性的政治连结"。至于原先所强调的"血缘性的自然连结"，以及"人格性的道德连结"则应守着它应该有的份位，人伦次序的定位当然是必要的，文化教养的生长也是必要的；但他们应该被区隔于政治权力的控制之外，并且回过头来对于政治权力有所审议与鉴察。

这些论题厘清以后，我们将清楚明白地知道，我们可以反"父权高压"，但不能反"孝道人伦"；我们可以反"帝皇专制"，但不能反"圣贤教养"。我们将更确认圣贤教养、孝道人伦是我们生活所必需者，是我们存在的基础所在；而且他回过头来适足以制衡父权高压与帝皇专制的。民初的反传统主义者，反孝道、非人伦、反对孔子、非议圣贤，这并不足以瓦解父权高压，更不足以瓦解帝皇专制，这仍被归在"道的错置"的范围之中。

当代新儒学虽对彻底的反传统主义者多所批评，但他们所提出的中国政治传统"只有治道，而无政道"，中国古代"只有科技，而无科学"，中国重视的是"道德"，而不重视"知识"，这些论点，看似分明，其实并不准确。其实，有治道当然也就有政道，只是这政道不是西方近现代以来的政道；有科技当然也就有科学，只是这科学不是西方近现代以来的科学。中国当然有道德、有知识，西方也是，只是彼此的道德之长成、知识的习得，却大有差别。西方以前的君主专制，其专制的严苛绝不下于中国古代，甚至是有过之而无不及，但与中国古代的专制有不同之处。西方的民主并不是他本质上就如此，他也是在历史的发展历程中长成的，中国文化传统当然也可以在学习的过程中，长育而成。我以为打破了文化的理解上所使用的方法论上的本质主义，而待之以方法论上的约定主义，这是使得"道的错置"拨乱反正的最重要理由；经由这样的拨乱反正，就可以回到我所谓的"道的正置"。

"血缘性的纵贯轴"解开了，"人际性的互动轴"生长起来了；除了"血缘性的自然连结"，更开启了"契约性的社会连结"，并在这契约性的社会连结所成的社会中重新调整了原先的"人格性的道德连结"，开启了新的心性之学、新的内圣之学；同时，也在这样的状况下，将那已经瓦解了的"宰制性政治连结"，转化为"委托性的政治连结"，缔造了一良善的民主宪政传统。这样的儒学，不再是传统社会，以血缘亲情为主导的"君子儒学"，而是以契约正义为主导的"公民儒学"。

伴随着原先"道的错置"下的儒学，与帝皇专制、父权高压、男性中心，相待依倚、相抗相持的理学、心学、道学传统，也得作出一崭新的调整。最明显的是，当代新儒学所强调的良知学（本心论）的优位传统所建构的道德的形而上学，也得做一番大调整。他将由"道德的形而上学"转为一"道德的人间学"。公民儒学不再宣称如何的"从内圣开外王"，而是清楚地知道，这不是依"理论的逻辑次序"所能处理，而是要依循着"实践的学习次序"才能得当。这应该是一由新外王的学习转而新内圣的调整。新儒学也就在这样的历史进程里，呼吁着如何从传统迈向现代化；再转化成，在现代化及现代化之后，中国文化传统如何起着一崭新的交谈、互动与融通。尽管现代化还是如火如荼，但显然地时间已到了"后现代"；儒学也跨过了"新儒学"，到了"后新儒学"。

——甲午中秋之后，2014 年 9 月 18 日，台湾东海之滨慈济元亨居

儒家政治思想的现代转化

尼山

铎

声

中华民族治国理政的历史经验与传统智慧

——王钧林先生访谈录*

一、政道与治道

武卫华（以下简称"武"）：钧林兄，你我都是干编辑出身，都为孔子打工，你还是我的前任，这次访谈我们直奔主题。我认真读过《习近平谈治国理政》，感觉总书记谈得很全面，很透彻，执政思路很清晰。总书记反复强调要大力弘扬中华优秀传统文化，明确指出：中华优秀传统文化的丰富内容，可以为治国理政提供有益的启示。去年10月13日，中央政治局还专门就如何借鉴我国历史上治国理政的经验和智慧进行了一次集体学习。看到这些，我们就明白了：总书记谈的治国理政，与中国历史上治国理政的实践、经验、智慧，有着一脉相承的联系。我们的历史学者、儒学专家有必要认真研究研究中国几千年治国理政的经验与智慧啊。

王钧林（以下简称"王"）：卫华兄的眼光很敏锐，一眼就看出了古今治国理政的内在关联，也一眼就看出了学术研究走向经世致用的迫切需要。但是，要打通古今，打磨出一面古代治国理政的镜子，似乎还有

---

* 本文系2015年4月20日《孔子研究》主编武卫华就中国传统治国理政思想与山东师范大学教授王钧林做的一次互动式访谈，发表于《孔子研究》2015年第3期。

一些困难。原因在于，以往我们偏重于研究中国古代政治思想、政治制度等，很少将治国理政单独拿出来做专门的研究。

武：政治思想、政治制度不就是治国理政的内容吗？

王：政治思想与政治制度包括在治国理政之中，但又不能等同。政治制度是治国理政借以运行的组织系统，自然包括在治国理政的范围之内。政治思想涉及的面宽泛一些，它的一个研究方向是政治的基本原理，比如，孙中山将政治区分为政权与治权，现代新儒家的牟宗三又进一步将政治区分为政道与治道。治国理政属于治道、治权的范畴。

武：原来牟宗三的政道与治道的区分，是与孙中山的政权与治权的区分一脉相承而来的。治国理政就算作是治道、治权范畴，也不能说与政道、政权没有关系吧？治国理政有一个前提，即政权的合法性。一个政权如果没有合法性，又怎能治国理政？

王：我这里借用孙中山、牟宗三的说法，是为了给我们的讨论划出一个界限，治国理政更多的属于治道而不属于政道，我们应该在治道的层面上讨论治国理政问题。我承认政道与治道关系密切：政道提供一个政权的合法性基础以及安排社会秩序的基本原理，治道是在政权合法性基础之上维护社会正常运转的治理系统。从这个意义上说，政道是第一义，治道是第二义，没有第一义，何来第二义？治国理政就是第二义层面上的问题。政权与治权也同样如此。孙中山明确指出：政权是指国家主权，主权在民，从这个意义上说，政权也就是民权。我国现行宪法规定国家一切权力属于人民，说的就是政权问题。治权是指国家治理权，宪法规定行使国家权力的机关——人大、国家主席、政府、中央军委、法院、检察院等，拥有治理国家的权力。这是治权。治国理政就属于治权的范畴。

武：做这样明晰的划分，不是笼统地谈问题，有意义。

王：牟宗三还有一个观点，认为中国传统政治在政道方面比较薄弱，在治道方面很发达。我不同意这一说法。说政道弱，梳理一下中国历朝历代各个政权如何论证其合法性，再看看古代思想家和政治家如何论证人道效法天道，以安排人世间秩序，就知道在中国传统政治中，政道是何等的充实而有光辉！说治道强，古人知道天下不是一人的天下，是天下人共有的天下；天下人拥有天下的所有权，理应也拥有天下的经营权和管理权。唐代的柳宗元曾经打了个比喻，如果把天下比作一个店铺，谁拥有这个店铺，谁就拥有这个店铺的经营权。谁拥有天下这个店铺？天下人，可是，天下人却不知如何经营、管理这个店铺，于是出资雇用了一些伙计。这些伙计们不务正业，拉帮结伙，贪污腐败，不搞垮这个店铺不罢休。聪明睿智如柳宗元看出了问题所在，也知道应该及时赶走那些搞腐败的伙计们，然而，换了一拨人又一拨人，沉疴没有根除，旧病还会复发。柳宗元始终没有想出一个店铺老板直接经营店铺的办法。店铺老板是天下人，天下人如何经营这个店铺？换言之，天下人如何治天下？民治如何可能？柳宗元想象不出，积中国人三千年智慧也没有想象出来。所以，梁漱溟谈到孙中山倡导的民有、民享、民治的"三民主义"，大发感慨：中国人在政治上早有民有、民享学说，而两三千年来却始终不见民治制度；不仅不见民治制度，连民治学说都是想也想不到的，这岂不是咄咄怪事？连民治学说、民治制度都没有发明，能说治道强吗？

武：牟宗三说中国古代政道弱，治道强，好歹还承认一个治道强。你否定了治道强，小心弄成一个历史虚无主义啊。

王：这倒不会。我只是做学理分析，先弄明白那个道、那个理。政道明了，再来谈治道，就顺理成章了。

武：这好像有点书生之见。哦，没有冒犯吧。政道是虚的，刀把子是实的。在打江山、坐江山的年代，遇到司马迁说的"秦失其鹿，天下共逐之"的情况，谁能拉起队伍打下江山，谁就坐江山。谁管什么政道？谁问什么合法性？敢问吗？

王：这不算冒犯，的确是书生之见。我承认你说的是事实。历史上从夏代到清代四千多年的改朝换代，几乎都是在腥风血雨中完成的。打下来的天下，抢来的江山，哪有什么合法性可言！然而，不容否认，不少朝代政权稳固之后，慢慢走向轨道，出现治理有方、社会安宁的局面。这也是事实。这说明，政道与治道在某种特定的历史阶段是相互脱节不挂钩的。再举一个"盗亦有道"的例子吧。"盗亦有道"的道就是治道。《庄子》一书描述了一伙强盗聚在一起，他们能够猜测到哪家藏有宝物，是圣；抢先去偷，是勇；掩护他人最后撤退，是义；知道可偷不可偷，是智；分配赃物公平合理，是仁。圣、勇、义、智、仁这五条一一具备，就是强盗团伙的治道。没有这五条治道，强盗团伙恐怕一天也维持不下去。强盗们聚在一起，哪有什么政道？哪有什么合法性？但是，他们有治道。

不错，人们承认和接受"胜者为王，败者为寇"的逻辑，但是，必须清楚，这种承认和接受是被迫的，是无奈的。"胜者为王"的统治者心里也清清楚楚，所以，他们再糟糕再愚蠢，也知道掩饰一下，没有政道也要制造出个政道，鼓捣出一个合法性给人们看。年初，孟祥才先生告诉我，他正在写一篇长文章，专门考察一下历朝历代是怎么论证其合法性的。什么天命说，什么禅让说，什么血统说，等等，其中不少是无根之说。无根归无根，却是有用的，用在论证其合法性。拿得出政道，拿得出合法性，你才能治国，才能理政啊！

二、帝道、王道、霸道：三种治国理政模式

武：从某种意义上说，政道是虚的，治道是实的。我们先搁置政道，集中谈谈治国理政好吗？

王：好。治道就是治国理政之道。治国理政是动态的政治操作，比较复杂，其要件至少有五个方面：1. 模式选择；2. 思想指导；3. 制度规矩；4. 执行力；5. 合法性。

先说第一，模式选择。我们以秦国为例。公元前4世纪60年代，秦孝公即位不久，召见了不远千里来到秦国的法家代表人物商鞅，二人讨论了三种治道模式：帝道、王道和霸道。经过一番比较，最后选择了霸道，作为秦国治国理政的基本模式。大致说来，帝道是无为而治，为道家所倡导；王道是以德服人，为儒家所倡导；霸道是以力服人，为法

家所倡导。第二，秦国既然选定了霸道，自然就要以法家思想作指导。第三，霸道体现在制度规矩上，就是秦国奉行的以法为教，以吏为师。第四，以赏罚两手提高官员、民众对于政令、法令的执行力。第五，合法性，这里不是指政权的合法性，而是指一项政治措施、一个政策、一个法令的合法性；是否具有合法性，就看其是否有利于富国强兵。这是典型的功利性目的，以合目的性代替合法性。历史证明，秦孝公和商鞅选取的霸道治国模式，为此后百余年秦国忠实奉行，在治国理政上确实卓有成效，使秦国迅速崛起，最终扫灭六国，一统天下。而且，法家推行的这套霸道治国模式，不仅仅在秦国，在整个战国时代，二百余年间大行其道。

武：从秦孝公到秦始皇，秦国确立了霸道治国模式，看起来取得了巨大成功，可是，秦始皇之后，也遭遇了二世而亡的巨大失败。汉代思想家贾谊作了《过秦论》，对秦的失败有分析，有总结。

王：贾谊的《过秦论》反映了汉代的认识水平。今天，我们应该有新的认识。我认为，不能以秦帝国一朝一夕的崩溃，完全否定秦国推行霸道治国模式百余年的成功。不止如此，中国历史上最重要的制度发明——郡县制，就是从霸道治国模式中孕育出来的，实行了两千多年，至今不变。霸道治国模式的失败，首先是败在了它固有的结构性缺陷，如暴力一手过重、教化一手过轻，一直没有得到恰当的修正；其次是败在了不知一张一弛、张弛适中的道理，一味地严刑峻法，弄得人人紧张，时间久了，谁受得了？而最直接的原因是，霸道治国模式表面上看是法治，实质是人治，它的得失成败与是否得人直接相关：幸得君主英明，是一番强盛的景象；不幸得君主昏庸，是另一番衰败的景象。

武：法家倡导的霸道治国模式，就顶层一人而言是人治，除开这个顶层一人，下面就是法治了吧，至少法治的东西居多。我们今天倡导法治，应该从中吸取一些有益的经验教训。

王：对，值得吸取的东西还很多。总之，不能一味否定。不过，那个顶层一人，也就是皇帝的无法无天，是最要命的！

武：霸道治国模式在历史上真正实行过，并且卓有成效。道家倡导的那一套无为而治的帝道模式呢,是不是空中楼阁?

王: 应该承认帝道有理想化的色彩。那时,人们喜欢托古,把帝道说成是尧舜之道,受到儒家、法家、道家、墨家、农家等诸子百家的共同追捧。什么"垂拱无为"、"垂衣裳而天下治"等等,都是追捧帝道的话。战国时代,人们连孟子鼓吹的王道治国模式都被认为是迂阔之论,何况比王道更加理想化的帝道。然而,谁也没有想到,道家黄老学派将帝道治国模式加以修正,到了汉代初年,竟然推行了开来,并且取得了"文景之治"的光辉成就!历史就是这么任性,你越说它不行,就越展示给你看。"文景之治"塑造了两千年中国"大一统"社会出现的第一个盛世。

武: 有意思,历史实践成了检验帝道、王道、霸道是否可行的标准。你说道家黄老学派修正了帝道治国模式,他们做了哪些修正?

王: 道家黄老学派是从道家中分化出来的一个务实的学派,他们奉黄帝、老子为宗师,兼采儒家、法家、墨家、名家、阴阳家对他们有利有用的思想观点,融会贯通,创造出了一个有强大实用性和操作性的治道模式。帝道治国模式的核心是"无为而治",他们把这个"无为而治"修正为"君无为而臣有为"。很巧妙,这既不违背"无为而治"的原则,又避免了君臣都不作为、无所事事的弊端。把君臣分开,君可以无为,不作为,臣必须有为,有作为,这样用来治国理政就具有了可操作性。这是一条最重要的修正。

第二条修正,是他们从法家那儿拿来"尚法"的观念,做了一些变通改造,再充实到治国理政实践中去。他们崇尚法律,要求依法治国,但又与法家有很大的不同。他们批评法家把法律搞得很周密很复杂,让人动辄得咎,无所适从;他们喜欢简化法律,简化到最简单,就像刘邦与关中父老约法三章一样。管用的法律不在多,就那么三条,大家都遵守,就足以治国安邦了。最简单的几条法律摆在那儿,上下一体遵守,还会有什么事儿?无事就不要找事啊,所以,道家黄老学派的一个代表人物慎到就说:"上下无事,唯法所在。"法律在,人人遵守,天下无事;有人不遵守,是找事,挑事,于是天下不太平。

武：哦，对不起，打断一下。"上下无事，唯法所在"，这话说得好！上上下下，人人守法，天下太平，不会有事。有事，是不守法的人制造出来的。

王：对。道家黄老学派很重视法律对于治国理政的重要性，在这点上，他们学了法家那一套，但又做了改变，最大的改变是简化了法律，简单易行，不那么复杂。另外，也不搞苛法，不那么严酷。

我们再接着说，第三条，是将老子说的"道法自然"贯彻落实到治国理政中，重因循，轻改作。重因循，一是因循自然，尊重自然规律，效法天道；一是因循已定的法律，不轻易变动，不轻易改作。汉代名相萧何、曹参都崇奉黄老学说，彼此相知甚深。萧何死的时候，推荐曹参继任丞相。曹参上任后，无所事事，日夜饮酒。司马迁说他是"举事无所变更，一遵萧何约束"，后来有一个成语"萧规曹随"就是从这儿来的。汉惠帝年轻，看不出这其中的玄机，就责问曹参为什么不问事，曹参反问："陛下，你觉得，论圣武，你与高帝比如何？"惠帝赶紧说："我怎么敢望先帝啊！"曹参又问："陛下，你觉得，论贤明，我和萧何比如何？"惠帝说："你好像不及萧何。"曹参说："陛下说得对啊！高帝与萧何打天下，定法令。法令摆在那儿，你垂拱，我守职，照着做，不就行了吗？"曹参当政奉行清静无为、与民休息的政策，赢得了民众的爱戴，他死后，有民歌颂扬他"载其清静，民以宁一"。

武：霸道、帝道两种治国模式，都曾经实行过，也都取得了成功，这其中必有它们的合理、可取之处。但是，它们不能行之久远，汉初推行的帝道治国模式的修正版，更是短命的。这又说明它们必有其内在的缺陷。与帝道、霸道相比，王道治国模式又是怎样的情景呢？

王：在历史上，儒家倡导的王道治国模式，排在法家、道家之后，是最后一个运用于政治实践中去的，并且行之久远，同样取得了巨大的、辉煌的成就：它连续塑造出了几个模范政治，其中最著名的就是"贞观之治"。"贞观之治"是中国两千年"大一统"社会所达成的政治典范。它所取得的政治清明、社会稳定、人民安居乐业几项指标，在历朝历代并不少见，但是，达到它那样的高度，却比较少见。十年前，我曾经与我的一个同学辩论中外社会治理孰优孰劣的问题。我举了一个例子，就是唐太宗在贞观六七年做的一件事：他下令把当时全国羁押的死囚犯390多人，全部放回家，告诉这些死囚犯好好与家人团聚，过个年，等到第二年秋天问斩的时候，再回来引颈受戮。这实际上是政府与死囚犯的一个约定。结果呢，第二年，390多个死囚犯一个不少都按时返回了。连死囚犯都受到感化、感召，遵守约定，讲诚信，可以想象当时政府公信度多么高！政府的公信度、公信力是政治清明的一个最直接、最明显的表现。治国理政达到唐太宗的水平，不多见吧。

武：宋代的欧阳修写了一篇《纵囚论》，批评唐太宗此举是沽名钓誉，因为在他看来，君子讲诚信，小人不讲诚信，死囚犯又是小人中尤为可恶的人，怎么可以和他们讲诚信呢？

王：那是欧阳修的意见。其实，死囚犯也是人，也有情，也有义。问题是如何启发、感化他们。明代大儒王阳明做地方官的时候，抓了一个为非作歹、罪大恶极的惯犯。这个惯犯自称没有良知，人们也都认为他没有良知，王阳明却认为他还有良知。在提审的时候，王阳明在大堂上叫这个惯犯依次脱下上衣、裤子、内裤，而到了脱内裤的时候，这个惯犯左看右看，不肯脱了。王阳明因势利导，说你为什么不脱内裤，是因为你还有羞耻之心，羞耻之心就是你的良知。一席话说得这个惯犯心服口服，老老实实招供了。如果欧阳修晚生几百年，看到王阳明审案的故事，就不会认为死囚犯不可救药了。

武："贞观之治"达到那么一种治理水平，即使放在历史长河中看是短暂的，是昙花一现，也仍然是人类政治文明史上国家治理所能达到的辉煌顶点。

王：不止如此。历史上，奉行王道治国模式，还塑造了"礼义之邦"的国家形象。战国时代，鲁国重用儒生，以仁政治国，虽然在富国强兵上不见什么成效，却塑造了一个"礼义之邦"的国家形象。与鲁国不同，秦国重用法家，以霸道治国，塑造了一个"虎狼之国"的国家形象。你看看，一个是"礼义之邦"，一个是"虎狼之国"，对比多么鲜明！当然，在"争于气力"的战国时代，"虎狼之国"勇于进取，日益强大，其国家形象的价值取向并非一无可取。

武：我看，就是在当今世界，虽然主流是和平，但是，天下并不太平，弱肉强食的丛林法则仍然存在于一些人的头脑中，所以，我们在建设"礼义之邦"的同时，不能丢掉讲武尚武的传统。

王："礼义之邦"崇文，"虎狼之国"尚武。一文一武，各有所重。一文一武是中华民族治国理政的文化基因，一个也不能少。

我们再接着说"礼义之邦"。到了"大一统"的时代，汉代独尊儒学以后，中国人在更广阔的时空范围内塑造了"礼义之邦"的国家形象。历朝历代，中国周边各国、各族以及来华使者、商人、旅行者、传教士等等，无不仰慕中华之风，视中国人塑造的"礼义之邦"为国家的典范、样板，纷纷前来参观学习的络绎于途。明朝末年，朝鲜使臣洪翼汉来到中国，称赞"华人大有信义且极仁厚也"。崇明县知县张世臣写了一首歌颂"渤海澄澜"景观的诗，其中有两句"最喜白鱼呈上国，到今重译向中华"，真实反映了当时周边各国向往中华的情景。

我曾经总结、概括中国历史上"礼义之邦"有五大特征：

第一，坚持以仁、义、礼、智、信为核心价值观；

第二，国民有温良、恭敬、礼让的文明素养；

第三，社会秩序优良，人人安分守己；

第四，实行公平合理的人才选择制度；

第五，有以德服人的泱泱大国之风。

武：习近平总书记早在2013年就提出了塑造我国国家形象的问题。总书记提出要塑造四种国家形象：一是历史底蕴深厚、各民族多元一体、文化多样和谐的文明大国形象；二是政治清明、经济发展、文化繁荣、社会稳定、人民团结、山河秀美的东方大国形象；三是坚持和平发展、促进共同发展、维护国际公平正义、为人类作出贡献的负责任大国形象；四是对外更加开放、更加具有亲和力、充满希望、充满活力的社会主义大国形象。借鉴历史，是不是再追加一个"礼义之邦"的大国形象？看看最近一二十年来极少数国人在境外旅游的一些不文明表现，觉得很有必要培养和提升国民文明素养。"礼义之邦"的国家形象，是在国民个人形象的基础上建立起来的，也是靠国民个人形象维护和展现出来的。

王：对！塑造"礼义之邦"的国家形象，人人有责。每一位国民都能做到讲卫生，爱整洁，守秩序，有教养，谈吐优雅，举止得体，接人待物温和恭敬、彬彬有礼，何愁塑造不出"礼义之邦"的国家形象？

三、儒家治国理政的经验与智慧

武：王道治国模式，比起帝道和霸道，应用于政治实践的时间更长，从汉武帝"独尊儒术"算起，到清代有两千年吧，取得的成就也更大更显著，为什么？

王：这个为什么，说来话长。一言以蔽之，它适合中国传统社会。首先，应该说明，王道治国模式有原版，有修正版。原版是孔孟设计的王道、仁政的治国理政模式，修正版是贾谊、董仲舒等人概括、提炼出来的德主刑辅的治国理政模式，并在汉武帝"罢黜百家，独尊儒术"以后逐步推行开来。这个修正版比原版扩容了，它采纳了霸道治国的长处。汉宣帝点拨太子："汉家制度"是"霸王道杂之"，道破了这个修正版的实质。所谓德主刑辅，有一个如何摆正德与刑的比例关系的问题。从总体看，从长远看，德与刑是主次关系，但是，德与刑又是变量的概念，二者各占多大比重，从来没有明确的规定，可以因时制宜予以调整，这就给统治者上下其手提供了莫大的空间。在历史上，常见德的比重下降，刑的比重上升，二者势均力敌，甚至在某些特定的时期，德与刑的主次关系反转过来，以刑为主，这时，德主刑辅的模式实际上就是"霸王道杂之"的模式。

武：也可以说，原版是理论版，修正版是实践版。这两者之间的差别，是不是可以这样说：理论版不切实用，迂远而阔于事情，脱离政治生活；实践版则不同，它切合实际，具有可操作性。

王：原版和修正版二者是大同小异。小异的地方，你说得对。至于大同，就是人们常说的以德治国了。

武：说起以德治国，从 20 世纪 90 年代我们就提倡过、讨论过。习近平总书记上任以来几次指出："国无德不兴，人无德不立。"去年 10 月中央政治局集体学习的主题是我国历史上的国家治理，总书记在讲话中提到了为政以德、德主刑辅，包含了以德治国的意思。

王：以往我们谈论以德治国，基本上都是限定在治道的层面上，这谈浅了，谈不深。

武：此话怎讲？你要放在政道层面上谈？

王：以德治国，放在治道的层面上看，是德治；如果放在政道的层面上看，以德治国的表述不准确，应该采用孔子的原话"为政以德"，推行道德政治，简称德政。德政与德治有联系有区别。以往谈德治多，谈德政少。那么，问题来了，德政是什么？德政的价值和意义又是什么？我们可以从三个方面来谈。

第一，国家是公共权力机关。建立国家的目的，我们的认识不过是为了保障一国之民的生存与安全，提升一国之民的福祉；而古人的认识呢，除此以外，还有一个，即推动全体国民集体向善。儒家讲"大学之道"，是"在明明德，在亲民，在止于至善"。这个"止于至善"在古人看来就是国家存在的目的，而且是最高目的。这就规定了国家政治的指向性：一切治国理政的路线、方针、政策、手段等，都必须是万法归宗，归于推动全体国民集体向善这个目的。

第二，周代刚刚建立的时候，特别强调"敬德"，全社会尊重、推崇、奉行道德，以道德为核心安排一切典章制度。知名历史学家王国维在他的名作《殷周制度论》中说，周代的制度典礼，都是为道德而设，反过来说，周代的制度典礼，都是道德的器械。这是难得一见的真知灼见啊！道德的精神往上到下、彻里彻外贯注于国家机关和典章制度之中，这是一种什么情况？是全部国家机关沉浸在道德之中，沉浸在善之中啊。这样一来，哪还有恶法的藏身之地？哪还有不良秩序的容身之所？王国维的"器械"说，比较准确地表明了，国家机关和典章制度只是道德的衍生物，仅仅具有工具价值，道德才是实至名归的本体价值、目的价值。

第三，也是最重要的，德政有其坚实的形上根柢。这个形上根柢，古人有不同的认识，我们讨论其中的两种吧。一种是认为德政有超越的形上根柢，这就是天。道德从属于人道范畴，人道来自于天道，必须效法天道。正因为如此，古人才有"皇天无亲，惟德是辅"、"天道无亲，常与善人"一类的信念。天或天道"惟德是辅"，国家政治也就必须把道德摆在第一位。一种是认为德政有内在的形上根柢，这就是孟子所说的良心。良心是仁、义、礼、智各种道德的总根源。孟子又把良心称为"不忍人之心"，他说："有不忍人之心，斯有不忍人之政。"这个"不忍人之政"就是仁政。可见，良心是仁政的根柢、基础。孟子又说："以不忍人之心，行不忍人之政，治天下可运之掌上"，即易如反掌的意思。天是外在的、超越的，良心是内在的。无论天还是良心，都是形而上的存有，是第一义的存有，道德是第二义的存有，德政是第三义的存有。明白了这个递相演进的逻辑，就知道德政根柢深厚，确实不俗。

可见，德政不是别的，就是将道德奉为一切政治设施和政治活动的灵魂。道德是政治的本体、本源，政治不过是道德的器用而已。德政时时刻刻规范着、校正着国家与社会的发展方向，使其始终指向"止于至善"的目的。

我们知道了德政的 ABC，再来看孔子说的"为政以德，譬如北辰，居其所而众星共之"，就会明白，孔子在这里谈的不是德治，而是德政。

武：把德政和德治区分开来，做这么复杂的分析说明，这是你老兄的工作。听你这么一讲，德政的轮廓比较清晰了。我们准确地理解与把握了德政，再来谈德治，就容易给它一个恰当的定位了。

王：是的。所谓德治，简单地说，就是以德治国。在治道的层面上，以德治国，是以德为用，凸显了道德的工具性价值和作用。对于国民来说，以道德信念引导人，以道德教化培育人，以道德规范约束人；对于社会来说，以道德整饬秩序，以道德达成和谐，以道德弘扬正气；对于国家来说，以道德维系人心，以道德保障清廉，以道德促成和平，所有这些，无一不是以德为用。

必须说明的是，德政必然要求以德治为实现其自身目的的主要路径与手段，然而，是主要的，却不是唯一的。德政不排除法治，并且视法治为实现其自身目的的次要路径与手段。这就是德主刑辅的由来。

武：德治、法治之外，还有礼治。礼治应该有一个什么样的定位？

王：礼治介于德治、法治之间。礼是道德的节文，法是道德的底线，德、礼、法三者有内在关联。德治的功能与作用，在于教化、训导、规范；如果不敷用的话，再辅以礼治，礼治的功能与作用在于规范、约束、整饬；如果不敷用的话，再辅以法治，法治的功能与作用在于警示、惩罚、制裁。德治、礼治、法治一脉相承，一线贯通。

以国民修身为例，德治的做法，是通过道德的教化与训练，来养成温良恭俭让的人格形象；如果做不到这一点，那就再加上礼治，礼治的要求是"非礼勿视，非礼勿听，非礼勿言，非礼勿动"，直接用礼来规范人的言行；如果仍然有问题，礼也约束不了小人，那就得用法治了。法治的作用，是给人们的言行画出不可触碰和逾越的红线，触碰者必受惩罚，逾越者必受制裁。德治是春风化雨，礼治多了一份约束力，法治是强制性的，三者缺一不可。

武：德治、礼治、法治都包括在儒家倡导的治国理政模式之中？

王：是的。不少人有一种片面理解，一提德治，就认为是儒家的；一提法治，就看成是法家的。其实，儒家也讲法治，法家也讲德治，差别在于德治、法治的主次结构。德主刑辅是儒家倡导的，反之，刑主德辅是法家倡导的。我们将儒家倡导的治国理政模式概括称为德治，不过是一种提纲挈领的便利性说法而已。

武：儒家一向重视修身、齐家、治国、平天下，开发并拥有了治国理政的智慧。儒家治国理政的智慧，在政道已立、治道已定的总体框架下，是如何具体应用的？

王：转入这个话题，可谈的内容那就太多了。先从政在得民说起吧。儒家有着丰富的民本思想，认同商周以来"民为邦本，本固邦宁"的传统理念，深知民心民意是政治的根本，人心向背是决定国家兴衰的关键。"水能载舟，亦能覆舟"，是两千多年前荀子首先提出来的，为历代明君引为处理君民关系的鉴戒。这些是我们熟知的，不必详述。我想着重说明，民心民意是一个政权的合法性基础，合法性不是静止的，一成不变的，而是动态的，变动不已的。历史上任何政权的合法性，都处在加加减减的消长过程之中。合法性的充盈增长，意味着民心民意的不断凝聚；合法性的衰减流失，意味着民心民意的不断丧失。因此，民心民意归根结蒂是政道的问题，是政道能否挺立的问题。我们必须从政道的高度上认识民心民意。从治道上谈政在得民，其实是指下达一项政令、发布一项政策、采取一条措施等，必须合乎民心民意，赢得民心民意的支持，而做到了这一点，实际上也就是在向政权不断注入民心民意，夯实其合法性基础。

武：赢得民心民意，是治国理政的第一要务。我们接着条分缕析地梳理。

王：好的，但是，每一条只能谈个梗概。

第二条是重视道德教化。儒家治国理政，很重视道德教化。东汉王符说："人君之治，莫大于道，莫盛于德，莫美于教，莫神于化"，《贞观政要》引述王符的话，就直接变成了"人君之治，莫大于道德教化"了。儒家倡导的道德理念和道德规范，有多少条目，我没有统计，大概有上百之多。推行道德教化，上百德目，怎么做？无从下手啊。所以，从孔孟时代，就开始着手构建核心价值观，什么三达德，智、仁、勇，什么五常，仁、义、礼、智、信，什么八德，孝、悌、忠、信、礼、义、廉、耻，都是不同时代概括、提炼的核心价值观。有了核心价值观，提纲挈领，以简驭繁，便于国民认识和接受，便于引领社会风尚。这是推行道德教化的简便易行之道。

武：我们今天构建的由十二组、二十四个字组成的社会主义核心价值观，即：富强、民主、文明、和谐、自由、平等、公正、法治、爱国、敬业、诚信、友善，有人反映内容多了点，不易记，记不全，是不是可以再精简一下？值得研究。

王：第三条是以身作则。儒家坚持认为，一切从事治国理政的公务人员，必须以身作则，率先垂范，为国民作出榜样。孔子说："政者，正也。"这个"正"应该是贯彻落实到治国理政的方方面面。如何贯彻落实？孔子当面告诉鲁国执政大臣："子帅以正，孰敢不正？"上层执政者做到了身正，上行下效，下层不令而从；否则，就是虽令不从。所以，对执政者个人来说，第一要求就是这个"正"字，首先做到正己，然后才能正人。身正必须有心正的支撑。内外俱正，身心俱正，就会保证执政者做正人，走正路，做正事，树正气。

武：还有一个正，正名。正名也是治国理政的重要内容。

王：正名可以列为第四条。正名，是正名分的意思。每一位社会成员都有一个名分，循名责实，给予其应有的身份、地位、权利，他就会安分守己，维持社会秩序。个别僭越者的犯上作乱，另当别论。这实际上是对国民身份、地位、权利的制度安排。优良的制度安排，一是循名责实，做到名实相符；二是随着一个人的名实变化，及时作出调整，做到新的名实相符，与时俱进。儒家坚持并维护名实相符的制度安排，劝导人们安分守己，取其所当取，弃其所不当取。这就是历史上所谓的名教。名教这个词凸显了一个人的名分的作用和意义，一事当前，做不做，先要审核名分；一利当前，取不取，也是先要审核名分。由于历史上夏、商、周三代社会典章制度被概括称为礼，这种名实相符的制度安排又被称为礼教。名教、礼教似乎被污名化了，透视其精神实质，无非是一个人的名分所表达的欲求，必定有一个适宜的范围，法与制度给予这个适宜范围以明确的界定，不可漠视，不可逾越。

武：历史上，魏晋时期批名教，近代"五四"时期批礼教，一是批其僵化的形式，二是批其名节观念害人，三是批其维护和巩固了社会等级制度。名教、礼教已经污名化了，你这是为其正名啊。不过，我承认你说的透视其精神实质有道理。我反对的是名教、礼教的僵化形式，它一旦僵化，就会束缚人，特别是束缚人心，这个危害比较大。

王：是的，僵化形式与精神实质应该仔细区分，不能囫囵吞枣。这个不能细讲，细讲费工夫。

武：你刚才讲到中国传统社会的制度安排，这是儒家治国理政的一个极其重要的方面。有规矩，才有方圆。儒家治国理政是如何进行制度安排的？

王：我从第五条公平正义说起吧。应该承认，两千年来，儒家在制度的设计和安排上没有多大作为，儒家的主要贡献不在于此，而是在于将社会制度中固有的精神挖掘出来，发扬光大，使其成为治国理政的根本理念、基本原则。这个固有精神就是公平正义。我写过一篇《正义与社会》的文章，强调正义是社会制度的第一美德。那篇文章不是写现代社会的正义，而是写传统社会的正义，主要是儒家的正义。儒家讲的王道、仁政，无一不贯彻、高扬公平正义的精神。比如说王道，儒家经典《尚书》反复申明："无偏无党，王道荡荡；无党无偏，王道平平；无反无侧，王道正直。"强调王道是没有偏私、没有朋党、没有左右、没有过与不及的公平正直。儒家论证公平正义出自天道，天道有"三无私"：天无私覆，地无私载，日月无私照。人道效法天道，必须坚持无私无偏的公平正义。前面谈到名实相符的制度安排，名实相符表示一个人的名分和他实际所应得的相等，这被看作是公平；少于或大于实际所应得，就被看作不公平。不平则鸣，议论纷纷。父子至亲，父亲有两个儿子，尚需公平对待；不能公平对待，就会发生一子满意、一子怨恨的情况。何况国家，更需要公平对待其全体国民。制度安排有一个公平正义的问题，一项法令、一个政策、一个办事的指示，同样有一个公平正义的问题。儒家强调治国理政必须奉行公平正义的理念，高扬公平正义的精神，秉持公平正义的原则。

武：治国理政要选用优秀人才。如何选拔优秀人才，就有一个公平正义的问题。

王：公平选拔人才是第六条。什么样的人算作优秀人才？古往今来，大家认识一致，德才兼备。可是，如何选拔优秀人才，却在不断探讨中，至今也没有停止。从发现人才，到举荐人才，再到考试人才，选拔人才越来越制度化，而制度化的选拔机制就是贯彻并凸显公平正义的原则。特别是科举考试，这是中国人的一大制度发明。以前无论发现人才，还是举荐人才，都是靠人来完成的，有了科举考试，就换成靠制度来完成了。选拔人才，靠制度比靠人，能够最大限度地避免个人好恶因素、亲朋故友因素的作用，比较好地贯彻公平正义的原则。可是，制度也有局限性。科举考试只是考取一个从政资格，能否录用为官，还要看吏部的考察。至于执政大臣、六部尚书、州郡长官，任用谁，那要看皇帝本人的考察。考察权、任用权限定在一个极其狭小的圈子里。孟子对于如何突破这个狭小的圈子，将考察权置于国人的大范围内，提出过一个很好的建议，他说："左右皆曰贤，未可也；诸大夫皆曰贤，未可也；国人皆曰贤，然后察之；见贤焉，然后用之。""国人皆曰贤"就是民主考察。孟子以后两千多年，历朝历代选拔治国人才，都没有做过"国人皆曰贤"的民主考察，真是愧对圣贤啊！

武：愧对圣贤，不止一端。廉洁清明，戒奢从俭，哪一项不是圣贤的教导？可是，奢侈腐败之风总是制止不了，为什么？根本原因何在？

王：你提到廉洁清明，戒奢从俭，我们将其列为第七条吧。奢侈腐败之风，任何社会都制止不了，根本原因在于人性的弱点和制度的不完善。既然不能根绝奢侈腐败之风，那就尽量控制奢侈腐败之风，将其限制在一个全民可以容忍和接受的限度内。这个限度，不是定量，是变量：政治清明，全民容忍度低；政治黑暗，全民容忍度高。政治黑暗达到一定的程度，普通民众也会参与腐败。贪污腐败与权力的运用直接相关。有一句名言说绝对的权力意味着绝对的腐败，就是这个道理。在人治社会，权力的运用可以上下其手，贪污受贿之风就会兴盛；在法治社会，权力的运用虽然也有上下其手的现象，但毕竟受到限制和监督，贪污受贿也会有，但不会泛滥成灾。儒家当然知道制度建设对于制约权力的重要性，可是，儒家只是从政者，而不是主政者；儒家在制度建设上力不从心，只好转而从良知自觉、道德自律上入手，提升人们对于政治清明的认识，对于贪污腐败的抵制。子思倡导的"慎独"说，告诉人们即使一个人独处一室或一地，也要恪守道德，严格自律。杨震发明的"四知"说，告诉人们任何权力的私下交易，都暴露在天知、地知、你知、我知的视野之下，天知、地知是神明知，你知、我知是良心知，敬畏神明，敬畏良心，就要洁身自好，不做触犯神明、违背良心的事儿。

武：儒家反腐倡廉，在制度建设上做得不够好；在思想教育、道德自律上，做得比较到位。历史经验一再证明，反腐倡廉，靠思想教育，靠道德自律，效果不是很显著。现在我们正在进行的反腐倡廉，应该借鉴儒家的经验教训，多在制度建设上下功夫，营造一个能够切实有效地监督权力、约束权力的制度环境。

王：第八条是调节社会上的贫富差距，将其控制在一个合理的限度以内。在中国历史上，有一个王朝兴亡的周期率。导致这一周期率发生的因素，除了腐败以外，还有贫富悬殊。一个王朝建立之初，往往贫富差别不大，可是，不知不觉就开始了贫富差别的加速度发展，以至于贫富悬殊，不可收拾，引发农民暴动，促成新一轮王朝更替。孔子早就说过："有国有家者，不患寡而患不均，不患贫而患不安。盖均无贫，和无寡，安无倾"，提出了一个"均"→"和"→"安"的政治逻辑。"均"是平均财富的意思，"和"是和谐的意思，"安"是安定、安宁的意思。平均财富，不是指要搞绝对平均主义，而是指国家政权利用宏观调控政策与手段尽量缩小贫富差别的意思。西汉初年的丞相陈平，早年在乡里主持分肉，分得很公平，父老乡亲交口称赞。陈平胸有大志，感慨地说：他年我陈平若能治国理政，也会像分肉一样做到公平、平均啊。国家政权有责任、有义务解决社会财富分配"不均"的问题，使其趋向于"均"。儒家反复提醒，甚至警示最高统治者必须运用宏观调控手段，缩小贫富差距，调节贫富矛盾。孔子认为，缩小贫富差距，达到一个可以接受的程度，在推行教化的基础上，就可以建设一个"贫而乐"、"富而有礼"的社会。为富不仁，贫者不能生存，是造成社会动荡的重要根源。孟子指出，减少税收和徭役、使民以时、保证农民有田可耕，都是可取可用的宏观调控政策和手段。这么简单的道理人人皆知，可是，说起来容易做起来难。一个王朝到了社会矛盾尖锐不可调和，失地的游民暴增的时候，败象显现，气数将尽，大家眼睁睁看着忽喇喇似大厦将倾，这真是无可奈何的事情。

武：你刚才提到"均"→"和"→"安"的政治逻辑，这是孔子发明的，知识产权归孔子。这个政治逻辑，展示了孔子治国理政的智慧。

孔子还有个"庶"→"富"→"教"的治国三部曲。"庶"是指人口繁衍增多；"富"是指发展经济，富裕起来；"教"是指实行教育，提升民众文化素质。"庶"、"富"、"教"，再加上"均"、"和"、"安"，这六个字是不是可以概括孔子治国理政思想的基本内容？

王："庶"、"富"、"教"、"均"、"和"、"安"这六个字，涉及人口、经济、教育、均富、和谐、安宁，的确包括了治国理政的基本方面，但还不够全面，还要再补充一点。

武：孔子说"不患寡而患不均"，这里的"寡"应该没有确定的指向，可以看作是财富，也可以看作是发展的机会。这样一来，就可以对"均"做扩大理解："均"不仅仅指平均财富，也可以指就业、晋升一类的机会均等。这么理解是不是合乎孔子原意，我没有把握，但是，一定有利于强化"均"→"和"→"安"的政治逻辑。因为，促成社会和谐的，除了均富以外，还有机会均等。我们对"均"做扩大理解，赋予其更丰富的内容，这样是否有利于保障社会的公平正义？

王：对"均"做扩大理解，在诠释学上是允许的。诠释学不仅要弄明白孔子原话的本义，还要挖掘出孔子原话中的题中应有之义。

至于对"均"做扩大理解，是否有利于保障公平正义？这个问题比较复杂一些，牵涉到如何理解和看待公平正义的问题。我们说在正常人的范围内，大致平均分配社会财富，大致平均享有发展的机会，无疑合乎公平正义。然而，社会成员中还有少数的鳏、寡、孤、独、疾病、衰老者，他们丧失了劳动能力和谋生能力，甚至丧失了生活自理能力，成为弱势群体。让他们和正常人一样参与社会财富的平均分配，比如，分几亩农田给他们，他们耕种不了啊；让他们和正常人一样享有发展机会，比如，给他们经商、做工、当兵、参政的机会，他们做不了啊。怎么办？孟子认为，实施仁政，首先要考虑扶助弱势群体，运用国家力量，提供优惠政策和必要的救助。张载认为，要把弱势群体看作是自己的兄弟姐妹，给予关爱和帮助。在儒家思想的指导和影响下，中国传统社会往往设有专门的慈善和救济机构，负责照顾和扶助弱势群体。是否照顾和扶助弱势群体，是衡量一个社会的文明发展程度的标尺。美国有一个政治学家罗尔斯，写了一本《正义论》的书，他论证了社会财富和发展机会在社会成员之间的分配，适当向弱势群体倾斜，是合乎公平正义的。可惜，罗尔斯不了解孟子早就有了类似的观点，他若了解，一定会惊讶孟子有先见之明。

武：扶助弱势群体，应该单独列为一条，即第九条。还有吗？

王：有，第十条是必须有强大的军事武装。刚才提到孔子的"庶"、"富"、"教"、"均"、"和"、"安"这六个字，包括了孔子治国理政思想的基本方面，但还不够全面，还要再补充一点。这要补充的一点就是一个"武"字。孔子在鲁国从政，做了大司寇，一段时间内还曾经做过代理宰相处理政务。孔子从政期间，协助鲁定公处理齐鲁两国外交事务，孔子提出了一个著名观点："有文事者必有武备"。"武备"就是军事武装、军事准备。鲁国采纳了孔子的这个观点，并且让孔子本人参与齐鲁两国"夹谷之会"，结果，鲁国取得了重大外交胜利。"文事"是指和平的外交事务。我们触类旁通，举一反三，可以领悟到在和平年代不能放松警惕，而是要加强国防建设，拥有强大的军事武装，保障国家安全。这应该看作是儒家治国理政智慧中不可或缺的一条。

武：我们谈到现在，谈了十条，都是儒家治国理政的一些正面的经验和智慧，负面的东西还没有涉及，我觉得这有必要谈谈，谈清楚了，才知道如何扬长，如何避短。

王：转入谈谈儒家治国理政之短，先要知道儒家不是主政者，只是从政者，明确这个定位很重要。儒家只能做与其身份、地位、权力相符的事情。我说的这个从政，是个宽泛的概念，既指"学而优则仕"的儒者，也包括学而优不入仕的儒者。孔子不是说父子兄弟讲孝悌，端正了家风，也算是为政了吗？不必讳言，儒家治国理政有短板，短板之一，是讲贫讲多了，讲富讲少了。讲贫，有"贫而乐"，有"安贫乐道"，讲得津津有味。讲富，不但讲得少，往往还有不屑一顾的味道。这个价值导向就使得儒家很少研究经济，不大懂经济发展之道，早在战国时期，就在富国强兵上输给了法家，两汉以后儒学成为官学，在富国强兵上也没有什么卓越的贡献。

武：我国改革开放以来，把发展经济看作是治国理政的第一要务，摆在中心地位。在发展经济上，儒家的确很少提供有价值的思想资源。

王：儒家治国理政的短板之二，是改革、创新意识不足。从孔子时代到汉武帝时代，三百多年的时间，是中国历史上最富于创新精神和创造力的时代。这三百多年的理论创新和制度创新，奠定了此后中国传统社会治国理政的基本模式。本来，在这三百多年的时间里，儒家是朝气蓬勃的，反复申明"苟日新，日日新，又日新"的创新精神。然而，从汉武帝时代开始，儒家思想慢慢上升为治国平天下的指导思想，儒者纷纷从政，随之而来的，是守成的意识增强了，进取的精神减少了。所以，我们看到，两千多年中国社会形成了一个稳固而强大的传统。江山易改，传统难移。到了近代，导致社会转型步履维艰。为什么那个稳固而强大的传统一旦形成，就很少有突破？原因很多，其中一个原因就是儒家的改革、创新精神不足，不够强大，理论创新和制度创新都呈现出疲软的状态。这个就不详谈了吧，详谈，话太多。

武：好，就此打住。我们今天谈了很多内容，重点谈的是儒家，也包括了法家和道家，实际上是分析梳理了几千年治国理政的大传统。也谈了政道和治道，并且对德政和德治做了区分，这个区分有新意，有助于引发深入的思考。最后一个问题，习近平总书记去年提出，要推进我国治理体系和治理能力的现代化，请你谈谈，几千年治国理政的大传统与推进我国治理体系和治理能力的现代化有什么关系？这个治国理政的大传统在当今中国社会有哪些价值和意义？

王：这个问题有难度。国家治理体系与治理能力表面上看是两个概念，实际上是一个整体，不可分开。谈治理能力，我们往往首先想到政治人物的个人领导力，比如，审时度势的判断力、运筹帷幄的决策力、狠抓落实的执行力，等等，但是，我更看重整个国家治理体系所表现出来的治理能力。这几年反腐倡廉暴露出来的问题，比如，一个地方、一个部门的塌方式腐败，甚至包括"政令不出中南海"，都是国家治理体系有缺陷导致治理能力下降造成的。我国现行的国家治理体系，主要是改革开放以来逐步形成的，一直处于不断的发展、演变与完善之中。推进这个治理体系的现代化，按我的理解，应该是一场以现代化为目标定位的变法维新。我用变法维新这个词，不是言重了，而是按其本来意义使用的。治理二字，直接从治国理政这个词组中抽取而来。国家治理体系，包括宪法、法律、制度、道路、原则、方针、政策、政令等，凡是有落后于或不适应于社会发展的地方，怎么办？因时制宜，因地制宜，加以调整与改变，这就是改革，改革就是变法。变法一方面是寻求已被实践证明是普遍有效的现成的良法，大胆选择应用，而不必问其出自何时何方；另一方面是审时度势，把准脉，对准症，敢于突破创新，拿出新"药方"，这就是维新。变法维新有一个目标定位，这就是现代化。推进国家治理体系的现代化，我们不能忽视我国几千年治国理政的优秀传统，许多成功的经验和智慧，合乎人心，合乎国情，不能丢掉，要传承下去，像我们在前面谈的儒家治国理政的十条智慧，我们有理由经过一番斟酌取舍之后将其传承下去。我们还不能忘记那个更加重要的现代化的目标定位。我们要高瞻远瞩，高瞻要求我们站在人类政治文明发展的高度上，远瞩要求我们审视几千年中国历史发展，摆脱王朝兴亡的周期率，走向真正的长治久安。

对于我国几千年治国理政的大传统，我们不能仅仅局限于中国一国政治来看，因为"不识庐山真面目，只缘身在此山中"。我们要有两个视野：一个是人类现代政治文明的视野，一个是东亚儒家文化圈的视野，从这两个视野来审视我们的治国理政的大传统，所见所知可能更多一些。在这里，有两个基本事实应当认定：（一）在东亚儒家文化圈内，中国是第一个把治国理政的大传统与现代民主制度调适、整合、接轨的国家，并且取得了初步的成功。1912 年成立的中华民国，被称为亚洲第一共和国，并非浪得虚名。此后民主道路的坎坷不平，不能怪罪共和革命先驱们的民主选择。（二）在东亚儒家文化圈内，日本、韩国、中国台湾地区，也都先后比较成功地实现了儒家倡导的治国理政模式与现代民主制度的对接。这两个基本事实足以证明，我们固有的治国理政大传统，到了现代社会仍然有其顽强的生命力，经过几番调整、充实、改造、创新，完全可以和现代民主制度融会贯通，纳入人类现代政治文明的发展轨道之中。而我们只有从人类现代政治文明的视野来审视几千年治国理政的大传统，才会有比较，有鉴别，革故鼎新，兼容并蓄，斟酌取舍古今中外治国理政的全部优秀资源，建设现代化的国家治理体系，实现富强、民主、文明、和谐的价值追求。

发扬儒学的经世价值，
克服儒学的工具化倾向

洪修平 *

孔子儒学希望通过道德的重建，通过仁和礼的良性互动，以实现修身、齐家、治国、平天下的道德和政治理想。儒学的道德和政治理想及淑世情怀，激励了一代代志士仁人为国家、为民族作出了杰出的贡献，促进了社会道德风尚的提升，推动了中国社会的良性运行和协调发展，对中国社会的发展产生了极其深远的积极影响。但是，在漫长的历史过程中，儒学也曾出现过被工具化的倾向。当儒学提倡的"仁"和"礼"都被工具化以后，儒学的道德和政治理想就成为纸上谈兵了。今天，我们要大力继承发扬儒学的经世价值，同时也要注意克服儒学的工具化倾向，以使儒学在当代中国社会的发展中能更好地发挥其积极作用。

一、仁、礼良性互动的道德和政治理想

从历史上看，在春秋末年"礼崩乐坏"的社会现实面前，如何选择文化发展的方向？如何为文明的进步和人类社会的健康发展提供思想

---

* 洪修平：南京大学东方哲学与宗教文化研究中心教授。

文化指导？孔子所创的儒家选择了重建礼乐文化制度、以仁义礼乐教化为主要特点的人文指向，从而形成了与道家"效法自然"的不同文化倾向。孔子以"仁"为中心，倡导仁、礼并重。"仁"主要体现了对人的意义、价值与本质的探讨，"礼"则体现了对人伦关系的重视。孔子正是通过对人的本质与人伦关系的探讨，提出了自己的道德和政治原则，完成了儒家特有的价值体系的构建。这是孔子对中国思想文化资源创造性整合与创新性发展的重要成就，并奠定了中国主流思想文化发展的基本路向。

从总体上看，"仁"是儒家全部理论的出发点与核心，体现了儒家道德和政治原则对"人"的重视；"礼"则是仁的实现条件，表现的是儒学的现实主义精神。对人的重视和对人伦关系的强调，是儒学内在的基本结构及其展开的两重路向，它构成了儒家学说本身在封建社会难以摆脱的困境，也是继承发扬儒学经世价值、探索儒学当代创新之路的重要关键。

儒学内在的两重结构，在先秦孔子那里就奠定了基本框架。"仁者人也"，从"人"从"二"的"仁"规定了人之所以为人的本质，肯定了每一个人存在的价值，并揭示了人的本质的社会性意义；"仁者爱人"，"克己复礼为仁"等，则强调了从人与人的关系中来把握人的本质，并在协调人与人、人与社会的关系中完善人、实现人的必要性。如果人人都能自觉地以"礼"的社会道德规范来约束自己，那么"天下归仁焉"。

孔子提出"克己复礼为仁"，以"礼"作为人们共同遵奉的行为准则和道德规范以保证"仁"的实现，他所说的"礼"主要是指周礼，这似乎有着保守的复古倾向。但在"礼崩乐坏"而新的社会秩序又未建立起来的社会现实面前，孔子要想协调人与人、人与社会的关系，当时可供他选择的也只有曾经给社会带来过相对安定的"郁郁乎文哉"的周礼。由于孔子主要是从实现"仁"的角度提出"复礼"主张的，因而他的"礼"其实有着不同于"周礼"的新内容和新意义，所以孔子在强调"礼"的同时又提出了"礼"要有所损益，并以"仁"来规定甚至取舍

"礼"，认为"人而不仁如礼何？"孟子正是循此出发，进一步以仁心、仁政冲破了"周礼"的束缚。当然，孔子仁礼双重结构的道德和政治理想中重"礼"的倾向具有被异化为束缚人和阻碍人之实现的外在权威的可能性，这种可能性随着封建专制集权的加强而成为现实性，正是孔子儒学的历史悲剧。

二、仁、礼两重性的历史展开和动态发展

孔子以后，子思、孟子、荀子等人对孔子儒学又从不同方面作了发展。子思发挥了孔子"道中庸"、"致中和"的思想，对孟子有一定的影响。孟子提出性善论，发展了孔子学说中"仁"的内在性的一面，深化了儒学中天人合一的观念，为儒学的"仁道"寻找到了"天道"的根据，并据此而提出了"仁政"的政治主张。孔孟之学成为后来中国儒学的正统形态。荀子则提出了性恶论，发展了孔子学说中重礼的倾向，并对先秦的思想文化做了初步总结。荀子在"隆礼"的同时又吸取了黄老道家的政治学说而主张礼法兼治，王霸并用，对社会治理层面发挥了更多的影响。

由孔子经孟、荀，由仁和礼发展出来的重视人与人伦关系的两种倾向，构成了儒家思想的两重性格，儒学在这两者之间的动态摇摆，在一定意义上决定着儒学后来的发展走向，并成为影响中国思想文化发展的重要因素。自汉武帝"罢黜百家，独尊儒术"之后，儒家学说逐渐成为中国封建社会思想文化的主流。虽然在不同的历史时期，随着时代的变迁，儒学的形式和内容也一直在发生着变化，但也有相对不变的，主要表现在两个方面，一是"儒学"的思想核心始终不离"仁义"和"礼乐"，二是儒学更多的是被作为"儒术"而受到尊崇。

以董仲舒为主要代表的汉代儒学家不仅沿袭了传统儒学重视仁义的基本理路，而且在今文经学的形式下仍然在许多方面推进了儒学的发展，例如提出"元者为万物之本"（《春秋繁露·重政》）的思想，不仅

开拓了建构哲学本体论的基本理路，而且为汉代大一统政治的建立奠定了哲学基础；同时将儒家伦理提升到天道的层面，所谓"仁之美者在于天，天，仁也"（《春秋繁露·王道通三》），使先秦儒家的仁爱精神具有了神圣性和普遍性。天人感应的神学目的论的出现，既是对君权神授的神学论证，也是对世俗王权的一种限制。

魏晋时期，玄学盛行。本末体用等哲学问题的讨论，表面看起来玄远深奥，但其根本着眼点却是为了解决现实的名教与自然问题，玄学家关注的是人性自然与名教社会的协调问题，其哲学精神与道家相通而伦理精神却是儒家传统的人本与人伦关系。以融合儒道为特点的玄学对哲学本体论的建构与运用，一方面推进了儒家思想的哲学化，另一方面则为后来的宋明儒学家在吸收佛道思想的基础上重建新儒学提供了哲学基础。

隋唐时期，随着魏晋南北朝以来佛教和道教的发展对儒家的刺激，在儒家内部要求推进思想发展的压力与呼声大增，但直到中晚唐出现像韩愈、李翱、柳宗元、刘禹锡这样的思想家，才促成了唐代儒学的复兴。如果说韩愈、李翱等人受到佛教心性论的影响而比较关注新理论的开拓与生长，那么柳宗元、刘禹锡等人则比较注意对旧观点的清洗，以求为新的世界观开辟道路，因此，柳、刘的理论兴趣主要集中在通过天人之学而唤起新的时代精神。当刘禹锡把发挥"人之能"放在对法制的强调上，力求通过建立法制完善的社会，使赏善罚恶有一个正确而健康的机制（即做到"理明"），就在客观上加大了儒学对社会生活的参与力度。

宋明理学的实际开创者"北宋五子"周敦颐、张载、邵雍、程颢、程颐，他们皆强调通过心性修养来彰显道德主体性，挺立道德人格，并在实践上突出了对社会移风易俗方面的影响。理学在后来的发展过程中出现了以朱熹为代表的理学和以陆九渊、王阳明为代表的心学，程朱陆王为主要代表的宋明新儒学吸收佛道的理论成果而对性命天道的理论探讨和阐发，将传统儒学的发展推向了顶峰。

明末清初，随着经济的发展和西学的东渐，中国思想界也出现了

"实学"思潮或曰启蒙思潮，并涌现出了方以智、顾炎武、颜元、黄宗羲、王夫之、戴震等思想家，他们抨击君主专制的政治体制、批判窒息人性的理学、讲究经世致用、关注社会现实，即使"实学"成为明清儒学思想的主流，也促进了中国古代思想学术向现代的转换。

20世纪20年代肇始的现代新儒学，以西学来发挥儒家之理学，认为民族文化的复兴就是儒学的复兴，希冀"内圣开出新外王"，即从传统儒学中开出现代科学和民主政治制度。现代新儒者强烈的社会责任感和历史使命感，是对传统儒学经世思想的继承和发扬。其具体主张各有不同，但其致力于发挥儒学的经世精神却总是令人心生敬佩。

三、儒学提倡的仁和礼的工具化倾向

儒学在历史上表现出了积极的经世价值，激励了一代代志士仁人"先天下之忧而忧，后天下之乐而乐"，为国家、为民族作出了杰出的贡献，促进了社会道德风尚的提升，推动了中国社会的良性运行和协调发展，对中国社会的发展产生了极其深远的积极影响。但儒学在历史上也遭遇了被专制集权利用以及工具化的倾向。

我们看到，孔子儒学希望通过仁和礼的良性互动，以实现修身、齐家、治国、平天下的政治理想。所以，孔子创立的儒学从一开始就强调在人与人的关系中实现人的必要性，而家庭是人类最初最重要的社会关系，也是中国小农经济的宗法社会一切社会关系的基础，因此，"孝悌"便成为调整人与人的关系以实现"仁"的根本条件，所以说"孝，礼之始也"（《左传·文公二年》），"孝弟也者，其为仁之本与"（《论语·学而》）。如马克思和恩格斯在《德意志意识形态》中曾指出："家庭起初是唯一的社会关系，后来，当需要的增长产生了新的社会关系，而人口的增多又产生了新的需要的时候，家庭便成为（德国除外）从属的关系了。"由家庭扩大到国家，"孝"也就发展为"忠"。

秦汉时期，统一的封建国家建立，于是便有了"忠者，其孝之本与"（《大戴礼记·曾子本孝》）的说法。当协调社会关系的道德规范不但被说成是人的本性，而且被强化为三纲五常的道德戒条而与专制集权统治结下了不解之缘以后，儒学也就被工具化了。而一旦儒学提倡的仁和礼都被工具化，那么儒学的政治理想也就只能成为纸上谈兵了。

譬如现代法治社会中交通信号灯的设置：红灯的禁行是为了绿灯的畅行，以确保每一位通行者能更快更好地实现自己的目标，到达各自的目的地。但如果法治被专制所替代，执掌交通信号灯者为所欲为，任意掌控红绿灯，并以此谋私利，那么交通信号灯就成为执掌者手中的工具，交通信号灯设置的最初理念就无法在现实中得以实现了。

在历史上，随着封建专制集权的加强，当作为天理之流行的"礼"演化为"吃人的礼教"时，儒家对"仁"的重视也就湮没在对"礼"的强调之中了。"礼"的异化，对纲常名教的强化导致的对人的束缚和对人性的摧残，成为晚明李贽自然人性论的抬头、王学倡导的主体精神的泛滥、明清启蒙思潮以及清代戴震等人批判理学是"以理杀人"的重要原因，也是五四新文化运动"打倒孔家店"的历史依据之一。

从探讨人的价值、人与社会的和谐出发而提倡的仁礼之学，最终却导致了对人的束缚，这是儒学的一个悲剧。只有打破封建专制桎梏，才能结束悲剧，救出儒学中有价值的内容。

其实，儒学的被工具化，除了被专制集权所利用之外，就其所提倡的"仁"和"礼"的良性互动的道德与政治理想来看，其本身在现实展开中就会有被工具化的可能性，这种可能性在一定条件下就会转化为现实性。对此，孔子儒学其实也早有觉察和论述。

在孔孟之时，儒学在倡导推崇仁义的同时，已经对仁义行为作出过价值判分。如孔子曾对子夏说："女为君子儒，无为小人儒。"（《论语·雍也》）孟子也认为："有天爵者，有人爵者。仁义忠信，乐善不倦，此天爵也；公卿大夫，此人爵也。古之人修其天爵，而人爵从之。今之人修其天爵，以要人爵；既得人爵，而弃其天爵，则惑之甚者也，终亦必亡而已矣。"（《孟子·告子上》）由"君子儒为己，小人儒为人"（朱熹《论语集注》卷三引程子语）可知，孔孟认为君子和小人行仁义的动机是不同的。君子以"仁"为直接和最终对象，其结果是自身道德修养与实践的完成，即"修其天爵"。仁义对君子而言，具有纯粹的道德价值；小人则出于功利性目的，视"仁"为达到目的的工具，一旦达到目的就抛弃仁义，即"修其天爵，以要人爵；既得人爵，而弃其天爵"。可见，对小人而言，仁义具有工具价值。

这样，孔孟对仁义行为就作出了道德价值与工具价值的判分。对安仁、利仁者而言，仁义是主体的直接需求对象，具有纯粹的道德价值。然而，仁义一旦成为社会普遍认同的道德标准后，便不可避免地衍生出工具价值。因此，对强仁、假仁者而言，仁义则成为达到功利性目的的手段，仁义具有工具价值。仁义的道德性和工具性双重价值的出现，使行仁义便有了真伪之分。孔孟对仁义行为做了价值上的判分，揭示了仁义有可能被利用为达到功利性目的的工具或手段，预见了儒学在现实中工具化的可能性。

四、发扬儒学的经世价值，克服儒学的工具化倾向

以孔子为代表的儒家提出了以"仁学"为核心、以仁礼为双重结构的价值体系，力图通过仁义礼乐来重建伦理道德和社会秩序，实现自己的道德和政治理想，但为何在现实中却衍生出仁义的工具价值，沦为统治者和一些假仁假义者手中的工具，也扭曲了社会人心呢？

首先，仁义作为道德修养的目标，本质上具有内在指向性，然一旦成为社会普遍认同的价值标准，并与礼相结合，即具有了工具化的可能，因为"礼"本身指向的是社会，包括了社会治理和社会评价。其次，统治者推行仁义时，将之与名利官禄挂钩，就会引发为追逐名利而伪饰仁义的弊端，从而进一步刺激仁义工具性价值的产生。最后，专制集权的本质，必然会导致儒学经世价值的被工具化。

历史给予我们多重启示：其一，弘扬优秀儒家文化，要警惕和防范儒学的工具化倾向。儒学作为中国传统文化重要组成部分，是中华民族

的伟大历史创造，儒学的道德和治世理念，可以为今天的道德建设和治国理政提供有益启示，但我们必须有鉴别地加以对待，有扬弃地予以继承，要以历代使命感和道德责任感，真正把弘扬优秀儒家文化落在实处，不能使弘扬儒学、倡导仁义、传播国学成为谋求名利的工具。

其二，儒学的现代价值和生命力有待于我们的挖掘、改造和创新活动。传统儒学的道德和政治理想是在封建专制的束缚下形成并发展的，因而始终难以避免被工具化的困境。我们既不能忽视，更不能抹杀儒家的道德和政治理念对中国社会的发展所产生的积极作用，同时也需正视历史事实，看到儒学在历史上被工具化的悲剧。在 21 世纪的今天，打破封建桎梏，结束儒学的历史悲剧，拯救出儒学的道德与政治理念中对现代社会和人生有意义、有价值的东西，真正实现创造性转化和创新性发展，使儒学的经世价值在现代社会得到发扬光大，这是我们的任务和责任。

其三，在当代的道德文明建设中，价值标准的确立固然能对人心向善具有引导性，但工具化的可能性也不容忽视。"巧言令色，鲜矣仁！"（《论语·学而》）为了不让"小人儒"在社会上风行，为了从根本上对治社会人心，既需要加强外在的"教育引导"，也需要重视道德观念的"内化于心"，注重启发人性本有的道德良心，同时还需要完善法治建设，这就是历史给我们的重要启示。

总之，我们在今天要大力继承发扬儒学的经世价值，同时也要注意克服儒学的工具化倾向，以使儒学在当代中国社会的发展中能更好地发挥其积极作用。

儒学的两种形态及其演变

张荣明*

民间儒学与官方儒学，既同又异。其所同者，二者都属儒家学说；其所异者，民间儒学是民间学术之一，没有特殊的政治地位，而官方儒学是官方学术，具有官方意识形态的性质。区分民间儒学与官方儒学，不仅具有学术意义，而且具有现实借鉴意义，有助于从宏观上把握现代中国意识形态的转型。

一、民间儒学与官方儒学是两种不同的学术形态

在过去的研究中，一些学者认为中国历史上只有儒学没有儒教。在这些学者看来，儒学是学术，而不是宗教；学术代表文明与进步，而宗教是迷信落后的东西。把儒学说成宗教，是对儒学的诋毁。这是我们在 20 世纪 80 年代儒学与儒教争论中看到的场景之一。相反，也有学者认为，所谓的儒学就是儒教。儒教信神。对于孔子来说，"祭如在，祭神如神在"，儒家经典专门有关于祭祀的文献。儒术独尊以后，不但孔子被奉为神圣，历代官方还把儒教祭祀天、地、鬼神的传统继承过来，使之成为国家政治制度的重要内容。如果谁能证明信神不是宗教，那就

---

* 张荣明：南开大学历史学院教授。

可以说儒教不是宗教。儒教不主张出世，这正是儒教的中国特色。这是我们在 20 世纪 80 年代开始的争论中看到的场景之二。争执的双方从相反的立场默认了同一个前提：在中国历史上只存在一种学术形态，无论称之为儒学还是儒教，二者是一回事，不存在民间儒学与官方儒学两种学术形态。

其实，在中国历史上既有民间儒学也有官方儒学，二者是两种内容有别、性质迥异的学术形态。民间儒学是民间政治学术，官方儒学是官方政治学术。先看民间儒学。顾名思义，民间儒学是民间学术，在孔孟荀时期，无论儒学是兴是衰、是荣是辱，它都是民间学术，不是官方政治指导思想。只不过孔孟周游列国，试图使之成为官方政治指导思想。《吕氏春秋》说："孔、墨，布衣之士也。"在秦帝国时期，儒学不仅处于在野地位，而且还发生了"焚书坑儒"的政治事件。民间儒学也是政治学术，儒家学说倡导仁义道德，注重民生，讲究礼法，在政治策略上主张教育为主、惩罚为辅，其功能是为政治服务，没有政治就没有儒家学说存在的土壤。孔孟周游列国，荀子讲学稷下，无不试图救民于水火，改良政治。"焚书坑儒"的原因之一，正在于儒学干涉秦帝国政治，与秦帝国的官方意识形态对立冲突。再看官方儒学。官方儒学（又称名教、儒教、孔教）是官方学术，其内容由官方钦定，并非儒学的全部内容都属官方儒学，比如儒术独尊以后荀学就不包括在官方儒学之内，孟学的一些内容在特定时期也不在官方儒学之内。汉武帝独尊儒术立五经，宋代以后官方崇立理学又有四书五经，其内容与时变迁，官方的钦定是最高的原则，违背现实政治需要的内容必在被排斥之列，而不管它出自于哪一位圣人。官方儒学是政治学术，它依存于官方建立的学术机构，典型形式是儒学博士机构，博士官是政府官员，享受国家俸禄。它所主张的三纲五常、君权神授，无不与政治秩序紧密相关。东汉《白虎通义》所确立的国家体制和政治原则，以官方儒学为灵魂，以礼法为制度。官方只采用儒学中所需要的内容，儒家学说的内容必须以官方政治为指归。宋代在《五经》之外增加《四书》，不过是向官方意识形态中注入了生命关怀的内容，并没有从根本上改变其政治学术属性。

正因如此，五四新文化时期才有反孔运动。因为秦朝的官方意识形态以法家学说为基础，所以发生了焚书坑儒的历史事件；因为魏晋的官方意识形态是名教，所以嵇康"非汤武而薄周孔"是政治问题，招致了严重的人生后果。当然，民间儒学与官方儒学也有共同之处，都关注社会，热衷政治，都讲治国平天下，无论在官在野，二者的这一基本内容不变。去掉了治国平天下的内容，二者都无法存在。

二、官方在民间儒学与官方儒学转换中起决定作用

民间儒学与官方儒学，勤政是其同，朝野是其异。那么，其朝野地位是如何转换的？转换的背景与原因又是什么？这是随之产生的新问题，而这一问题在学界却很少引起关注和分析。

儒学登上政治舞台，与官方的国策选择紧密相关。儒术自西汉中期成为官方政治学术，是政治家的选择。众所周知，汉武帝执政时期策问知识分子，策问的内容是国家的长治久安之道。他开诚布公地说："朕获承至尊休德，传之亡穷，而施之罔极，任大而守重，是以夙夜不皇康宁，永惟万事之统，犹惧有阙。故广延四方之豪俊，郡国诸侯公选贤良修洁博习之士，欲闻大道之要，至论之极。"在这里，汉武帝没有排斥任何类型的知识分子，天下俊杰、博学之士都有资格参与。在路径上，汉武帝选择的是五帝三王之道："盖闻五帝三王之道，改制作乐而天下洽和，百王同之……圣王已没，钟鼓管弦之声未衰，而大道微缺，陵夷至乎桀纣之行，王道大坏矣。"对于官方的这一取向，道家无所用，法家、墨家无所取，唯有儒家旨趣略同。随后，汉武帝旗帜鲜明地表达了现实政治诉求："三代受命，其符安在？灾异之变，何缘而起？性命之情，或夭或寿，或仁或鄙，习闻其号，未烛厥理。伊欲风流而令行，刑轻而奸改，百姓和乐，政事宣昭，何修何饬而膏露降，百谷登，德润四海，泽臻草木，三光全，寒暑平，受天之祜，享鬼神之灵，德泽洋溢，施乎方外，延及群生？"在这段话中，我们可以提取的关键词有：

符命、灾异、性情、群生。符命，就是要论证汉家如何受天有命；灾异，就是要阐明现实政治与神圣天意的紧密联系；性情，就是要阐明社会人格问题；群生，就是要提供安定百姓的民生策略。能解决这些理论问题的，只有儒家学说。《汉书·公孙弘传》所记汉武帝策问的内容大致相同。董仲舒的"天人感应"学说正是在这样的背景下提出的，它是汉武帝策问的产物。当官方接受了儒家的这一套说教之后，这些内容逐渐成为官方意识形态，而此后的谶纬神学正是进一步发展。在这里，汉代政府的政治诉求是因，儒学成为官方意识形态是果。以往的研究，多言于果，寡言于因。在这里，是政治选择学术，而不是学术指挥政治。因为在秦帝国时期，儒者曾想指挥政治，结果反遭压制；在汉武帝掌政之前，儒者辕固生因讽刺窦太后尊黄老之术是"家人言耳"，亦险遭杀身之祸。

同理，名教走下政治舞台伴随着它所服务的政治制度的崩溃。在中国近代化进程中，先有所谓的"中体西用"，人们试图用西方技术拯救中国的政治制度；随后是制度转型，先有君主立宪，人们试图用西方制度拯救中国文化；最后是建立民国，随后发生了意识形态转型，彻底抛弃名教，接受科学与民主的理念。也就是说，名教伴随着它所依附的政治体制而走下政治舞台。特别是在中华人民共和国成立之后的 30 年，名教不仅在政治上没有立足之地，甚至儒学在民间也难觅栖身之所。在"批林批孔"政治思潮中，儒学几乎成了"封建主义"的代名词，被视为落后愚昧的东西。当然，在大中华范围内儒学在民间不绝如缕。为了保存儒家文化，康有为在民国初年就成立孔教会，该会后来移址香港延续至今。在台湾，也有孔孟学会维系儒家文化，借以维护社会道德体系。在大陆地区，近 20 年来儒学在民间自发兴起，致力于恢复残破的道德秩序，这日益引起社会各界的关注与兴趣。当然，也有人批评甚至否定儒学，认为儒学的忠孝道德与现代公民意识根本对立，应该抛弃。这本身也表明，当前的儒学仍是民间学术。

三、从民间儒学到官方儒学的演进

民间儒学演变为官方意识形态是官方的选择，但并非任何时代的官方都选择儒学，也曾经有选择法家学说的时代。那么，民间儒学是如何演进为官方儒学的？具体经过了几个阶段？为什么会经历这些阶段？这些问题涉及官方意识形态变化的规律，值得我们反思和讨论。犹如中国近代社会转型一样，战国秦汉官方意识形态的转型经历了三个阶段。

第一阶段，以法家重物任法思想为基础的官方意识形态。秦统一中国，既是秦国政治路线的胜利，也是法家思想的成功。在战国晚期，韩非总结当时天下大势，指出山东六国残留着某些儒家思想，因而导致了一定程度的社会惰性；而西方的秦国受传统文化的束缚较少，采用法家学说，虽兴起较晚却越战越强。"夫慕仁义而弱乱者，三晋也；不慕而治强者，秦也。"秦王嬴政赞赏法家学说，是因为法家学说求真务实，适应了当时列国竞争环境下富国强兵的需要。所以，秦帝国建立后，官方确定了"以法为教"、"以吏为师"的法家政治策略，与此同时发生了"焚书"、"坑儒"的政治事件。儒法之间，这是一种跷跷板效应。秦帝国的政治家们求真务实，他们只相信物质和法律的力量，认为虚伪的道德和空洞的说教无济于事。他们坚信，坚持重物任法的思想路线，秦帝国的天下定能传承千秋万代。然而事与愿违，秦帝国轰然崩塌二世而亡，给人们留下了沉痛的教训。

第二阶段，放弃此前的法家意识形态，采取了逍遥无为的策略，由于这种策略表面上与黄老道家的"无为"相似，故人们谓之"黄老思想"。所谓"黄老思想"是一个约定俗成的说法，确切地说是黄学思想。余明光先生"以帛书《黄帝四经》的内容与汉代史实相印证"，认为"汉初流行的'黄老'思想，实际上就是'黄学'思想，而非'老学'思想"。参照《淮南子》一书，可知黄老思想具有两大特征。第一大特征是追求个人的长生不死，期冀成为神仙。在《齐俗训》、《泰族训》等篇章中，王乔、赤松子"遗形去智，抱素反真，以游玄眇，上通云天"、

"喋虚轻举，乘云游雾"，与老庄道家的真人、至人相似。第二大特征是在政治行为上宽政息民，恢复经济。《主术训》主张："人主之术，处无为之事，而行不言之教；清静而不动，一度而不摇；因循而任下，责成而不劳。"《兵略训》说："夫兵者，所以禁暴讨乱也。炎帝为火灾，故黄帝擒之；共工为水灾，故颛顼诛之。""故圣人之用兵也，若栉发耨苗，所去者少，而所利者多。"简言之，"《淮南子》的社会政治思想的主要倾向是消极的"。为什么"消极"？因为秦政过于激进，使民不聊生。众所周知，黄老政治的特点是清静"无为"。这种无所作为的政治策略是对秦帝国强势政治的纠正，是刘邦"悉除去秦法"、"约法三章"的继续和深化。文景时期的轻徭薄赋、与民休息是典型表现。从总体上看，黄老政治是对秦帝国时期法家政治的放弃，是官方意识形态相对真空的表现。正是由于这种宽松的政治环境，各种思想逐渐活跃起来，其中就包括道家思想和儒家思想。

西汉早期在黄老政治环境下，儒学逐渐复兴，这有如下表现。第一，随着秦王朝的覆灭，儒者重新活跃于政治舞台。据《史记·郦生陆贾列传》，陆贾在跟随刘邦打天下的过程中，经常称道儒家的《诗》、《书》，刘邦对此不感兴趣，他不屑一顾地说：老子骑马打天下，儒家的一套有何用处！陆贾的回答令人耳目一新："居马上得之，宁可以马上治之乎？"在陆贾看来，秦帝国的崩溃正是法家功利主义意识形态的恶果。刘邦让陆贾阐明其中的道理，陆贾写后献给刘邦，"每奏一篇，高帝未尝不称善，左右呼万岁，号其书曰《新语》"。这一描述不无水分，但大体不误。到文帝时期，许多儒者进入朝廷，比如治《尚书》的伏生为太常，治《诗》的申公、韩婴为博士，治《礼》的徐生被任命为礼官大夫。景帝时期，以治《易》著名的丁宽为将军，治《公羊春秋》的胡毋生和董仲舒、治《尚书》的张生为博士，韩婴为常山王太傅，王臧为太子太傅。故《史记·儒林列传》说"孝文时颇征用"儒者。第二，在起用儒者的同时，开始了一系列的礼仪制度建设。法家注重以物为指向的法律制度建设，对以人为指向的礼仪制度规范不够重视。刘邦打天下之后，儒者叔孙通为汉廷制礼作乐，训练文武百官，然后付诸施行，汉高祖刘邦十分感慨："吾乃今日知为皇帝之贵也。"刘邦还亲自"以太牢祠孔子"，开帝王祭孔之先河。文帝时期，儒者贾谊建议文帝"改正朔，易服色，法制度……悉更秦之法"。鲁人公孙臣"上书陈终始传五德事"，第二年"黄龙见成纪。文帝召公孙臣，拜为博士，与诸生申明土德，草改历服色事……夏四月，文帝始幸雍郊见五畤，祠衣皆上赤"。第三，宣扬儒家的孝悌之道，整肃人伦秩序。汉惠帝时期"举民孝弟力田者复其身"，高后时期"置孝悌力田"者为官，文帝时期下诏斥责地方官"今岁首，不时使人存问长老，又无布帛酒肉之赐，将何以佐天下子孙孝养其亲"，申明："孝悌，天下之大顺也。"第四，立儒经博士。据《汉书·艺文志》："汉兴，改秦之败，大收篇籍，广开献书之路。"《汉书·儒林列传》说："汉兴，言《易》自淄川田生；言《书》自济南伏生；言《诗》，于鲁则申培公，于齐则辕固生，燕则韩太傅；言《礼》，则鲁高堂生；言《春秋》，于齐则胡毋生，于赵则董仲舒。"据王国维《汉魏博士考》，文景时已有《诗》、《书》、《春秋》博士。西汉早期，刘氏皇族亦颇受儒学浸染。比如楚元王刘交"好书，多材艺。少时尝与鲁穆生、白生、申公俱受《诗》于浮丘伯"。"元王好《诗》，诸子皆读《诗》。"其子孙亦颇受影响。这表明，儒家思想并非一朝一夕登上政治舞台，西汉早期的黄老政治使儒家思想获得了复兴和重新崛起的时间和空间，没有黄老政治意识形态就没有儒学的复兴。

第三阶段，以儒家思想为基础的官方意识形态。到汉武帝时期，终于开启了儒术政治新时代。关于汉代官方意识形态的主要内容，东汉早期官方钦定的《白虎通义》有具体记载。《白虎通义》的内容涉及神秘化的宇宙世界、帝王神圣、祥瑞灾异、三纲六纪、圣人与儒经、教育与惩罚、服饰与礼制等，建立了完整的政治和思想规范。儒家意识形态的本质，是社会秩序和政治秩序神圣化。

由上可见，在战国秦汉官方意识形态重建过程中，先后经历了法家政治世俗主义、黄老道家政治宽松主义、儒家政治神圣主义三个发展阶段。上述三个阶段循序渐进，前者孕育后者，最终完成了官方意识形态转型。

国民政治儒学

——儒家政治哲学的现代转型

黄玉顺 *

儒学乃至中国诸子百家的学术，向来与政治有密切的关系，甚至可以说其宗旨就是政治，这正如司马谈所说："夫阴阳、儒、墨、名、法、道德，此务为治者也。"这就是说，儒学尽管远不仅仅是政治哲学，但其出发点与落脚点无疑是政治。然而尽管古今中外关于儒家政治哲学的研究成果可谓汗牛充栋，但迄今为止，仍然不敢说已经对儒家政治哲学有了透彻的理解。唯其如此，前现代的"制度儒学"解体之后，在现代性的政治生活中，面对当今社会、当今世界的政治问题，儒家难免进退失据的尴尬。为此，本文尝试在中国社会发展史的视野中、儒学史的背景下，通过阐明儒家政治哲学的基本原理，探索儒家现代政治哲学的基本特征，姑名之曰"国民政治儒学"。

一、国民政治儒学的社会发展史视野：中国历史的分期

儒学的基本特征之一，就是"与时偕行"（《周易·损象传》）；孔子

---

* 黄玉顺：山东大学儒学高等研究院教授。

之为圣人，乃是"圣之时者"（《孟子·万章下》）。这首先要求我们认清所谓"时"，即历史时代；否则，就无法理解儒家政治哲学及其现代转型。而如今学界已有共识："原始社会→奴隶社会→封建社会……"那样的历史分期模式并不符合中国社会历史的实际。这就需要一种新的历史分期体系。

近年来，笔者提出了这样一种中国社会历史分期：王权列国时代（夏商西周）→第一次社会大转型（春秋战国）→皇权帝国时代（自秦至清）→第二次社会大转型（近现当代）→民权国族时代。略述如下：

时代特征	王权列国时代	皇权帝国时代	民权国族时代
社会形态	宗族社会	家族社会	国民社会
生活方式	宗族生活	家族生活	市民生活
所有制	土地公有制	土地私有制	混合所有制
家庭形态	宗族家庭	家族家庭	核心家庭
社会主体	宗族	家族	个体
政治体制	王权政治	皇权政治	民权政治
主权者	王族	皇族	公民
治理方式	贵族共和	宰辅制度	代议制度
国际秩序	王国—列国封建体系	帝国—藩国朝贡体系	国族—国族交往体系
核心价值观	宗族宗法观念	家族宗法观念	人权观念

（一）王权列国时代的宗族社会

中国有史可稽的最早的社会形态是夏商周"三代"的宗族社会，在政治上就是王权时代。① 生活方式：农耕社会的宗族生活。以宗族为生产单位的"男耕女织"是其典型的写照。据《孟子》载，贵族尽管是"劳心者治人"（《孟子·滕文公上》），但其劳心治人的一项重要工作就是组织管理农耕，例如："天子适诸侯曰巡狩，诸侯朝于天子曰述职"，就是天子视察、诸侯汇报是否"土地辟，田野治"或者"土地荒芜"，以便"春省耕而补不足，秋省敛而助不给"（《孟子·告子下》）。② 基本所有制：土地公有制。此即《诗经》所谓"溥天之下，莫非王土"。这种"公有"实质上是王室宗族内部的"共有"；诸侯只有所封土地的使用权、管理权、经营权，而没有所有权，所以随时可被褫夺。③ 家庭形态：宗族家庭。这是以父系血缘为纽带的宗法系统，整个"天下"都隶属于这个"大家"，此即所谓"天下一家"的原始含义，所以，列国之间的斗争是"兄弟阋于墙"（《诗经·小雅·常棣》）。④ 社会主体：宗族。所谓宗族，就是父系血缘家庭，即所谓"父之党为宗族"（《尔雅·释亲》）。⑤ 政治体制：王权政治。诸侯的政治权力来源于王权（受封）、服从于王权（尊王）。所谓"《春秋》尊王"即源于此。⑥ 政治主权者：王族及诸侯宗族。事实上，天下诸侯全部主权皆归于王族，而体现为王权，所以，天子有权干预诸侯国家内部事务。⑦ 治理方式：贵族共和。这种治理方式并非后来皇权"乾纲独断"的"专制"。所谓"共和"并不仅是"周召共和"那样的"虚君共和"，常态的治理方式可谓"实君共和"，即天子与诸侯、卿大夫之间的某种程度的分权制衡，类似柏拉图所谓"共和国"（republic）（即汉译"理想国"）。⑧ 国际秩序：王国—列国封建体系。这是由一个宗主国与若干诸侯国构成的"天下"秩序。自天子至诸侯大夫等构成大宗与小宗："天子建国，则诸侯于国为大宗，对天子言则为小宗"；"诸侯立家，则卿于家为大宗，对诸侯则为小宗"；"卿置侧室，大夫二宗，士之隶子弟等，皆可推而著见也"。（《白虎通疏证·封公侯·论为人后》）这种宗法体系基于父系血缘关系，形成"家—国—天下"同构的秩序，所以才有《大学》"家齐而后国治，国治而后天下平"的逻辑。⑨ 核心价值观念：宗族宗法观念。

（二）第一次社会大转型

中国社会的第一次大转型，是从王权时代的宗族社会转向皇权时代的家族社会。这里特别要注意区分"宗族"和"家族"：早期宗族社会的宗族（clan family）直接来源于原始的氏族部落（Clan tribe）；而后来家族社会的家族（home family）则是宗族的转化形式。两者尽管都有"宗法"（patriarchal clan system），即以父系血缘为纽带、按嫡庶关系与亲疏关系来组织与治理社会的制度；然而秦汉以来，废封建，行郡县，郡县府道及藩属国的设置不再按宗法血缘关系来安排，于是"封建废而大宗之法不行，则小宗亦无据依而起，于是宗子遂易为族长"（《方氏支祠碑记》），族长所管理的不再是宗族，而是家族。宗族的象征就是祖庙"宗庙"。宗族王权时代，天子、诸侯、卿大夫、士都有宗庙，"天子七庙，诸侯五庙，大夫三庙，士一庙"（《礼记·王制》）；而到了家族皇权时代，宗庙则成为了皇族独有的象征，士大夫不敢有宗庙。司马光说："先王之制，自天子至官师皆有庙。……及秦……务尊君卑臣，于是天子之外，无敢营宗庙者。汉世公卿贵人，多建祠堂于墓所……庙制遂绝。"（《文潞公家庙碑记》）但这种社会转型当中的最深刻的转变，则是土地公有制向土地私有制的转变。

（三）皇权帝国时代的家族社会

中国继宗族社会而兴起的社会形态是自秦代至清代的家族社会，在政治上是皇权时代。① 生活方式：农耕社会的家族生活。这是家族帝国时代的主要生活方式，所谓"聚族而居"就是这种生活方式的概括，这与宗族时代的"天下一家"、"天下一宗"不同。② 基本所有制：土地私有制。春秋战国时期，伴随着土地私有化的是地主阶级、农民阶级的出现。③ 家庭形态：家族家庭。那个时代，家族利益、家族荣誉高于一切，所谓"父要子亡，子不得不亡"实基于此。④ 社会主体：家族。这种现象始于春秋战国时期大夫之"家"的日渐强势，孔子所讲的"陪臣执国命"（《论语·季氏》）即是说的这种现象。帝国时代所谓"士族""寒族""世族"等，都是说的这样的家族。汉代以来，士族强势；自北魏孝文帝，世族兴起；唐代以来，士族复盛，同时，科举制度使寒族也得以崛起。整个帝国时代最重要的政治斗争并非所谓"阶级斗争"，而是各大家族之间的斗争。⑤ 政治体制：皇权政治。此即所谓"专制"

（autocracy）。⑥ 政治主权者：皇族。在西方，"sovereignty"（主权）这个词语的本义是指的君权，但这种"君"不一定是皇帝，更多的是指的作为后来国族（民族国家）前身的封建国家的君主；而在中华帝国时代，则是作为帝国之君的皇帝。更确切地讲，皇权时代的主权并不属于皇帝个人，而是属于皇族这个家族，皇帝只是皇族的代表而已。⑦ 治理方式：宰辅制度。这也表明，所谓"专制"其实并不绝对。⑧ 国际秩序：帝国—藩国朝贡体系。这是由一个宗主国与若干藩属国构成的"天下"秩序。但这种秩序并不是王权封建时代那样的基于宗法血缘的"家—国—天下"结构。⑨ 核心价值观念：家族宗法观念。家族时代在一定程度上继承了宗族时代的宗法观念。甚至其政治伦理也基于宗法伦理，即所谓"以孝治天下"。故《孝经》主题为"移孝作忠"；作为皇帝的唐玄宗李隆基对这个主题极为激赏，亲撰《孝经注》彰显之（《唐会要·修撰》）。然而恰恰是这个"移"字表明，到了帝国时代，"忠"与"孝"之间已没有直接的血缘关联。后世所谓"忠孝难两全"就是说的这种情况：对自己家族的"孝"和对皇室家族的"忠"，往往会发生矛盾冲突。

（四）第二次社会大转型

历史学上所谓的近代、现代、当代，均属中国社会的第二次大转型：由皇权时代的家族社会转向民权时代的国民社会，由前现代的社会转向现代性的社会。这个转变过程尚未完成，今天的我们仍然身处其中。伴随着这次社会转型的是思想观念的再次大转型，即新一轮的"百家争鸣"，学者谓之"新轴心期"，我称之为"再创时代"。

（五）民权国族时代的国民社会

首先提请注意：我们这里所谈的"国民社会"（civic society）是指的一种社会历史形态，它与"现代社会"概念在外延上重合，唯其意在侧重揭示其社会主体是国民，而不是宗族或家族。

中国社会正在发生的转型，其所指向的社会形态就是国民社会，在政治上则是民权时代。① 生活方式：工商社会的市民生活。有一点是必须强调的：现代化伴随着城市化，传统意义的农村不可避免地趋向消亡，市民生活方式成为主要的生活方式。② 所有制：以私有制为主体的混合所有制。这主要体现在发达国家。③ 家庭形态：核心家庭。在现代社会中，伴随着主导的核心家庭（nuclear family），呈现出家庭形态的多元化现象。④ 社会主体：个体。这一点是尤须注意的：现代社会的主体绝非家庭，而是个人，这体现为由法律所保障的个人之独立于家庭的经济权利和政治权利等。简言之，现代性的社会绝非集体主义的社会，而是个体主义的社会。⑤ 政治体制：民主政治。尽管不同国家的民主政治的具体模式有所不同，但都属于现代民主政治体制。⑥ 政治主权者：公民。这里尤须注意：所谓"国家主权"（national sovereignty）其实最终源于公民授权。⑦ 治理方式：代议制度。这是现代民主政治的普遍形式。⑧ 国际秩序：国族—国族交往体系。从理论上来讲，国族之间平等；但实际上，这种国际秩序往往带有现代帝国主义色彩，即是一个或少数强势的国族国家在主导着世界秩序。⑨ 核心价值观念：人权观念。"人权"（human rights）概念实质上指个人的权利，即是个体主义的观念，所以也表达为"personal right"；这个概念的首要的、核心的观念就是个人的"自由"，其关键是划分"群己权界"，特别是"权力"（power）与"权利"（right）之间的分界。

二、国民政治儒学的儒学史背景：儒家政治哲学的历史形态

与上述社会时代的历史变迁相一致，儒家政治哲学具有不同的历史形态：

（一）王权时代的儒家政治哲学：王国政治儒学

诚然，王权时代，即夏商西周时代，还没有所谓"儒学"，但此所谓"儒学"只是说的一个思想学术派别，它确实是在春秋末期才由孔子创立；然而儒学作为一种更宏大意义上的文化传统，并非始于孔子，至迟可追溯到周公。这就是为什么孔子自称"述而不作"、总须"梦见周公"的缘由。（《论语·述而》）因此，儒学古称"周孔之道"。在这个意义上，王权时代的儒家政治哲学以周公的政治儒学为代表，不妨称为"王国政治儒学"。

周公的政治儒学应当分为两个层面去看：一个是儒家政治哲学的一般原理的层面，他初步建立起了儒家的一套"仁→义→礼"的社会正义论，已有专文讨论，兹不赘述；另一个则是应对宗族王权时代的当下社会政治问题的层面，这也就是传统所谓"周公制礼作乐"。所谓"制礼"，就是根据上述一般原理，制定王权时代宗族社会的社会规范及其制度。尽管传世《周礼》未必周公亲作，其所记叙的内容也未必是西周制度的史实，但其所载的那些社会制度规范确实保留了西周制度的一些内容，这种西周制度，与秦汉以来的王权帝国制度是大不相同的。

这里顺便谈谈"王道"这个如今在儒学界颇为时髦的概念。按照中国传统的名实相符的原则，我们可以问：这里所谓"王"究竟是指的什么呢？肯定不是秦汉以来的皇权帝国时代的"王"，因为这种"王"并非天下宗主，他们根本没有资格去行什么"王道"。那么，是指的王权时代的"王"吗？若是如此，他当然有资格行"王道"，但这样的"王道"是指的王权时代的封建社会制度规范，自然不能适用于现代性的社会。现代的儒家，为什么非要用"王道"这样的名不副实、容易导致复古误解的名目呢！

（二）第一次转型期的儒家政治哲学

事实上，"王道"的观念产生于王权衰落的春秋战国时期，其语境是当时的"王霸之辨"。而我们注意到，孟子并不尊崇西周王室的正统地位，而是到处劝人称王，实质上是称霸，尽管其称霸的途径是通过"仁政"。不仅孟子，孔子就是赞赏霸道的，例如称赞"管仲相桓公，霸诸侯，一匡天下"，从而赞叹管仲"如其仁！如其仁！"（《论语·宪问》）这其实是当时的社会历史大趋势，即从王权社会向皇权社会转变。纵观整个战国时期的儒家政治哲学的发展过程，其实就是逐步往这个方向走的。

这个时期的儒家政治哲学，荀子集其大成，这不消说。荀子不仅"继往"，而且"开来"，开出了以韩非为代表的法家。韩非其人，可谓"皇权专制的总设计师"；他的政治哲学，就是皇权帝国的政治哲学。但如果以为韩非的思想跟儒家毫无关系，那就既不符合韩非的师承关系的实际，也不符合韩非本人的思想实际了。在这个问题上，汉儒倒是看得比较清楚："法家者流，盖出于理官，信赏必罚，以辅礼制。《易》曰'先王以明罚饬法'，此其所长也。及刻者为之，则无教化，去仁爱，专任刑法而欲以致治，至于残害至亲，伤恩薄厚。"（《汉书·艺文志·诸子略》）这就是说，法家本来是"辅礼制"的，不仅韩非，其他法家例如商鞅亦然；只是其中有些人走得太偏了，以至于"去仁爱"，背弃了儒学的根本。但无论如何，法家在一定意义上是与儒家一致的。

（三）皇权时代的儒家政治哲学：帝国政治儒学

所以，人们称汉代，乃至整个皇权帝国时代所奉行的意识形态是"阳儒阴法"，这种说法尽管不无道理，但其前提却是把法家和儒家截然对立起来了。然而，"汉承秦制"，乃至自秦代至清代的整个中华帝国在本质上都是"秦制"，而所谓"秦制"是什么呢？就是秦始皇所开创的皇权专制的帝国政治制度。而无可辩驳的是，这个制度获得了儒家的支持和论证，这一系列论证是在汉儒手上完成的，即：一方面是"制度的儒家化"，一方面是"儒家的制度化"，儒学与法家所倡导的皇权专制制度捆绑在一起。换句话说，韩非的皇权专制的制度设计不仅获得了秦始皇的青睐，还获得了后来儒家的普遍支持，怎么能把法家和儒家截然对立起来呢？所以，从汉代到清代的儒学，其主流均可谓"帝国儒学"。这其实是那个时代的生活方式的要求，儒家"顺天应人"，顺应了时代要求。

（四）第二次转型期的儒家政治哲学

然而这也意味着：如果时代变了，生活方式变了，儒学还得自我变革。果然，宋明以来，中国社会开始了第二次大转型，即由前现代的生活方式转向现代性的生活方式，工商发展，城市繁荣，出现了市民生活方式，这就是中国"内生现代性"（inherent modernity）的土壤。整个帝国时代，以"盛唐"为分界，此前是上升期，此后是衰落期。此所谓"衰落"是指的帝国的衰落（尽管其间也有一些"中兴"）；而就现代性因素的成长来看，却正是生长期。与此相应的，便是儒学自身的再次转型，即开始产生具有现代性因素的儒学，我对此已经有文章加以论述。儒学的现代转型，至迟在阳明后学中就已出现了，例如我所经常提到的以王艮为代表的泰州学派。这类儒学在政治哲学上的体现，最典型的就是黄宗羲的政治儒学，尤其是他对君主专制的帝国制度的反思与批判，认为"为天下之大害者，君而已矣"（《原君》）。可惜中国社会的第二次大转型及其伴随的儒学现代转型实在太漫长、太坎坷了！

（五）民权时代的儒家政治哲学：国民政治儒学

尽管漫长而坎坷，但儒学现代转型的历史进程毕竟并没有停止，而且在逐步深入。最近的高峰，就是经过新文化运动洗礼而兴起的20

世纪"现代新儒家"。——老实说，至少在政治哲学层面上，今天的所谓"大陆新儒家"实在不能望其项背，甚至出现某些逆流，前景堪忧。

现代新儒家的政治哲学，最突出的无疑是张君劢的学术。张君劢的政治儒学，可以说是某种类似新自由主义（New Liberalism）的思想、某种社会主义的观念、某种民族主义的情结与他在儒学方面的"新宋学"相结合的结果。张君劢的政治儒学尽管存在着种种问题，但他毕竟无愧为"中国宪法之父"。作为儒家政治哲学的一种现代形态，张君劢的政治儒学可以归入"国民政治儒学"的范畴；换言之，国民政治儒学在某种程度上已经是一种历史事实，不仅张君劢，还有徐复观等其他儒家学者。但这里也应当指出：在儒学与现代政治哲学的深度融通上，张君劢等人还做得远远不够，在这个意义上，可以说"国民政治儒学"还是一种尚待建构的理论。

三、国民政治儒学的儒学原理依据

儒家政治哲学尽管历经上节所论的时代转换，但正所谓"万变不离其宗"，那么，这种一以贯之的东西是什么呢？那就是《孟子》开宗明义所讲的"仁义而已"（《孟子·梁惠王上》）。这就是我们这里要讨论的"儒学原理"问题。

所谓"政治"，就是在特定的制度安排下的公共活动。凡是涉及公共事务的社会活动，均属政治；而公共事务（public matters）与私人事务（private matters）的分界，是由社会制度来确定和保障的。所以，政治哲学的首要议题就是制度安排问题；而这个问题所属的学科领域，就是正义论（theory of justice）。例如罗尔斯（John Rawls）的《正义论》（A Theory of Justice）就是一部政治哲学著作，他开宗明义地讲："正义是社会制度的首要价值，正像真理是思想体系的首要价值一样。"

当然，罗尔斯的正义论其实只是西方现代正义理论，即仅仅是针对现代性的生活方式下的制度安排问题的，并不具有普遍的理论意义。

普遍的正义理论，能够解释古今中外所有一切社会制度安排问题。例如儒家的正义论——"中国正义论"，旨在提供一套用以解释不同历史时代的社会制度安排及其时代转换的原理。

社会制度的时代转换，孔子称作"礼"之"损益"（《论语·为政》）。所谓"礼"，就是一个社会共同体的一整套的社会规范建构及其制度安排，诸如王权时代的封建列国制度、皇权时代的专制帝国制度、民权时代的自由民主制度。这样的制度规范系统实体，叫做"礼制"；其外在的仪式性表现形式，叫做"礼仪"；而其背后的价值尺度，则叫做"礼义"（这里的"礼义"不是说的并列的"礼"和"义"，而是说的"礼之义"）。

所谓"礼义"，其实就是正义论中的正义原则（principle of justice）。这是因为这样一个逻辑：我们根据什么来建构或选择社会规范、社会制度？或者说，建构或选择制度规范的价值根据是什么？那就是"义"，亦即正义原则。所以，儒家正义论的最核心的理论结构就是"义→礼"（正义原则→社会制度），亦即孔子所说的"义以为质，礼以行之"（《论语·卫灵公》）。历史地变动的是"礼"（社会规范及其制度）；而这种变动所根据的恰恰是不变的"义"（正义原则）。

问题在于：社会规范及其制度为什么需要转变？中国人为什么要从王权制度转变为皇权制度，进而要从皇权制度转变为民权制度？答案是，生活方式的转变。从王权制度转变为皇权制度，是因为从宗族生活方式转变为了家族生活方式；从皇权制度转变为民权制度，是因为从家族生活方式转变为了市民生活方式。这些问题，本文第一节已经讨论过了。

所以，儒家正义论的正义原则之一就是"适宜性原则"，即：社会规范及其制度必须适应于一个时代的基本生活方式。这也正是汉语"义"字的一个基本含义："义者，宜也。"（《礼记·中庸》）我们之所以建构或选择某种制度，是因为我们判定这种制度是适宜的、适当的、恰当的，即适应于当下的基本生活方式。

儒家正义论的另一条正义原则是"正当性原则"，即：社会规范及其制度必须是正当的。这是汉语"义"的另一个基本含义，即"正"，恰如孟子所说的"义，人之正路也"(《孟子·离娄上》)。我们之所以建构或选择某种制度，是因为我们判定这种制度是正当的。那么，何谓正当？在儒家思想中，这一点是非常明确的：仁即正，不仁即不正。故孟子说："仁者如射，射者正己而后发"(《孟子·公孙丑上》)；"爱人不亲，反其仁……行有不得者，皆反求诸己；其身正，而天下归之"(《孟子·离娄上》)。这就叫做"居仁由义"："仁，人之安宅也；义，人之正路也。旷安宅而弗居，舍正路而不由，哀哉!"(《孟子·离娄上》) 这也就是"仁→义"的理论结构，所以孟子才说：儒家的政治，不过"仁义而已"(《孟子·梁惠王上》)。

要注意的是，这里所说的"仁爱"不是所谓"差等之爱"，而是"一体之仁"，亦即博爱。"博爱"本是儒家的话语，如韩愈所讲的"博爱之谓仁"(《原道》)；后来用以翻译西语的"fraternity"，以至久假不归。儒家所谓"博爱"不是"fraternity"（兄弟情谊），而是普遍之爱 (universal love)；这种本真情感作为"一体之仁"，是对"差等之爱"的超越，这就是正当性原则的要求。

这样一来，我们就得到了儒家正义论的核心理论结构，即：仁→义→礼。换言之，这个理论结构是，仁爱精神→正义原则→社会制度。对于儒家来说，"仁→义→礼"是一套普遍的原理，其中"仁"与"义"作为根本的精神与原则乃是不变的，而"礼"作为具体的社会规范与社会制度则是历史地变动的。总起来说，儒家政治哲学原理即儒家正义论的基本内容就是，出于博爱的动机（正当性），根据生活方式的实情（适宜性），来选择或建构社会规范及其制度。

由此可见，促使社会制度变革的基本原因，乃是生活方式的转变。

四、国民政治儒学的基本特征

对于政治哲学来说，在生活方式的转变所导致的一系列转变中，最关键的是社会主体的转变、政治主体的转变，例如从王室宗族转变为皇室家族，进而从皇室家族转变为个体公民。在现代性的生活方式之下，作为社会主体的个人、政治主体的公民，就是我们这里所讲的"国民"。

（一）国民的概念

中国近代最早提出一套比较系统的国民政治理论的是梁启超；上面谈到的张君劢就是他的传人。梁启超是这样界定"国民"的："国民者，以国为人民公产之称也。……以一国之民，治一国之事，定一国之法，谋一国之利，捍一国之患，其民不可得而侮，其国不可得而亡，是之谓国民。"又说："有国家思想，能自布政治者，谓之国民。"仔细体味这样的"国民"概念，不难发现它同时含有两层意谓：一层意谓是集合性概念，对应于"nation"（全体国民），这个英文词还可以翻译为"国家"或"民族"；而另一层意谓则是个体性概念，对应于"citizen"（公民）或"civilian"（市民）等。

这与梁启超及近代诸贤引进现代"国家"概念有关。他们用汉语"国"去翻译"nation"，一方面继承了汉语"国"的古代意义，另一方面又赋予了现代性意义。

就古代意义论，"国"有两个基本含义。一指城市，即与"野"相对，例如"国人"与"野人"的划分。作为城市的"国"又称"邑"，许慎说："邑：国也。"（《说文解字·邑部》）《甲骨文字典》说："国"字的"囗象城郭之形。"二指政治实体，此即所谓"国家"（state）。如许慎讲："国：邦也。"（《说文解字·囗部》）"国"的同源字"或"，许慎解释："或：邦也。从囗、从戈，以守一。"（《说文解字·戈部》）这里的"戈"意味着武装守卫国境；而"囗"则兼有城郭和国境的含义。

赋予这两个基本含义以现代性，就是，作为现代国家的"国族"（nation）（通常译为"民族国家"）；而现代化进程伴随着城市化过程，所以"公民"本义是指"市民"。然而无论如何，汉语"国"或"国家"、"国民"更具集合的整体主义色彩。例如"国民党"通常译为"nationalist party",即取义于"nation",带有整体主义、集体主义色彩,换言之,即带有"民族主义"或者说"国家主义"色彩(这两者是同一个词 nationalism)。梁启超还提到"人民"概念,其实这个概念也带有整体主义或集体主义色彩,因为它是一个集合概念,对应于"people",而"people"这个词不具有个体的"公民"和"市民"的意谓,故不能翻译为我们这里所说的"国民"。

问题的关键,在于理解"国民"概念的两层意谓之间的关系,即集合性的"nation"(国族、民族国家)和个体性的"citizen"(市民、公民)或"civilian"(市民、平民)之间的关系。以集合性观念优先,那是所有一切前现代的政治观念的一个基本特征;而这也就意味着,现代性的政治观念的对应特征,乃是以个体性观念优先。这就是说,在"国民"这个合成词中,"民"优先于"国";在"人民"这个合成词中,"人"优先于"民",而这个"人",乃是个体性的公民。这就是本文所提出的"国民"概念。梁启超的第二个界定"有国家思想,能自布政治",更为接近于这样的"国民"概念:有国家观念的人是指的公民个人;能政治自主的人同样是指的公民个人。

(二)国民政治的基本内涵

我们所谓"国民政治"(civic politics),其实也就是现代性的政治;这种政治渊源于现代性的生活方式,以作为现代社会主体的国民为政治主体。如果套用林肯《葛底斯堡演讲》(the Gettysburg Address)"民有、民治、民享"的说法,那么,"国民政治"不是说的林肯所谓"the government of the people, by the people and for the people",而是说的"the politics of the citizens, by the citizens and for the citizens",即是"国民所有,国民所治,国民所享"。这可以称为一种新的"三民主义"(the three doctrines of civic politics)。

1. 国民所有：国民掌握权力

这是"三民"的根本所在：一切公共权力属于国民。这就是说，一切政治权力，包括制宪权、立法权、行政权、司法权、对外主权等等，都是国民的权力。这与前现代的政治主体是不同的，即掌握公共权力的不再是王室宗族、皇室家族。这就是"民主"的第一层含义：国民主权（civic sovereignty）。

2. 国民所治：国民治理国家

这是上述"国民所有"的保障，即是"国民掌握权力"的实现：由国民来行使上述公共权力。没有"国民所治"，所谓"国民所有"就会落空。这就是"民主"的第二层含义：国民治权（civic governing）。

当然，国民治理国家并不意味着一切公共事务都由全体国民亲力亲为，因为那是不可操作的；所以需要建立国家机关（state organs），包括权力机关、行政机关、审判机关、检察机关及军事机关等。换句话说，国民治理国家基本上是间接治理，尽管也不完全排除在特定情况下的直接治理。但这种间接治理之所以仍然属于国民治理，乃在于一切国家机关及其政治活动都来自国民的授权，这就根本区别于王权政治和皇权政治的国家治理。实现这种授权的根本制度设计，众所周知，就是民主选举制度。

3. 国民所享：国民享有利益

这是"国民所治"的目的所在；换言之，一切政治活动都以国民的利益为目的。谈到"利益"（interests），这就涉及了"权利"（rights）的概念。显而易见，权利必定是落实在个体身上的，所以上文曾谈到，"人权"实质上是指的国民个人的权利。因此，"国民所享"所涉及的不仅是"民生"、"福利"问题，而首先是个人"自由"问题，亦即严复所说的"群己权界"问题：其所谓"权"包括权利和权力；其所谓"己"当然是说的国民个人；但其所谓"群"却不是说的国民群体，而是说的公共权力。说到底，自由的问题就是国民个人的权利与国家的公共权力之间的关系问题。政治哲学的核心问题归结为"权利"与"权力"的关系问题："国民所有""国民所治"意味着国民的权利（包括权力）决定着国家的公共权力；而"国民所享"则意味着公共权力的目的所在就是国民的权利。这是所谓"积极自由"应有之义。而"权界"所强调的则是问题的另一方面，即所谓"消极自由"，亦即公共权力和私人权利的分界，公共权力不得侵犯私人权利。

这"三民"不免令人想起儒家的"民本"传统。所谓"民本"，即以民为本，实际上有两个不同层面的意义。"民本"的一层意义是就前现代的王权或皇权而言的，其典型是"载舟覆舟"的比喻。《荀子·王制》曰："君者，舟也；庶人者，水也。水则载舟，水则覆舟。"显然，这里的"水"不是目的，"舟"才是目的；在以王室宗族或皇室家族为政治主体的时代，"民"不是目的，而只是"行舟"的手段，"君"才是目的。这种意义的"民本"，见于《尚书·五子之歌》："民惟邦本，本固邦宁。"在这个意义上，绝不能将"民本"讲成民主。但"民本"还有另一层更深层而普遍的意义，涵盖了上述第一层意义的"民本"和现代"民主"的观念，即是以人民为目的；具体到现代性的国民政治儒学，"民本"意味着以国民为目的。

综上所述，国民政治儒学乃是儒家政治哲学的现代形态，它是中国社会历史发展、现代转型的时代产物。

儒学与民主[*]

郭　沂^{**}

近年来，随着现代化建设和改革开放事业向纵深发展，民族自信心日益提高，传统文化也越来越受到政府和社会各界的重视。那么，作为中国传统文化主干的儒学在当今中国到底应该占有什么样的地位？它同作为现代主流价值的民主主义思潮的关系如何？这是我们不得不面对、不得不回答的重大理论问题。

一、现代社会基本价值取向二元化的世界潮流

现代化和全球化的浪潮给人类社会带来了翻天覆地的变化，它意味着历史的列车由传统文明跨入现代文明，而它对价值领域的冲击尤为剧烈，乃至完全改变了其基本结构。从世界范围来看，现代价值与传统价值二元并行的趋势已经越来越清楚地呈现出来。

这里所说的现代价值，指进入现代社会之后形成的，最能体现现代性的，并为现代人们所广泛接受的价值观；而传统价值，指进入现代社会之前，在漫长的历史过程中逐渐形成的，最能体现民族意识的，并

＊　原文有删节。
＊＊　郭沂：首尔国立大学哲学系教授。

为民族成员所广泛认同的价值观。前者的核心部分，主要是文艺复兴运动以来形成的自由、平等、民主等价值观，我们可以笼统地将其归结为民主主义思潮。它是随着时代的脉搏而流动的，故称为现代主流价值。在不同的国家，现代主流价值在不同程度上表现为国家意识形态。后者的核心部分，主要是能够代表民族精神和民族信仰的文化形式。虽然它在现代社会仍有极强的生命力，但其本身已经成为完整形态的民族传统，故称为民族意识形态。

由于近代民族国家的兴起，人们对"民族"、"国家"等基本概念的理解存在着许多歧异。有鉴于此，早在八十年以前，吴文藻就在其名著《民族与国家》中对这两个概念做过十分中肯的界定。他说："民族乃社会的人类学研究之对象，故为一文化的及心理的概念。"他认为，判断民族之标准，所重者三，一是语言文字，二是历史，三是文化。此三者"为人文精神之所寓，故民族者，乃一文化之团体也"。而"国家乃政治学，国际法学，社会学，及其他种种社会科学研究之对象"。可见，大致言之，"民族"乃一文化概念，"国家"属于政治范畴。

社会是由不同层次的人类共同体组成的。所以，作为文化共同体的民族，也存在层次之分。像法兰西、德意志、汉族、蒙古族、藏族等得以成立，这是狭义的民族。像西方民族、中华民族、印度民族、阿拉伯民族等得以成立，这是广义的民族。这个层次上的民族，其实已经与通常意义上的文明相当了。我们知道，在漫长的历史过程中，地球上逐渐形成了四个最基本的文明圈，即西方文明、中华文明、印度文明和伊斯兰文明。按照上述对民族概念的辨析，这四大文明的主体，也可以看作四大民族。

在现代化以前，这些文明圈相对独立发展，并各自形成了其基本价值取向。除中华文明外，这些传统文明的基本价值取向多为宗教。鉴于文明和广义民族的对应关系，我把各大文明中这些传统社会的基本价值取向称为民族意识形态。

在四大文明圈中，西方文明率先启动了现代化和全球化之旅。14—16世纪的文艺复兴运动揭开了现代化的序幕，15—16世纪的地理大发现则扬起了全球化的风帆。自此以后，现代化和全球化这两股大潮便交织到了一起，结束了各大文明独立发展的历史，共同导演了一段悲壮的真正意义上的世界历史。

文艺复兴是在思想和文学艺术领域，打着复兴古代文化的旗帜，高扬人文主义精神的一场运动。其矛头所向，直指中世纪神学，即西方传统社会的基本价值取向。所以，从本质上讲，这是一场价值观的革命。在这场运动中，一种新的、世俗的价值观成为时代的最强音，这就是自由、平等、民主等观念。如果说文艺复兴是第一波现代化浪潮的话，那么，这种新的价值观就是最早的现代性。可以说，现代化浪潮波及哪里，它就流行到哪里。纵观六百余年的世界近现代史，这种现代价值观成了西方有现代国家立国的根本理念，成了这些国家的现代主流价值和国家意识形态。

那么，以现代化程度最高的西方为例，新的价值观形成后，旧的民族意识形态是否就被抛弃了呢？回答是完全否定的。事实已经证明，基督教作为西方的民族意识形态，虽然在文艺复兴时期遭到猛烈的批判，但它并没有因此而退出历史舞台，而至今仍然是西方的民族意识形态。它同新的价值观一起，共同构成了现代西方的基本价值取向。当然，这已不是原本的中世纪的基督教，而是经过宗教改革运动洗礼的基督教。同文艺复兴思潮一样，改革之后的基督教也渗透着人本主义和个人主义精神，强调个人信仰高于一切，甚至也提出了平等、自由等主张。在马克斯·韦伯看来，新教伦理对于西方资本主义的发展起到了重大的促进作用。总之，经过宗教改革以后的基督教，是与现代社会相适应的。如果说文艺复兴缔造了现代主流价值的话，那么宗教改革重塑了西方民族意识形态。

耐人寻味的是，正是来自基督教内部的改革推动了现代西方基本价值取向二元化格局的形成。以马丁·路德和加尔文为代表的宗教改革家们不但承认教会和国家的区别，而且还由此区分了信仰和理性的作用，认为信仰主宰着"属灵的王国"，而理性则指引着"世俗的王国"。就这样，基督教虽然主动向国家和世俗社会让出了半壁江山，而同时又保住了自己在精神信仰领域的权威，其结果必然是现代主流价值和民族主体意识并行两立。

在全球化时代，现代西方基本价值取向的这种二元化格局是否具有普遍性呢？是的，曾经发生于西方的这一幕，正在其他文明中上演。也就是说，从整个世界范围来看，现代社会基本价值取向的二元化，或者说现代主流价值和民族主体意识并行的趋势正在形成和发展。

值得注意的是，在历史过程中，这两种基本价值取向之间并不是漠不关心的，而是相互影响，甚至相互渗透的。例如，就像文艺复兴运动在很大程度上改变了基督教一样，基督教也对现代西方政治发生了极其深刻的影响。

不错，现代化发源于西方，其他文明的现代化始于对西方现代化的引进和吸收。那么，这是否就意味着其他文明需要全盘移植西方文明呢？这个问题曾在一百年来的中国学术界被不断地讨论。在相当长的一个时期内，主流的看法认为，所谓现代化就是西方化。不过，事实胜于雄辩。美国学者亨廷顿通过对世界各地现代化进程的考察得出结论："现代化并不意味着西方化。非西方社会在没有放弃它们自己的文化和全盘采用西方价值、体制和实践的前提下，能够实现并已经实现了现代化。西方化确实几乎是不可能的，因为无论非西方文化对现代化造成了什么障碍，与它们对西方化造成的障碍相比都相形见绌。正如布罗代尔所说，持下述看法几乎'是幼稚的'：现代化或'单一'文明的胜利，将导致许多世纪以来体现在世界各伟大文明中的历史文化的多元性的终结。相反，现代化加强了那些文化，并减弱了西方的相对力量。世界正在从根本上变得更加现代化和更少西方化。"

这种将现代化和西方化区分开来的观念极其重要。然而，在西方文化中，哪些是现代化的东西、哪些是西方化的东西呢？在我看来，自文艺复兴、启蒙运动、工业化时代、后工业化时代等西方现代化各个时期所形成的现代性，诸如上文所提到的自由、平等、民主以及科学、理性、市场经济、个人主义等，都是西方的现代性。除此之外的部分，就是西方化的东西，其中最核心的就是作为西方民族主体价值的基督教，它集中反映了西方民族的核心价值。对于西方以外的其他文明来说，实现现代化，就是要吸收产生于西方的现代性，而不是那些西方化的东西。许多现代化国家将自由、平等、民主作为主流价值和国家意识形态，就是其吸收西方现代性的明证。至于这些文明的根本价值，将仍然是民族的。就是说，对于一个现代化国家来说，现代价值和传统价值是并行不悖的；前者是推动全球化浪潮的动力，而后者则是在全球化浪潮中各种文明和各个民族之间相互区别的标识。

在这里，有几点值得特别强调。第一，西方的现代性脱胎于西方文明，是西方文明现代化的结果。在这个意义上，现代化和西方化是不可能截然分开的。第二，西方现代化及由之形成的现代性只是世界现代化的一部分。在世界现代化进程中，其他文明在吸收西方现代性、推行现代化的进程中，那些古老文明也将实现现代化，并最终形成其现代性，从而为别的文明所吸收，进入全球化旅程。这将是全球化的新阶段。不过，至今为止，所谓现代性基本上仍然是西方的现代性，其他文明的现代性尚未鲜明地呈现出来。因此，以世界眼光看，这是一种片面的、一元化的现代性。由各种文明现代性构成的多元现代性将使各个文明相互学习，取长补短，相得益彰。第三，现代性是一把双刃剑。对它的滥用，将导致严重的后果。现代科学技术的发展所导致的核危机、环境污染、自然资源过度开发等问题，已经为世人深恶痛绝。解决这个问题的根本途径是建构多元现代性。第四，各个文明在吸收其他文明的现代性的过程中，并不是完全照搬，而是根据自己的实际情况对其加以改造。第五，各个文明对自己传统的继承，也不是完全照搬，而是根据时代需要加以改造，使之适应甚至促进现代化事业的发展，一如西方的宗教改革运动。

二、中国的民族意识形态及其历史变迁

中国作为一个国家同近代意义上的民族国家，不可同日而语。16

世纪初期以前，欧洲是一个以基督教为基本价值体系，以教皇为精神领袖，以基督教教仪为社会习俗，以拉丁文为官方语言的"基督教共同体"。随着文艺复兴和宗教改革运动的发展，欧洲各国纷纷挣脱教皇的羁绊，掀起了民族独立的浪潮，近代意义的民族国家就这样诞生了。与16世纪以前欧洲的"基督教共同体"相似，先秦时期的中国是一个以华夏族主体国家为核心，统摄"诸夏"、掌控"四夷"的政治文化共同体，是一个天下一体化的社会。西周末年，平王东迁，王权衰微，诸侯纷纷称王，大有近代欧洲民族国家独立之势。但历史的结局同近代欧洲完全相反，天下一体化的传统观念和种种历史因素最终导致了秦的统一，形成了一个中央集权的、多民族的统一国家。暴秦旋即覆灭，为汉朝所代替，这个由许多民族融合而成的泱泱大族从此被称为汉族。近代以后，汉族同中国境内其他少数民族一起被称为中华民族。可见，近代欧洲的民族国家是民族独立的结果，恰恰相反，统一的中国是民族融合的结果。在这个意义上，中国或中华文明同由若干民族国家构成的西方文明相当，中华民族也同由若干狭义的民族构成的广义的西方民族相当。由于这个缘故，中国传统的民族意识形态，表现为古代中国的国家意识形态。

社会意识形态大致包含宗教、人文主义、科学主义（或理性主义）等因素，中国古代的社会意识形态及其演变大约经历了宗教时代、宗教人文一体时代、宗教人文独立时代等阶段。从国家意识形态或民族意识形态的角度，我们可以把这里的宗教和人文主义分别表述为国教和官学，这样就可以说中国古代的国家意识形态大致经历了三个阶段，即国教时代、学教合一时代、学主教辅时代。

殷周之际，尽管学术思想已经开始孕育、萌芽，但总体来说，当时国家意识形态的主干是作为国家宗教的华教，所以我称这个时期为国教时代。

中国的学术思想，当形成于以文王、周公为代表的政治精英和以巫史为代表的官方知识集团，所以一开始就是以官学的身份出现的。正如章学诚《校雠通义》所说："后世之文字，必溯源于六艺。六艺非孔氏之书，乃周官之旧典也。《易》掌太卜，《书》藏外史，《礼》在宗伯，《乐》隶司乐，《诗》领于太师，《春秋》存乎国史。夫子自谓述而不作，明乎官司失守，而师弟子之传业，于是判焉。……三代盛时，《礼》以宗伯为师，《乐》以司乐为师，《诗》以太师为师，《书》以外史为师，三《易》、《春秋》亦若是则已矣。又安有私门之著述哉！"可见，周代学术本于王官，存于六经，春秋以前并无私家著述。

据此，殷周之际宗教批判和宗教改革运动所形成的宗教人文一体局面，就表现为国教和官学合为一体，共同组成了国家意识形态，或者说宗教和学术一体两面，分别扮演着不同的角色。所以，我称这个时期为学教合一时代。

平王东迁，诸子蜂起，学术开始与宗教相分离，取得了独立的地位，而学教合一的国家意识形态格局也随之解体。秦统一之后，采用法家作为国家意识形态，而西汉初年则采用黄老思想作为国家意识形态，但皆昙花一现。所以，自春秋末到汉初，一直没有形成稳定的国家意识形态。至汉武帝采纳董仲舒"罢黜百家，独尊儒术"的建议，新的稳定的国家意识形态才正式确立。

在诸子百家中，历史之所以选择了儒学，并不是偶然的。一方面，六经为春秋以前中华文明之结晶，而孔子以六经为教，最为全面地继承了传统文化。在这个意义上，可以说儒学代表了中国思想之正统。正如熊十力所说："夫儒学之为正统也，不自汉定一尊而始然。儒学以孔子为宗师，孔子哲学之根本大典，首推《易传》。而《易》则远绍羲皇。《诗》、《书》执礼，皆所雅言，《论语》识之。《春秋》因鲁史而立义，孟子称之。《中庸》云仲尼祖述尧、舜，宪章文、武。孟子言孔子集尧、舜以来之大成。此皆实录。古代圣帝明王立身行己之至德要道，与其平治天下之大经大法，孔子皆融会贯穿之，以造成伟大之学派。孔子自言'好古敏求'，又曰'述而不作'，曰'温故知新'。盖其所承接者既远且大，其所吸取者既厚且深。故其手定六经，悉因旧籍，而寓以一己之新意。名述而实创。是故儒学渊源，本远自历代圣明。而儒学完成，则又确始于孔子。但孔子既远承圣帝明王之精神遗产，则亦可于儒学而甄明中华民族之特性。何以故？以儒学思想为中夏累世圣明无间传来，非偶然发生故。由此可见儒学在中国思想界，元居正统地位，不自汉始。"另一方面，儒学为"内圣外王"之学，最为全面地探讨了人生、社会、宇宙的道理。正如余英时所言："儒学不只是一种单纯的哲学或宗教，而是一套全面安排人间秩序的思想体系，从一个人自生至死的整个过程，到国、家、天下的构成，都在儒学的范围之内。"

值得强调的是，儒学本为诸子百家学说之一，当它升为国家意识形态之后，并未改变其学术性质。换言之，它是作为一种学术思想而不是宗教来承担国家意识形态任务的。因而，汉代以后，儒学是官学而不是国教。

真正作为国家意识形态扮演国教角色的，仍然是华教。学教合一的格局解体以后，尽管官学一系漂泊不定，而华教却一直稳居国教的位置。汉武帝定儒学为官学以后，华教的国教地位得到了进一步巩固。这就是说，自西汉至辛亥革命两千年间，中国的国家意识形态是由官学和国教两部分组成的。就其各自在国家意识形态中的地位来说，是官学为主，国教为辅，所以我称这个阶段为"学主教辅"时代。

这样，儒学同华教共同组成了中华民族的精神家园，只不过作为精神家园的华教立足于非理性的宗教信仰，而作为精神家园的儒学立足于理性的人文信仰。

这一点，恐怕是与世界上许多民族以宗教为唯一信仰的文化风格大相径庭的。如果说西方在14—15世纪文艺复兴运动以后才形成基于宗教信仰的意识形态和基于理性的意识形态共同构成的基本价值体系的话，那么我们可以自豪地说，早在公元前11世纪的周初，中国就形成了类似的基本价值体系。更为重要的是，这一系统具有极强的生命力，一直延续到20世纪初，在外力的冲击下，方告中断。所以，数千年的中华文明史一直为浓浓的人文主义色彩所覆盖，不曾出现被称为"黑暗时代"的中世纪，也不存在所谓封建社会。现在人们由于不了解中国历史及其与欧洲历史的不同，更受西方中心论的影响，便照着欧洲中世纪的葫芦画中国古代社会的瓢，张冠李戴，混淆黑白，以至积非成是，实在可叹！

三、儒学何以能够成为当代中国的民族意识形态

学主教辅的国家意识形态体系依附于皇权政体。1911 年孙中山领导的辛亥革命推翻了清政府，标志着皇权政体的覆灭，也标志着学主教辅国家意识形态体系的解体。那么，作为古代中国的国家意识形态，儒学能否像其他文明的传统宗教那样在现代社会继续扮演民族意识形态的角色呢？整个 20 世纪，中国的主旋律是西化。而在西化论者看来，儒学是与现代社会格格不入的封建遗毒，是阻碍中国现代化的罪魁祸首，应该被扔进历史的垃圾箱。

除了国内学术界外，海外学术界也对儒学的现代价值深表质疑。如美国汉学家列文森在其名著《儒教中国及其现代命运》中断言，君主制结束后，伴随着西方文化的强烈冲击，儒学已经失去存身之地，已经死亡，或者说已经被"博物馆"化了。美籍华人学者余英时进一步提出了"游魂"说："近百余年来，中国的传统制度在一个个地崩溃，而每一个制度的崩溃即意味着儒学在现实社会中失去一个立足点。等到传统社会全面解体，儒学和现实社会之间的联系便也完全断绝了"；"儒学死亡之后已经成为一个游魂了"。

列文森和余英时的思路如出一辙，二人都将儒学的现代命运和中国传统制度命运完全等同起来，从而自然得出儒学已经死亡，甚至成为游魂的结论。这种政治制度论和国内学术界的经济基础论并无本质区别，它们都认为，在文化融合过程中，一种思想文化与其所由生的经济基础或政治制度是一个不可分离的整体，或者整体继承或吸收，或者整体拒斥。经济基础论也好，政治制度论也好，说到底，其思维方式的根源都在于严复的体用一如论，在本篇第一章我们已经指出其谬误所在，兹不赘述。

我们承认，传统儒学中也蕴含着一些由旧经济和旧制度滋生出来，

同现代社会相抵触，并受到猛烈批判的消极因素，但这构不成我们抛弃儒学的理由。相比之下，用现代科学的眼光看，中世纪的基督教总比传统儒学更反动吧，文艺复兴时期对它的批判恐怕也不亚于五四新文化运动对儒学的批判，但它不照样成为现代西方的民族意识形态吗？

诚如余英时所说，儒学"是一套全面安排人间秩序的思想体系"。既然如此，那么儒学就包含社会制度、"人伦日用"、精神信仰等各个层面。也就是说，作为社会制度的儒学只是儒学的一个层面，甚至可以说是儒学的最外表的层面，而作为"人伦日用"和作为精神信仰的儒学才是儒学的更深层面。中国传统制度的崩溃，只意味着作为社会制度的儒学，或者说作为国家意识形态的儒学失去了依托，并不表明整个儒学生命的死亡。事实上，作为"人伦日用"和作为精神信仰的儒学，已经进入中国人的潜意识中，已经渗透到中国人的血液中，甚至已经成为中国文化遗传基因的主要组成部分，并不仅仅寄托于传统制度。亨廷顿曾经说过："文明是人类最高的文化归类，人类文化认同的最广范围，人类以此与其他物种相区别。"在这个意义上，几千年来作为中华文明核心价值的儒学，是同中华民族生死与共的，它的根系永远存活在中国人的肌体中。这个星球上只要一天还有中国人，儒学就会存在一天。因此，儒学从来没有，也永远不可能成为"游魂"。

不错，儒学是中国传统制度的灵魂，但它更是中华民族的灵魂。我们承认，近百年来中国人的自信心低落到了极点，不惜否定自己的一切，以至试图将自己的灵魂驱逐出躯体，看起来简直就"丧魂落魄"了，就像一个极端潦倒的人魂不守舍一样。这是一件多么可悲的事情啊！但，这只是中华民族暂时的迷失，儒学决没有因此而成为"游魂"。随着中国经济的飞速发展和中国人自信心的逐步增强，"魂兮归来"已指日可待了，当前的儒学热正是这场大戏的序幕。

另外，德国社会学家马克斯·韦伯也早在20世纪之初就断言，儒家伦理对于资本主义的发展起到了严重的阻碍作用。读一读马克斯·韦伯的著作就不难体会到，那字里行间洋溢着西方中心论的愚顽和傲慢，充斥着对非西方文明的无知和偏见。20世纪后半叶，包括日本和东亚四小龙在内的儒家文化圈经济的腾飞，已用铁的事实对马克斯·韦伯的观点作出了否定的回答。

　　总之，按照上述亨廷顿的现代化理论，那种以为现代化"将导致许多世纪以来体现在世界各伟大文明中的历史文化的多元性的终结"的观点，是"幼稚的"。同基督教、印度教、伊斯兰教在各自文明的现代社会中继续扮演民族意识形态一样，儒学也必将在现代中国的人伦日用和精神信仰方面发挥重要的作用。

自我与政治：儒学范式的
两个维度及其历史转换

林存光 *

儒学在历史上的演生和发展，不仅向我们展示了其自身内部思想状况的歧异性与丰富性，而且也向我们展示了它与其外部社会历史—政治文化环境之间关系的错综复杂性。对此，我们既可以从共时性的多元化样态的维度，也可以从历时性的阶段变化的视角去考察和反思。可以说，历史上的儒学之为儒学，既有其一以贯之的思想脉络与学术传承，亦有其延异变迁的范式转换与创新发展。

一

众所周知，古典儒学产生、形成于中国轴心期列国并争、道术分裂的政治环境与思想状况，列国激烈竞争的生存性压力及其现实困境，激发了通过政治变革以求国家富强的迫切需求，因此，对政治与民生问题的关切可以说构成了诸子各家著述立说和理论思考的共同原动力。但是，他们对于时代问题的回应是有重大分歧的，采取了不同的进路。策略性的权谋运用，目的性的功利目标，手段性的有效选择，不仅成为各

---

* 林存光：中国政法大学政治与公共管理学院教授。

128

国统治者维持自身生存的实际需要，也深深影响了诸子各家的政治思维。然而，孔孟古典儒家却选择了一种更富有道德理性价值和政治批评精神的政治思维进路。

他们周游列国，与各国士人君子交流，劝说诸侯国君，关切政治，重视教化，以民生福祉为根本关怀，把国家的存在看作是"一项协作性的事业"，致力于通过哈贝马斯所谓以理解或沟通为取向的交往理性行为，使"所有的统治者和被统治者都必须共同理解其目的、享受其福利"，完全不同于战国游士以谋求个人功名利禄为目的的策略性行为，亦与法家追求国家富强或君国利益最大化、极力主张强化君主专制权力以实施对臣民的全面支配与绝对统治、具有鲜明的工具理性化色彩的政治思维进路迥然殊异，也有别于老子通过"无为"的方式来实现"无不为"的政治目标，以及墨子以天志鬼神所拥有的赏罚权能和尚同一义的强制性措施作保障来实现"兼相爱、交相利之法"的政治思维进路。

与诸子各家一样，古典儒家的思维取向带有一种天然的政治维度，然而，我们必须结合其另一天然的自我维度，才能更好地来理解其政治思维的进路或政治实践的维度。在古典儒家看来，化民安人的外王事业必须植本于心性修养的内圣学问的根基之上，换言之，化民安人的政治必须从修身正己开始。因此，从自我的维度来讲，德性的修养必须优先于权力的获取，而从政治的维度来讲，则德礼的教化必须优先于刑政的强制。颠倒而为，则不过是欺世罔民而已。

从自我的维度而言，修身正己的德性修养一方面可以为统治者提供合理统治的正当性；另一方面则为士人君子提供以德致位的合法途径。将统治建立在德性修养的正当性基础之上，与充分开放政权而吸纳士人君子参与国家的治理是密不可分的，两方面彼此互补、相互促进，才能切实推进保障民生、治国平天下的根本政治目标的实现。从政治的维度而言，化民安人的外王事业乃是一项协作性的，以社群福祉、国家善治为目标的政治事业，取信于民、尊崇美政、屏除恶政、吉凶同患、忧乐与共、群居安乐本身，便充分体现了这一政治事业的根本诉求和实质内涵。

在我看来，阿伦特关于统治与政治的明辨区分，对于我们理解古典儒家视域中的政治事业及其政治思维进路之实质意义是大有裨益的。统治是以有效手段来控制他人为目的的，而政治则意味着需要大家共同参与，相互对话、交流和沟通，通过相互合作和"协力行动"，来开创新局面。就此而言，孔孟古典儒家除了寄希望于通过唤醒统治者自身的政治觉悟以激发其进行修身正己之外，他们更主要的是将希望寄托在士人君子基于交往行为理性的政治参与行动上。因此，孔孟古典儒家的士人君子之学不仅具有一种直接关乎着个体德性修养的自我维度，更具有一种深切的政治维度的含义，即一个人（主要指士人君子）要想成为一种政治存在，必须在与他人的共同生活中，通过言行来表达和展现自我，与他人进行互为主体性的自由平等的互动、对话、交流与沟通，通过与他人的合作关系，共同关注和参与人际之间的公共事务，采取"协力行动"，以便开创人类生活的新局面。

然而，孔孟的士人君子之学却被荀子向"帝王之术"偏移的政治思维取向所逐渐败坏和压倒，如果说荀子还仍然坚持儒家士人君子修身为学的自我道德理想的话，他的学生韩非、李斯则彻底抛弃了这一自我道德理想，他们师从荀子只是要"学帝王之术"（《史记·李斯列传》）而已，并转而全面接受了法家的刑名法术之学，甚至从不利于专制君主统治的角度来反噬、诋诬儒学为无用、无益而有害之学。

二

秦汉大一统专制君主统治体制的制度架构及其趋于稳固，决定了儒学的政治环境及其发挥作用的潜在可能。在帝制中国时代，儒学儒教之被尊为统治思想，儒家学术形态经学化的范式转换，儒生士人通经入仕途径的建制化和后来科举取士制度的创立和不断完善，以及"三纲"的绝对信条被逐渐明确地树立为儒家思想和中国文化的核心价值观等，都意味着儒生士人不得不依附于专制王权或国家政权所确立的政治制度和由其支持的经典、圣人的意识形态权威来发挥其政治作用。虽然他们试图通过重新恢复和塑造天命的至上威权，以限制拥有绝对统治权力的专制王权，然而，在不改造和触动专制王权的制度根基的情况下，是无法从根本上来实现其限制目的的，天命反而被利用来为专制君主的神圣统治提供了最强有力的超越依据。有学者称之为"天道宪政主义"或儒家宪政主义，并不符合历史事实。

即使是历史上专制王权与儒家士大夫之间的所谓"共治"或"同治"，也同样不具有"宪政"的意义。曹操在其"唯才是举"令中尝说："自古受命及中兴之君，曷尝不得贤人君子与之共治天下者乎？……今天下尚未定，此特求贤之急时也。……二三子其佐我明扬仄陋，唯才是举，吾得而用之。"（《三国志·魏书·武帝纪》）宋儒程颐亦有言："帝王之道也，以择任贤俊为本，得人而后与之同治天下。"（《河南程氏经说》卷二）显然，所谓"共治"或"同治"，只是举才而用之，只是"择任贤俊"的"帝王之道"，决非什么自我限权或真正意义上的宪政之制！说到底，所谓"共治"或"同治"，决不可能是"政权"或"主权"的共有，而只能是"治权"的分享，主要也不是对君权的限制，而是对君权及其治理能力的扩展与提升。因此，历史地讲，儒家士大夫与皇权"共治"的问题，事实上不过是在具有君主专制性质的政治架构下儒家士大夫对政治治理的参与而已。

尽管如此，汉、宋儒之间所存在的某些重要思想差异亦不容忽视。汉儒强调通经致用，这意味着掌握经典经义的知识乃是获取权力的必要前提，而获取权力又是将有关经典经义的知识运用于政治实践的前提条件。在知识—权力—运用的经学思维进路下，虽然董仲舒也讲以仁爱人、以义正我的问题，但儒学范式的自我维度无疑被大大弱化了。相对来讲，宋儒则更加重视和强调儒学的自我维度，优先关注自我气质的改造与转化、德性的提升与完善，充分彰显了儒家内圣心性之学的根本重要性。不过，正如汉儒以天权限制君权的观念一样，宋儒道统高于政统的信念也不可能从根本上驯化专制君主，不仅如此，正像汉儒的天命观念可以被利用来加强君主的神圣统治一样，宋儒的天理信念也同样可以被利用来加强君主的绝对权威，维持一种固定不变的等级制、神圣化的纲常秩序。

三

晚清西方文化的冲击和挑战，以及内部变革的时代需要，激发并迫使儒学范式必须作出积极的回应，进行自我的转化和革新。康有为可以说是开风气之先者，诚如萧公权先生所说："康氏最主要的工作是致力使儒学适应现代的需要。……康有为可能是当时清楚见及此种需要并努力促进改革的第一人。他又独能理解到，儒学若不与过时的帝制分开，则将与那腐朽的制度同归于尽。""五四"以后，现代新儒家也同样致力于将儒学范式与传统帝制剥离开，他们一方面不遗余力地阐发儒家的内圣心性之学，另一方面则致力于民主政道的转进，并认为这两者不矛盾，前者可以接引后者，后者应该植根于前者。尽管人们对于由儒家的内圣之学开出民主政道仍然存有争议，但他们将民主政治看作是"人类政治发展的正轨和坦途"的基本政治立场和态度，充分体现了儒家政治思维进路的现代转向。当然，现代新儒家也试图从经典儒家的外王之学和政治思想传统中直接寻找和发掘民主的资源，但他们也不得不承认，尽管传统儒家士大夫的政治参与可能具有"治权的民主"的意味，但更为重要、更具决定性意义的则是政治上"政权的民主"，而这恰恰是儒家政治思维和中国政治传统中所最缺乏的。因此，他们最为关注的就是民主政道的转出和建制化问题。

然而，政治思维进路的现代转向必然促使人们重新审视传统儒家内圣外王的"整体规划"，面对公私领域分化的现代格局，儒家的"整体规划"必须作出自我调整。正是基于这一事实的考虑，所以余英时先生才会宣称："儒家通过建制化而全面支配中国人的生活秩序的时代已一去不复返。有志为儒家'招魂'的人不必再在这一方面枉抛心力。"并认为："日常人生化的现代儒家只能直接在私领域中求其实现，……

换句话说，儒家在修身、齐家的层次上仍然可以发挥重要作用，但相对于治国、平天下而言，儒家只能以'背景文化'的地位投射间接的影响力。"正如美国人文主义大师白璧德所认为的那样："孔子之教能够提供民主领袖所最需要的品质。儒家'以身作则'精神可以塑造出'公正的人'（just man），而不仅仅是'抽象的公正原则'（justice in the abstract）。这是儒家可以贡献于现代民主之所在。"可见，余先生也仍然希望儒家能够间接地贡献于现代民主。

然而，当代大陆新儒家蒋庆等人更加热衷于恢复传统儒家的外王规划，对现代民主政治抱持强烈怀疑的立场和态度，希望能够借助于国家政权的力量重新将儒教立为国教，乃至使儒教得以全面建制化。这一意图使儒教高调重新回归政治公共领域之支配地位的激进意识形态立场和姿态，不可避免地引发了各种各样的激烈争议，乃至使我们不得不重新审视和思考这样一个问题：在今天，儒学究竟应发挥一种什么样的政治功能和作用？

我认为，蒋庆极力主张的"为民而王"（既不是以民为主，也不是以民为本）的王道政治路线很难适应我们现时代的政治需要，是非常不可取的，它不仅不能超越西方民主，反而意图把人们的政治意识向后拉，拉回到"儒教国家"的政教合一的老路上去。这无疑是不可行的，在今天，儒学必须有益于或有助于促进而不是阻碍民主政治的实现，它才能真实实现创造性的现代转化，并重新焕发其政治思想活力。为此，我们必须"重建"儒学的范式，既不是"复辟"，也不是"复兴"，正如哈贝马斯所言，"复辟似乎意味着回到在此期间已经腐朽了的最初状况上。……复兴似乎意味着对一种在此期间已被人们抛弃了的传统的更新。……我们所说的重建是把一种理论拆开，用新的形式重新加以组合，以便更好地达到这种理论所确立的目标。这是对待一种在某些方面需要修正，但其鼓舞人心的潜在力量仍旧（始终）没有枯竭的理论的一种正常态度"。复辟只是出于一种教条主义的兴趣，复兴从针对近百年来对儒学传统的彻底蔑弃的角度而言固然有其必要，但不是根本的目的，而且全面复兴的诉求亦不可取，因此，真正正常而合理地对待儒家传统或儒学思想资源的立场和态度应是创造性地重建儒学范式。

今天我们所需要的儒学范式，既不应是完全退缩到个人修身的私领域，并仅仅在私领域中发挥其直接的作用，也不会是由儒家内圣之学直接开出建制化的现代民主政治（制度和程序），我们必须解构、修正并重组儒家范式的自我维度和政治维度，以使之能够积极而创造性地回应现时代个人对于自我实现与自我完善之心性修养和社会对于民主生活方式之参与实现的现实需要。就后者而言，我们有必要在民主理想与政治制度、建制化的政治与作为行动参与的政治二者之间作出明确的区分。基于前一种区分，安乐哲先生对于儒家社群民主（自治的充分参与）的思考和阐发是极富教益的，他认为中国将"不可避免地走向民主的某种中国版本"，并说："儒家民主主义的中心是关于人类社群的民主思想，而不是政治或政府本身。我们和杜威一样，认为贯彻民主的主要障碍在于，将民主理想与政治制度混为一谈，尤其是当这种政治制度很虚伪地声称它体现了民主的时候。"基于后一种区分，我认为孔孟古典儒家的士人君子之学仍然可以为我们提供一种富有启示和教益意义的观察和思考政治的重要视角，即政治之为政治，不是对他人的控制和统治，而是通过与他人的合作，通过共同参与和"协力行动"，来开创新局面，说到底，政治是由交往行为所主导的人与人休戚与共、相互协作的人类事业。

先秦思想的现代政治哲学意蕴

白彤东 *

一、中国传统思想何以是哲学？

中国哲学合法性问题，即中国传统思想中是否有哲学这个问题，自"哲学"这个概念引入汉语、引入中国，一直是引起争议的问题。从"哲学"是一外来概念的意义上讲，传统中国自然就没有哲学。而只有在这个概念传入并有从事哲学工作的人之后，中国才有了哲学。显然，中国传统思想中是否有哲学这个问题不是在这种琐屑的意义上谈的。我们真正关心的问题是，虽然哲学这个概念源自西方，但是，按照对它的某种理解，中国传统思想中是否有属于哲学的部分？由此，我们可以看到，对中国传统思想是否有哲学这个问题，我们首先要回答哲学是什么这个问题，即为哲学划界这个问题。但不幸的是，我们学过一点现当代分析哲学、科学哲学就会知道，逻辑经验主义者曾以为，科学与形而上学之间，或者科学与非科学之间的界限应该非常清楚。但是，这么多年的研究，让我们意识到这个界限并不明晰，或者我们并不能达到对这个界限的共识。如果为科学划界——这个界限在很多人的直觉上讲是显然的——都是如此，我们可以想象给哲学——这个明显比科学的界限要模

---

* 白彤东：复旦大学哲学学院教授。

糊得多的学科——划界的困难。但是，"中国哲学是不是哲学"这样的问题，似乎又依赖于对这个界限的准确勾画。为了解决这个疑难，笔者采取一个"建构"式的策略。也就是说，笔者下面会给出一个对哲学是什么的简单定义。如果读者接受这个定义，那么我们可以继续看看中国传统思想是否符合这个定义的规范，从而在这个定义的基础上，讨论中国传统思想是否是哲学这个问题。

这个定义虽然是笔者给出，但是，它应该尽量地捕捉到我们对哲学是什么的一般理解，而不是完全随意的。特别是，我们不希望我们所给的哲学的界限太窄，也不希望它太宽。如果我们把这个界限放得太宽，会包含我们一般不归类于哲学的东西。如果这个界限太窄，我们很可能是把哲学内部的一个流派，或某一时段的哲学当成哲学全部。在西方哲学内部，现当代英美传统和欧陆传统经常互不买账，不认为对方所做的是哲学。就中国哲学合法性问题，比如，一种常见的错误，是有些人把对笛卡尔以降的西方哲学，尤其是对其本体论与认识论的某种（片面）理解，当作唯一的哲学方式，并因之而否定中国传统思想中有哲学。美国学者 Franklin Perkins 为此提供了一个很好的也很有趣的例子（Perkins, manuscript）。他指出，莱布尼兹和黑格尔对中国思想的观察很接近，即西方思想在理论反思上超出中国思想，但是中国思想在实践智慧和生活伦理上超过西方。但是，尽管有如此类似的观察，但是两位西方哲学家得出来的结论却很不同。于莱布尼兹，他的结论是欧洲思想在第一哲学上更高，而中国思想在实践哲学上更高，两者应该相互学习。但是黑格尔在《哲学史讲演录》中的著名（臭名昭著？）的结论，是中国没有哲学，至多是西方哲学里已经有的、但不入流的东西①。其原因，Perkins 认为，如当代哲学家 Pierre Hadot 指出的，从欧洲古典时期直到其近代早期，哲学仍然被理解为一种生活方式。到了后来，尤其在黑格尔的哲学系统里面，没有其所谓的第一哲学，一种思想就无法再

---

① 参见黑格尔：《哲学史讲演录》第一卷，贺麟、王太庆译，商务印书馆 1959 年版，第 118—132 页。

被当作哲学。因为莱布尼兹和黑格尔对哲学的理解不同，所以尽管他们对中国思想的观察近似，但在中国思想是否是哲学这个问题上却达到了非常不同的结论。

这里需要指出的是，同样认为中国没有（某种特定的西方）哲学，与黑格尔等人不同，一些学者可能因此认为这恰恰是中国思想的优点。郑家栋就曾提到，日本学者中江兆民以批评的态度指出日本无哲学，但是傅斯年却认为，"中国本没有所谓哲学，多谢上帝给我们民族这么一个健康的习惯"。对此，郑家栋认为，原本对哲学有兴趣的傅斯年对哲学态度的转变，来自于他对他所接触到的哲学，即德国哲学的厌恶。① 近年来引起中国哲学合法性辩论的导火索之一，即德里达对中国思想是否为哲学的否定回答，同样是出于赞扬中国思想的角度上去说的，其根据，也是流行于当代欧陆哲学和美国哲学家罗蒂及其支持者中对（西方）哲学的一种特定解释（逻各斯中心主义）。② 有些学者虽然没有那么极端，认为中国有哲学，但是基于对西方哲学的特殊理解上，认定中国哲学绝不同于西方哲学。类似的说法，我们经常在各种谈论中国哲学的场合听到，比如中国哲学乃是一种心性哲学、生活哲学、修身功夫，等等。这种做法，如笔者的一位朋友 Edward Slingerland 评价安乐哲等人的做法时所说，有"逆向东方主义"（reverse Orientalism）之嫌。在这种通过与后现代思潮为伍来辩护中国哲学合法性，笔者也以为是不自重的表现。并且，这种做法，是对中国哲学也犯下了以偏概全的错误，因为，对中国哲学的如此描述，明显把韩非子这样的思想家排除在外了。

总之，在给哲学划界这个问题上，我们要在宽窄之间找到一个合适的度。这是一门艺术，不是一门科学。在这个问题上，我们有不同意见，其实是很正常的事情。哲学中很多真理都有这样的特征，即它相反的那面不是谬误，而是同样深刻的真理。对哲学划界这个一般问题的不

---

① 参见郑家栋：《"中国哲学史"写作与中国思想传统的现代困境》，《中国人民大学学报》2004 年第 3 期。

② 参见陆杨：《追思德里达》，《博览群书》2004 年第 12 期。

同争论也可能归于此类。因此，在上述划界标准的基础上，在承认上述的所有困难的同时，笔者对哲学给出下面这个定义，即哲学乃是对那些能够超出特定时间（时代）、特定空间（地域）、特定人群的，且是我们不得不面对却又无法根本解决的问题（简称为哲学问题）的系统反思。反思是哲学的根本特征。这意味着哲学不应该是当下行为或是习俗成见之表述，而需要对其有所反思。哲学的反思性特征还接着要求我们对这些反思继续进行反思，因而会让我们的反思不是零散的见解，而是尽可能地成为一个内在一致的系统。它的系统反思对象，不能局限于特定的人群、时间、地域，否则哲学就成了人类学、社会学、历史学、地理学。这一对象又关乎人生活之根本，是人不得不面对却又无法根本解决的问题——可以根本解决的问题已经从哲学里分离出来，成为科学研究的对象了。

在本文下一节，我会对中西哲学的共同或共通问题有所阐发。这里，先让我们假设中西思想有共通的哲学问题，那么，中国思想是否有对这些问题的系统反思呢？有些人会说没有，因为中国经典多缺乏论证。但是，这种说法假设了对哲学问题的系统反思必须体现为论证，但是，这个假设本身被论证过吗？

退一步讲，即使系统反思需通过论证体现，中国经典真的没有论证吗？让我们拿《论语》来做个例子。之所以选择《论语》，是因为认同中国哲学的人多把它当作哲学文本，但是比起其他被当作哲学文本的中国传统经典来说，它似乎属于最缺乏论证的经典之一。那么，如果我们能展示它蕴含着丰富的论证，那我们就不难想象，我们可以容易地展示其他常常被中国哲学之同情者归为哲学经典的文本也含有丰富的论证。就《论语》来说，比如，在《论语·阳货》中，孔子与其弟子宰我讨论三年之丧的问题。三年之丧，应该是当时的礼俗。如果《论语》不过是对习俗的记录，那么孔子与宰我就不应该对三年之丧有任何讨论，至多只是诉诸权威而已（"此乃《礼》之所定，故必守之"云云）。但是，在《论语》中，双方都分别给出了超出诉诸习俗的思考与论证。当然，与三年之丧的讨论相比，《论语》中很多对话都更为简约，似乎不能算论证。比如在《论语·宪问》中，当被问到是否可以以德报怨时，孔子对此的直接回应只有简简单单的四个字："何以报德？"其后又用八个字给出了自己的立场（"以直报怨，以德报德"）。但是，"何以报德"四个字一针见血地点出了"以德报怨"这个想法的毛病之关键。也就是说，"以德报怨"听起来很高尚、很宽容，但是，这种对恶行的宽容，其实是对德行的不公。

一般来讲，中国传统文献中表面论辩的缺乏不等于说它们不含有论证。它们这种表面的缺乏可能是因为很多论辩的步骤被省略了、跳过了，而它们给出的是所谓的"论证轮廓"（argumentation sketch），或者论证中最关键、最难的地方。实际上，即使在以论证严格著称的理论物理学和数学的著作里面，很多论证也都是"跳步"的。但是，如果一个读者因此无法理解这些论证，那么结论不是这些著作的作者之论证不严谨，而是这个读者可能没有资质来做物理学或者数学。如尼采所说，"在山群中最短的路是从峰顶到峰顶；但是为了走这条路人必须腿长。格言应该是这些峰顶——而这些（格言）所诉诸的人应该是高远的"①。

那么，这种跳步是为了什么呢？直接的理由包括省事（甚至仅仅是现实条件的约束——一个建于公理系统上的严格式论证可以非人地长！）、炫耀、一种基于贵族式的骄傲（aristocratic pride）的对平庸之不屑，等等。除此之外，还有一个与哲学反思之表达有内在关系的原因：每一个复杂的问题可能都有无数从严格的逻辑上讲需要论证的地方，但是，这种事无巨细的论证，容易使读者迷失于这种琐屑，迷失于"富裕的窘境"（embarras de richesses）。这种简约的论证，可以给出读者最重要的路标。而其中的细节，合格的读者可以自己来完成。这种一针见血的本领，也正是大思想家（无论是哲学家还是科学家）之所以为大的地方。

简而言之，轮廓式论证与西方哲学常见的步骤更加详细的论证是论证的不同形式，并且前者也许可以更好地激发和引导我们的反思。我

---

① Nietzsche, Friedrich, *Thus Spoke Zarathustra*, Walter Kaufmann (tr.), London：Penguin Books, 1954, p.40.

们可以把这种想法再推进一步，承认有彻底超出论证体裁的表达（作者的）、激发（读者的）反思的方式，比如《道德经》、尼采的著作里面用到的格言体。这种体裁，尤其是表达对那些可能有着内在紧张的问题的反思的时候，可能是有其优势的。比如，如果所要说的是不可言说的，那么我们是否能有除了静默之外的言说方式呢？这是在柏拉图的 Phadreus 里讲的写作的问题、《道德经》道不可言说的道、《庄子》提到的不落言筌、佛学的说无背后的共同问题。

因此，中国传统经典文献中是可以找到论证、找到反思的。但是，不可否认的是，这些论证与反思常常看起来很零乱、不系统。而按我们的定义，哲学需要是系统的反思。西方传统中被当作哲学文献的，常常采取论文体（treatise），是明确针对某一组哲学问题的系统反思。上面提到的《论语》，多是孔子与他人的谈话记录（这也部分地解释了孔子为什么会言简意赅）。其他被同情者当作哲学的中国经典文献，也常常不是为了纯粹的理论讨论而写，而是对统治者的具体建议、与其他大臣与政策顾问的争论之记载、对经典或历史事件的注释与评论，或是更广义的语录。如钱穆先生指出的，在秦以后的时代，也许是因为儒家的向上流动思想的贡献，有思想的学人常常成为统治精英的一部分。这与春秋战国之前和中世纪（乃至近现代早期）的欧洲不同。因此，过去中国的知识精英可以把他们的政治思想和理论付诸实践，而没有太多需要将它们变成脱离现实的理论。[①]（钱穆先生没有指出的一个事实是，中国士人于政治的深深卷入，也使得他们没有理论探讨所必要的闲暇）实际上，卢梭说的一段话可以用来支持钱穆的说法。在《社会契约论》的第一段里，他指出：

> 人们要问我，我是不是一位君主或一位立法者，所以要来谈论政治呢？我回答说，哪个也不是；而且这是我为什么来谈论政治。假如我是个君主或者立法者，我就不应该浪费自己的时间来

---

① 钱穆：《中国历代政治得失》，生活·读书·新知三联书店 2005 年版，第 21 页。

谈要做什么事了；我会去做那些事情或者保持沉默。①

与此不同，中国历史上的很多政治思想家是居于政治的核心。这一点在春秋战国时代已经发生了。比如，西方也许与权力核心最接近的思想家之一马基雅维利，他的政治地位也不及身为韩国诸公子的韩非子。如果我们可以相信《史记》里的记述的话，当时的秦王（即后来的秦始皇）在读了韩非子的东西以后，与韩国打了一场仗，就是为了能把韩非子弄到秦王的身边来。"秦王见《五蠹》、《孤愤》之书，曰：'嗟乎，寡人得见此人与之游，死不恨矣！'李斯曰：'此韩非之所著书也。'秦因急攻韩。"（《史记·韩非列传》）。对这种重视，马基雅维利和其他西方政治哲学家恐怕只有羡慕嫉妒恨的份儿了（不过，他们如果知道韩非子的下场也许会心安一些）。

当然，这一辩护只是解释了为什么中国很多思想家的作品与西方不同，并暗示，如果被给予机会（或者，更准确地说，如果被剥夺了参与现实政治的机会），中国这些思想家也会写出与西方政治哲学著作更相像的、对哲学问题的系统反思。但是，中国经典，尤其是语录体经典表面的日常性，不等于其没有哲学理论的深度，即所谓"不离日用常行内，直造先天未画前"②。并且，虽然中国传统思想缺乏表面上的系统，但是这不等于说，其中的经典没有隐含的系统。类似的观点，冯友兰先生早已表达过。

所谓系统有二：即形式上的系统与实质上的系统。此两者并无连带的关系。中国哲学家的哲学，虽无形式上的系统；但如谓中国哲学家的哲学无实质上的系统，则即等于谓中国哲学家之哲学不成东西，中国无哲学。……中国哲学家之哲学之形式上的系统，虽不如西洋哲学家；但实质上的系统，则同有也。讲哲学史之一要义，即是要在形式上无系统

---

① Cf. Rousseau, Jean-Jacques, *On the Social Contract with Geneva Manuscript and Political Economy*, Edited by Roger D. Masters and translated by Judith R. Masters, New York, NY: St. Martin's Press, 1978, p.46.

② 《王阳明全集》，上海古籍出版社 1992 年版，第 791 页。

之哲学中，找出其实质的系统。①

因此，能够被当作哲学的中国经典中是有论证的，且论证是有系统的。从哲学角度读这些经典，就是要填充论证轮廓，并发现经典内部的系统。换句话说，一部经典是否为哲学经典的一个必要条件在于我们是否能发现系统论证，或其他表达系统反思之方式。但是，如此理解中国哲学合法性，还是会遇到批评。比如，据郑家栋的理解，冯友兰所理解的中国思想何以为哲学，与我们这里的立场极为相似，但同时他对这种工作进行了批评。他指出：

> 清晰性与系统性成为"中国哲学"现代转化的不二法门。……依据冯友兰的说法，由于中国历史上的典籍是言简意赅，通常只是径直地说出结论，所以现代意义上的"中国哲学"或"中国哲学史"研究，在很大程度上也就意味着如何运用逻辑分析方法把古代哲人所省略的推理过程添补出来，这要求既不能够说得太多，也不能够说得太少。冯氏的贡献主要在于逻辑和清晰性方面，当然，此所谓"清晰"是付出惨重代价的，冯氏的"中国哲学史"研究最不相应者可能是对于《老子》的阐释，直到晚年的《中国哲学史新编》，他仍然套用通常所谓"一般"与"特殊"、"共相"与"殊相"来说明《老子》中的"道"、"有"、"无"与天地万物的关系。如果我们追随冯先生的讲法，那么老子其人其书压根就谈不上什么"智慧"，至多也只是三四流的形而上学家，或者更惨。②

郑家栋还由此出发，批评了在冯友兰影响下，现当代学者以本体论、形而上学为中国哲学重心所在的做法。③像在本节早些的讨论里提

---

① 参见冯友兰：《中国哲学史》，华东师范大学出版社 2000 年版，第 10 页。

② 郑家栋：《"中国哲学史"写作与中国思想传统的现代困境》，《中国人民大学学报》2004 年第 3 期。

③ 参见郑家栋：《"中国哲学史"写作与中国思想传统的现代困境》，《中国人民大学学报》2004 年第 3 期。

到的，常有人说，中国哲学是一种生活方式，强调修身、体悟。更有极端者，坚持中国哲学只能由中国人、由中国人特有的概念来理解。这一立场，堪称中国哲学之神秘主义。

最后这种极端立场，在哲学上讲，不免要落入私人语言的困境，或者一种极端相对主义的困境。也就是说，我们可以质疑持这种立场的人，他凭什么知道那独特的中国哲学是什么？中国古人脑子里在想什么？如果我们不相信他是灵童转世之类的话，我们就不得不说，连中国哲学也是没有的，某一个人的说法，也只能在他自己的话语系统里才能解释，甚至某一个人在某一时刻的说法，只能在那个时刻里被解释，即我们最后会被引到人连一次踏入同一条河流都不能的境地。并且，按照我们这里对哲学的立场，如果一种思想只属于中国，那它是人类学、社会学研究的对象，而不是哲学研究的对象。

至于认为中国哲学乃是一种生活方式，我们上面已经论述过了，西方哲学里，也有这种传统，而以此来泛论中国哲学，也有以偏概全的危险（韩非子的哲学中生活方式是重点吗?!）。并且，我们这里说的，是作为哲学要有系统反思。在这之上或之外哲学还有生活方式之功能，那也未尝不可。我们甚至可以把哲学之定义改为"哲学是对超时间、地域、人群的根本问题的系统反思，其意图是改进人类之生活"，这样就把生活哲学包含进来了。我们这里只是说，有系统反思是一种思想为哲学的必要条件。对此，如郑家栋所批评的，一个进一步反驳是对中国思想清晰化、系统化的努力有可能使中国思想蜕化成三四流的西方哲学。在这一点上，笔者也认为，用西方哲学的一些系统、概念硬套中国哲学很成问题。如果不同哲学的相通性来自于他们面对的共通问题，我们要从问题出发，而不是一下就迷失在概念系统里面。同时，笔者也认为，一些清晰化、系统化的努力是失败的。并且，清晰化、系统化应该采取更宽泛的标准，而不是将一种清晰化、系统化的方式（比如西方近现代哲学的论文体，甚至只关注狭义之论辩的分析哲学之方式，或者德国古典哲学的系统）当成唯一的方式。但是，只要我们不诉诸静默或心灵感应，我们总是要讲出我们的哲学观念。哪怕是对不可说者，我们还是要说出来。《道德经》也没有在"道可道非常道"之后戛然而止，而历代注者也还是在道不可常道之道。只要我们的对象是哲学，我们总要对之清晰化、系统化。一种尝试的失败，不能说明清晰化、系统化的失败。如果这种努力注定失败，那才能说明我们面对的不是哲学。

实际上，清晰化与系统化的努力，恰恰是中国历代的注疏所要做的一件重要事情，而并非受西方哲学之刺激而反应的结果。在这个意义上，经典的阅读者必须同时也是经典的解释者，是经典的共同书写者。因此，指责中国传统经典没有系统实际上是对传统经典阅读方法之不知或遗忘的结果。另外，传统中国的很多政治思想家有着很高层的政治实践，并因而可以用之以对政治进行反思。这就有可能弥补他们于建筑在闲暇之上的思辨的缺失（我们已经看到，西方政治哲学家的闲暇可能是非自愿的）。理解他们内含的论证与系统反思因而也会是收获很大的事业。

根据我们对哲学的定义，称中国思想（之部分）为哲学，是认定它是有普世性的。这与先秦诸子的立场应该是一致的，因为他们似乎没有觉得他们的思想只适用于某个特殊的人群，而是将他们的思想当作"普世价值"。那么，是否还有中国哲学？或者我们说中国哲学的时候，其意涵是什么？这触及到了金岳霖先生在冯友兰《中国哲学史》审查报告中的"在中国的哲学"（普适观点）和"中国的哲学"之分①，或是冯友兰先生的"中国的哲学"（普适观点）和"中国底哲学"之分。② 笔者认为，本文所讲的中国哲学，用冯、金二先生的术语，是指在中国的哲学（金岳霖）或中国的哲学（冯友兰）。它是中国的，因为我们所依据的中国的经典文献，并在这些文献所针对的问题的情境下去理解。它们是哲学，因为它们所针对的问题与西方哲学所针对的问题有共通性。但是，也许，通过对中国经典的哲学梳理，我们发现，中国传统思想家对这些共通问题有不同于西方整体的，但在中国思想家之间共享的处理方式或系统。如果是这样，那么我们就发现了中国的哲学（金岳霖）或

---

① 参见冯友兰：《中国哲学史》，华东师范大学出版社 2000 年版，第 436—437 页。
② 参见《论民族哲学》，收于《三松堂全集》第五卷，河南人民出版社 2001 年版。

中国底哲学（冯友兰）。但是，这意味着我们对中国哲学和西方哲学都要有一个整体的、正确的把握。其可能性看来很渺茫，而对此的说法很可能是大而无当的妄言。并且，即使我们最终想做整体判断，从文献出发也是不可避免的。因此，专注于具体文献，乃中国哲学研究之重要方法。

二、先秦思想乃现代政治哲学

因此，如果我们在上一节的论证成立，那些（隐）含着系统反思的中国传统思想就可能被归入哲学。下面，为了理解作为哲学的中国传统思想，让我们来看看这些思想面对的是什么问题。根据我们对哲学的定义，理解一套哲学思想，我们不应该从它的概念体系出发，而是要首先理解它所面对的问题。对传统中国是否有哲学的思考，以及作比较哲学，人们常常从概念或概念体系出发。但是，依据本文对哲学的理解，不同时间、地域、人群所可能共享的，是哲学问题。它们也是不同哲学所共通的。但是，不同哲学采取了何种概念体系，却不一定是相通的。并且，基于概念的比较，比较会流于零散和随意，也常常因为要将这些概念从不同的哲学系统中剥离出来，有着胡乱格义的危险。从问题出发对比较哲学的另一个重要意涵是，这种比较不应该由时间、地域、人群等外在条件出发，尤其是时间，因为不同时间的哲学有可能面对着相通的问题。比如，即使在认同中国传统思想是哲学的学者中间，先秦哲学常常被理解成所谓"轴心时代"（Axial Age）的哲学。这个概念来自西哲雅思贝尔斯（Karl Jaspers）。他把中国春秋战国时代的思想和与其近乎同时的古希腊、古印度思想放到一块，称为"轴心时代"的思想。[1] 同情儒家的当代学者，如罗哲海（Heiner Roetz），也以轴心时代的

---

[1]　Cf. Jaspers, Karl, *The Origin and Goal of History*, Translated by Michael Bullock, London: Routledge and Kegan Paul Ltd, 1953.

思想来理解儒家。① 这种说法在肯定中国哲学的合法性上，有积极意义。但是，如果这种理解仅仅是从时间来将各种哲学流派比附在一起，那么它就有可能忽视这些流派（由于其面对问题的根本差别所导致）的本质不同。

另有论者，从一种哲学普适的观点出发，从哲学内部体系出发，将中国哲学等同于（西方）古代（中古）思想，比如将中国的天人感应思想与西方中世纪的思想的类比。由此，中西之别实际上就成了古今之别。比如，冯友兰先生指出：

> 在第一阶段，我用地理区域来解释文化差别，就是说，文化差别是东方、西方的差别。在第二阶段，我用历史时代来解释文化差别。就是说，文化差别是古代、近代的差别。②

在《新事论》中，他指出：

> 近数年来，有主张所谓全盘西化论者，有主张所谓部分西化论者，有主张所谓本位文化论者。无论其主张如何，但如其所谓文化是指一种特殊地文化，则其主张俱是行不通底……有一比较清楚底说法，持此说法者，一般人所谓西洋文化者，实指近代或现代文化。所谓西洋文化之所以是优越底，并不是因为它是西洋底，而因为它是近代或现代化底。……我们近百年来之所以到处吃亏，并不是因为我们的文化是中国底，而是因为我们的文化是中古底。③

---

① Cf. Roetz, Heiner, *Confucian Ethics of the Axial Age*, Albany, NY：SUNY Press, 1993.

② 冯友兰：《三松堂自序·明志》，《三松堂全集》第一卷，河南人民出版社 2001 年版，第 307 页。

③ 冯友兰：《别共殊》，《三松堂全集》第四卷，河南人民出版社 2001 年版，第 204—205 页。

在《中国哲学史》中，他将先秦哲学与古希腊哲学列为上古哲学，经学与中世纪哲学列为中古哲学，并指出，落后于西方，中国尚无近古哲学。并且，无论中西，中古哲学新意不多也不很新，而近古哲学之新意既多又甚新。①

总而言之，在所引的这些段落里，冯友兰先生采取了哲学普世性的态度，认为中国哲学与西方哲学是相通的，但中国只有上古和中古哲学。基于一种历史进步的观点，他认为中国哲学是落后的，是需要现代化的。另外，他还认为中古哲学进步缓慢，对思想贡献不多。对此，郑家栋认为，冯先生的这种中西对比是牵强的，并且忽视了秦以降中国哲学的丰富发展。冯先生讲会通中西，实际上是将西方启蒙、西方的方法引入中国哲学，因此被视为正统派的他骨子里是很西化的。②确实，对那些否定中国哲学重要性的学者而言，他们会欢迎冯先生这种说法。因为这种理解只是承认了中国思想的哲学性，但是贬低了其意义。

就冯先生的观点本身来说，不但如郑家栋所指出的，他以中古来描述秦以降思想有失偏颇，而且他认为欧洲中世纪缺乏进步的观点——这也曾是西方思想史界的主流观点——也过于陈旧。更重要的是，他的和其他有类似观点的人的一个基本假设是，哲学是进步的，而这就意味着今天的总是优越于古代的。与此相对，其他一些学人，比如新儒家唐君毅先生和言必称希腊与经学的中国的斯特劳斯主义者中的一些人，反其道而行，认为古代之思想优越于今日之思潮。这个判断似乎是基于一种历史倒退的观念。比如，在他的《生命存在与心灵境界》一书的"后序"（"当前时代之问题——本书之思想背景之形成及哲学之教化的意义"）③ 中，唐君毅先生将西方乃至人类文化的一大危机，归结于近代之

---

① 参见冯友兰：《中国哲学史》，华东师范大学出版社 2000 年版，第 3—6 页。

② 参见郑家栋：《"中国哲学史"写作与中国思想传统的现代困境》，《中国人民大学学报》2004 年第 3 期。

③ 刘梦溪：《中国现代学术经典：唐君毅卷》，河北教育出版社 1996 年版，第 898—956 页。

自由与个人独立观念和职业专门化和分化。① 他将问题的最终解决，寄希望于"由西方近代哲学，回到中古哲学之重信心、重灵修之精神，更须由西方哲学通至东方之儒佛道之哲学"②。

以上两种立场，虽然都更正确地注重了不同哲学流派的内在思想，但是，它们的判断都基于今胜古的进步观或者古胜今的退步观。这两种观念本身的正当性，都很值得怀疑。更重要的是，笔者认为，这些说法都未能理解中国传统哲学，尤其是先秦哲学所面对的问题的实质。笔者在下面会论述，先秦所面对的，是周秦之变局。而这一变局所包含的问题的实质，乃更近似于西方的现代性问题。在这个意义上，先秦哲学乃一种现代哲学。

因此，在这一节余下的部分，笔者将试图论述周秦之变所带来的基本问题是什么。笔者将论证，这一问题实质上是小国寡民之封建制度瓦解后，如何在新的政治现实中，即广土众民的国家内部找到社会凝结剂和建立起统治架构，以及如何处理这些国家之间关系的问题。这与西方中古到近现代的转变所带来的问题更有可比性。

处于周秦之变局中的春秋战国时代充斥着社会与政治上的混乱和转变。在这一时代之前的西周的政治架构是一个封建的、金字塔般的、扩张的系统。周王（尤其是最初几代的周王）分封他们的亲戚、忠实和能干的臣下（很多人同时也是周王的亲戚）、前朝的贵族，等等。这些人成为他们被分封的诸侯国的统治者，享有很大的对其封地的自治权。最初分封的目的是在小国周打败商帝国以后，通过所谓"封建亲戚，以藩屏周"（《左传·僖公二十四年》），来迅速消解群敌环伺的局面。因此这些诸侯国往往的设置很有战略考虑，比如经常设在周所不能很好控制的地域，并且经常是几个诸侯国一起设置以便互为援助。这是一种军事殖民与扩张政策。当这些诸侯国通过蚕食其周围的"蛮夷"之地得以扩

---

① 参见刘梦溪：《中国现代学术经典：唐君毅卷》，河北教育出版社 1996 年版，第 903—905 页。

② 刘梦溪：《中国现代学术经典：唐君毅卷》，河北教育出版社 1996 年版，第 925 页。

张后，它们的统治者常常会做与周王所做类似的事情，即分封他们的亲戚与亲信。就周帝国来说，周王统领诸侯，诸侯统领大夫，大夫统领家臣，而家臣统治他们属地的民众（这些属地因而地小人少）。在西周的制度下，每个层级上都是一个主子统领有限的臣属，而这一统属关系不能越级。这一现实使得统治者通过个人影响与接触和以宗法为基础的礼俗规范来统治成为可能。

以上对西周制度的描述，与我们常听到的西周乃君主专制制度的说法相违背。持后一种说法者也常常以《诗经·小雅·北风之什·北山》所说"溥天之下，莫非王土；率土之滨，莫非王臣"为证。但是，如果通读这首诗，我们可以明显看到，这是一位大臣抱怨工作分派不均，自己承担了太多工作，连父母都无法照顾，因此这首诗不应该被当作对西周的制度的准确描述。而历史研究表明，诸侯对其诸侯国有很高的自治权，在诸侯这个层级之下的诸侯国内部事务，周王无法干涉。

但是，也许是因为宗族的纽带经过几代以后被削弱，或是因领土扩张和人口增长使得礼俗不能再起到有效的约束作用，或是整个周帝国已经扩张到当时的极限从而使得内斗变得很难避免，或是西周之制度本身设计的缺陷，这种封建贵族等级、宗法系统在春秋战国时期渐趋瓦解。在春秋时代，与西周不同，周王只被给予了名义上的尊重。最终，他实质上变成了诸侯之一（并且是实力很弱的一个）。诸侯国的疆界不再被尊重，通过吞并战争七雄终于产生，也带来了中国历史上的战国时代。在春秋战国时代，随着封建贵族的消逝，诸侯国乃至后来七雄的统治者不得不直接统治其国家，而他们的国家领土越来越大，人口越来越多，且在没有封建约束下流动性越来越高。在没有天下共主及其他封建宗法的约束下，这些国家的存亡以及这些君主在其国内的存亡完全依赖于他们的实力。

上述这种转变与欧洲从中世纪到（西方的）现代的转变多有相似。欧洲中世纪的政治架构也是金字塔般的封建贵族等级制度，其每一级也都处于"小国寡民"的状态，而其约束方式也是广义上的礼法。但是，这一架构在欧洲的现代化转变中也渐趋瓦解了。与封建制度一起消失的是贵族阶级和他们的政治制度与生活方式。中国的春秋战国时代，土地的贵族专有继承和旧有的公田系统被废除，土地自由买卖随之兴起。在西方的现代化进程中则出现了臭名昭著的英国圈地运动。同时，战争形式也因封建贵族制度的瓦解而变化。军队被平民化了，因此贵族的行为准则也消逝了。战争赤裸裸地服务于对资源与霸权的争夺，并成为以砍脑袋为目标的残忍"竞技"运动。如钱穆先生指出的，与封建等级摇摇欲坠但还没有坠的春秋时代的战争相比，战国时代的战争是彻底地残忍与丑恶的。[①] 相应的，欧洲产生了拿破仑和他的人民战争。这种全民战争使得"无辜"平民成为一个模糊的观念，从而也让我们理解犹如贵族时代区别平民与保护俘虏的日内瓦公约在实行上的困难。封建贵族体系的瓦解导致了丛林政治。在中国，本是天下共主的周王也成了这种混战中的（失败的）一员。在各级贵族的消灭与被消灭的斗争中，最终胜出的贵族，以他们为核心，造就了有统一的中央政府的大国。金字塔式的封建结构变成了平面（平等）的主权国家结构。在这些国家之上，再没有政治实体可以合法地干预它们的内政。这是欧洲威斯特伐利亚体系之后出现的主权国家。虽然没有"主权国家"的说法，但是战国中的国家也是实质上的主权国家。

当然，说中西转变之相似不是否定其间的不同。比如，欧洲中世纪以前有古希腊和古罗马文明。这给予了他们的转型独特的哲学、政治、文化资源，也引起他们对不同问题的关注。与春秋战国时的中国相比，欧洲作为一个整体也没有那么强的"天下共主"式的对自身文明的统一和连续的想象。其部分原因是中世纪欧洲没有世俗君主享有如周王那样高和长久稳定的地位，并且欧洲中世纪的封建也不如周那么系统、清晰。教皇的位置相对稳定，但是它明显比不上周王意义上的天下共主地位。而欧洲与西周封建系统的这种差别的一个深层原因，是西周封建是在顶层设计的基础上从上到下实现的，而欧洲的封建更是从下到上、多种因素斗争和妥协的结果。这一区别不但对两者的封建形式，更可能

---

① 参见钱穆：《国史大纲》，商务印书馆 1996 年版，第 88—89 页。

对两者封建之后的转型有深远的影响。在向现代化转变的过程中，欧洲同时有领土的大幅扩张（移民与殖民），而春秋战国时候华夏文明的扩展可能更多是蚕食性的。欧洲的"春秋战国"也没有能够达到中国所达到的统一，尽管它们确实成功地打了两场"世界"大战和很多较小规模的战争。更为重要的是，在欧洲现代化后期发生了工业革命，这也是欧洲现代化的独特之处。

但是，我们这里所要强调的，不是中西之转变没有不同，而是它们之间有足够的，并且是根本的相似。这种相似的根本，像我们上面已经暗示的，就是封建贵族政体的瓦解和广土众民的独立主权、集权国家的诞生。这种转变，带来了全新的政治问题。一般地讲，政治问题可以分为政治实体内部的组织以及政治实体之间的关系。在封建贵族制中，政治实体之内，各级统治者由贵族充当，而这种统治秩序的维护根据礼法。其金字塔的每一层级上都只有常常是几百或几千个人的共同体。也就是说，每一级都是一个实质上寡民之小国，或"高度同质的熟人共同体"。当一个共同体（community）很小的时候，建立在一种对善的共享的整全理解之上的道德和行为准则是很有可能的。在政治实体内部与金字塔中的政治实体之间，各级统治者通过礼法维护秩序（虽然军事力量很可能也会起作用）。在西周，最高的仲裁者是周王，而欧洲的最高仲裁者并不很清晰和确定。当然，在面对这个金字塔之外的人（戎狄、蛮夷）的时候，战争是最通常的手段。《左传》中所谓"国之大事，在祀与戎"（《左转·成公十三年》），很好地概括了封建制下的政治活动。"祀"所代表的是封建礼法，用于维护内部等级秩序，并加强内部联结。"戎"是对这种制度之外的政治实体的战争。

但是，封建贵族政治体制的瓦解，上述的政治根本问题又要被重新回答。首先，是谁来充当统治阶级（包括如何选择统治者和这种选择的合法性问题）？其次，是统治阶级内部与统治者和被统治者之间靠什么来凝结？如果不是恢复封建贵族体制，第一个问题自然是个问题。那么，为什么社会、政治凝结问题也会是个问题？这是因为，在中西封建制瓦解之后出现的国家都是由一个中央政府直接领导的广土众民的社会。这似乎是个不重要的变化，但是，在政治里，大小很重要。那些能够用来凝聚小共同体的（亲情、宗法、礼俗、个人契约、对善的分享）不再能够凝聚大的陌生人社会，除非使用行之有效的压制（oppressive）手段。也就是说，在非压制的情形下价值多元就不可避免。对后一点，一些西方近现代思想家和先秦思想家如韩非子都有所把握。再次，金字塔式的封建架构垮台后涌现出来的独立主权国家之间关系如何处理，即所谓我们现在所说的国际关系问题，也成了问题。

在欧洲，上述问题是其近现代政治思想家所面对的问题，可以说是现代性问题，或至少是现代性问题的一部分。那么，这是不是说明中国的周秦之变也是一种现代化呢？这一论断的前提是"古今之变"的实质是（或部分地是）建筑在贵族血缘继承与宗法契约基础上的、在每一层级上都是高度同质的小国寡民的熟人共同体的封建等级制的瓦解，与异质的广土众民的陌生人社会的出现。现代性的问题就是如何处理转变带来的各种政治、社会问题。如何理解现代性是一个很大的问题，而上面的这种阐释的正当性自然也需要仔细的考察，包括与各种现代性理论的比照。这里我们无法对此进行详细考察，而只能在说明我们的预设是什么之外，回答一些明显的反驳。有人会说，欧洲现代性表现为市场经济、平等、自由、权力合法性等观念。但是，贵族体制不再的一个结果就是土地市场化（自由买卖），这恰恰是春秋战国中发生的事情。至于"平等"与自由，它们本身是复杂的概念（何种意义上的平等、关于什么的自由）。贵族体制瓦解，意味着人不再因为血缘而天生不平等，也意味着人不再是天生就有固定的职业，而有了选择的自由。这种观念也反映在先秦诸子的思想中。先秦儒家大多认为人们在潜能上是平等的，或至少应该是"有教无类"。这与西方启蒙运动以来的大众教育（mass education）思想有呼应。韩非子也提出了法律面前（除了人主之外）人人平等的想法。如果我们对他将人主放在法律之上有所不满，我们要知道，在西方宪政之初，君主也常常是不受法律约束的。先秦儒家、法家、墨家都有各自的以机会平等为基础的选贤举能的安排，他们所认可的这种社会与政治的流动性是一种自由的表现。

关于权力合法性的问题，"古代"（欧洲的中古与中国的春秋战国之前），统治者权力也有其合法性基础，只不过它是诉诸某种神意。权力合法性的"现代性"表现在不再诉诸这种神意，或用韦伯的术语，现代经历了去魅（disenchantment）的过程。一个明显的原因是当旧的封建政权坍塌时，旧有的神意当然不能再起作用，因而或者要被重新解释，或者要被彻底放弃。同时，这一变化也可以看作是现代性所包含的多元主义和某种平等主义（所谓"王侯将相宁有种乎"①）的结果。现代西方对政权合法性的探求导向了社会契约与民主政治。在中国，西周时"天命"可能已经被"人化"了，民意化了（所谓"天听自我民听，天视自我民视"《尚书·泰誓》），而先秦儒家，尤其是孟子进一步发挥了这种权力合法性来自满足人民物质与精神需要以赢得民心的想法。当然，像我们提到的，西方的现代化有古希腊和古罗马的资源（比如民主等观念），而周秦之变中的中国没有。这可能导致了不同的制度设计。

另外，作为西方现代化的一个重要的、看似独特的世俗化（去基督教化），也许是上述一些根本变化的合力（新的权力基础与权力架构的要求、非压制情形下的不可避免的多元化、民众教育的提高，等等）外加西方中古之独特现实的结果（宗教及其组织是维系欧洲中古封建制的重要纽带），而并不是现代化的本质特征。

总之，我们不是否定欧洲的现代化有其特殊性，而是要指出，欧洲的现代化与周秦之变有足够的相似，并且有些我们以为是欧洲现代化的特殊的东西，其实也可以在周秦之变里找到，并且这些特征是更深层的社会政治转变（即本文强调的封建制下的小国寡民向广土众民的大国过渡）的表征，而不是现代化的实质。

面对这些共同问题，先秦思想家与欧洲现代思想家提出的解决，有些相似，有些不同。《老子》与卢梭似乎都认为现代化的前景是不可接受的，因此都号召"回到"某种小国寡民时代。其他的思想家似乎都

---

① 司马迁：《史记》，上海古籍出版社 1981 年版，第 229 页。

是要向前看。上面已经提到，儒、法、墨都希望在平等基础上建立起一套选贤举能的办法，用贤能替代贵族来充当统治阶级。他们之间的争论之一，是贤能的标准。西方近现代思想家也不断挑战血缘意义上的贵族制，在其政治中也引进了建立在平等基础上的选贤举能制度（"民主"制度）。但是，现代西方民主制度的选贤举能的成分被很多人遗忘了，导致了平等与自由被一些近现代西方思想家当成独立的、根本的价值，而西方自由民主制度中的贤能政治（meritocracy）或被遮掩起来，或被在理论与实践上否定。这种对选贤举能背离的优劣，值得争议。关于在陌生人社会寻求内部凝聚的问题，西方的民族国家、马克思的阶级理论，都可以被理解为对这个问题的回答，而儒家则提出了以恻隐之心和"夷夏之辨"为基础的国家认同理论。儒家的这一理论也成为他们的国家关系理论的基础。儒家的这种国际关系理论又与西方现代以来的主流理论（以民族国家为基础的强权政治和后来的世界主义）不同。这些理论之间相对的优劣还是有争议的。

如果我们的理解是对的，那么，中国先秦经典所蕴含的，不仅有哲学，而且因为其关注的问题乃是现代性问题，乃是政治问题，所以它还是现代政治哲学。在当代承认中国哲学合法性地位的人（比如新儒家）中间，主流观点是将中国哲学，尤其是儒家哲学之根本理解为（中古的）心性哲学，因此本文的观点可以说是异端。但是，就周秦之变乃一种现代化这一看似大胆的观点而言，独立于本人的工作，前面提到，旅美政治学者许田波也提出过这个观点。[1] 著名政治学者福山也指出，秦国是"一个早熟的现代中央集权国家"，并且"有如果不是所有，也是很多马克斯·韦伯所定义的根本性的现代特征"[2]。并且，虽然笔者在这一节里批评了冯友兰先生将中国哲学等同于上古、中古哲学的观点，但是，笔者对周秦之变的理解，也是受了冯友兰先生对这一变局的理解

---

[1] Cf. Hui, Victorial Tin-Bor, *War and State Formation in Ancient China and Early Modern Europe*, Cambridge, U.K.: Cambridge University Press, 2005.

[2] Fukuyama, Francis, *The Origins of Political Order: From Prehuman Times to the French Revolution*, New York: Farrar, Straus, and Giroux, 2011, pp.125-126.

所启发（虽然他没有说这一变化是一种现代化）。[①] 就中国先秦哲学之政治本性来讲，司马谈早在《论六家要旨》中就已指出："夫阴阳、儒、墨、名、法、道德，此务为治者也。"[②] 今人如萨孟武，也说"先秦思想可以说都是政治思想"[③]。其实，哪怕是现在被理解成为以心性为本的宋明理学，据余英时的说法，其政治性也是被今人所掩盖。[④] 余英时先生的老师，钱穆先生，也专注于中国思想的政治层面。

那么，为什么中国哲学的政治层面会被认同中国哲学的主流所忽略？笔者认为，其主要原因，乃是中国近百多年来反传统的结果。在这种浪潮下，中国思想（尤其是儒家）常被污名为"两千年封建专制的糟粕"。即使号称文化保守的新儒家，虽然可能措辞没有这么极端，但是其实也分享这种否定中国传统政治的想法。出于这种否定，新儒家将儒家讲成一套心性哲学，不但夸大了宋明理学的心性向度的核心性，更是对先秦与两汉儒学的政治性视而不见。这里要澄清的是，我不是说新儒家的儒学没有政治向度，而是说他们的政治向度是心性／伦理向度的副产品，是在后的；而我所强调先秦儒学首先是政治哲学，心性层面只是政治哲学的副产品。

回到"封建专制的糟粕"这个判断，我们撇开"糟粕"这个情绪性字眼不谈，首先，按我们这里的解释，"封建"指的是西周的制度，这个意义下的封建制恰恰是允许地方（诸侯）自治，因此"封建专制"是个自相矛盾的词汇。其次，中国秦以降的两千年的历史的主线并非封建制，而是郡县制。再次，这两千年的制度虽有专制的一面，但是用"专制"描述它有失片面。是什么原因会导致如此错误的想法呢？笔者认为，这种说法，乃是"胡说"，即用胡人的视角看中国产生的说法。中国近代受辱于西方，中国学人之主流就因此认为，中国一定落后于西

---

① 参见冯友兰：《中国哲学简史》，涂又光译，北京大学出版社 1985 年版，第 184—186、195—196 页。

② 司马迁：《史记》，上海古籍出版社 1981 年版，第 358 页。

③ 萨孟武：《中国政治思想史》，东方出版社 2008 年版，第 1 页。

④ 参见余英时：《朱熹的历史世界》，生活·读书·新知三联书店 2004 年版。

方。西方进入了现代，那我们自然就处于前现代。西方走向自由与民主，那我们自然就是专制社会。西方在现代之前是封建制度，那我们两千年有的自然是封建制度。后来号称是马克思主义的五阶段论也再次强化了这种对中国历史的曲解。但是，如果我们这里的理解正确，反而是中国率先进入现代社会。因此，中国思想在欧洲启蒙乃至近代影响了一些西方思想家这一事实，就可能不是偶然的，或仅仅是欧洲思想家曲笔来批评本国统治者能充分解释的了。

这种对中国历史与传统政治的理解对世界历史与思想史之影响的另一个例子，是对日本历史的理解。我们经常把明治维新之前的日本与传统中国类比。实际上，中国传统是封建专制这一说法，更直接的是受到这种类比的影响。的确，日本明治维新之前的制度确实是封建的，它更像西周的封建制，其政治现状更像周王室大权旁落的春秋时代，而不是秦以降的传统中国的制度与现状。明治维新相当于周王室统一列国，进入现代社会。但在上述那种错误类比之上，日本和中国的一些学人的结论是，中国本来与日本同是封建，但中国在现代化上落后于日本，因此20世纪上半叶的中国仍然处于前现代的封建社会。

总之，本文的中国早期现代性的观点，不只是出于一种文化自尊（或因自卑而产生的自尊），而是给出了论证。我们已经看到，这一观点会对我们哲学史、思想史，乃至历史的研究产生巨大影响。并且，中国很早就进入了现代社会，但是其传统政治又不同于现代西方政治，这意味着可以有不同的现代性方式，而中国秦以降的两千年政治可以为我们反思多种现代性与现代政治提供很好的资源。当然，像我不断强调的，周秦之变乃一种早期现代化这一观点并不否定欧洲的现代化有其特殊之处。比如，像已经提到的，欧洲现代化后期的工业化是其独特之处，这使得封建贵族政体垮台后所导致的流动性极大地深化。虽然中国传统社会中有流动性，但是工业化使得社会最下层的人民也更加彻底地流动起来。这一变化有着深刻的社会与政治的意义。我们可以说，有了工业革命的现代化乃是现代化的2.0版本。中国传统政治里很多社会政治组织（比如宗庙）需要进一步调适才可能适应工业化、全球化后的世界。这些是我们要向西方学习，也是政治哲学家所要反思的。这种学习与改进的前提，也是要建立在我们对中国传统政治及其哲学的真正缺陷的理解之上的，而不是中国近一百五十年来有病乱投医的做法（它不但没修正好中国的缺陷，还把中国传统中好的东西给杀死了）。也就是说，中国传统的一些做法无法适应工业化社会要求，自然要抛弃（如果我们不拒绝工业化的话）；一些需要调整；但还有一些不受工业化影响。那么，后两者所提供的，如果仍然与西方主流政治理论与实践不同，这就意味着对工业化后的现代社会，依然有着不同的应对方式，而我们要这些不同方式的优劣。也就是说，在探索现代世界更好的政治治理方式这个问题上，历史没有终结。用先秦诸子来类比，现在的世界，是个放大版的新诸子时代。

国教之争与康有为儒学复兴运动的失败

赵法生*

康有为发动的戊戌变法不仅是近代第一次政治改革运动，也是近代第一次儒学复兴运动。这场儒学复兴运动不仅有完整的理论建构，而且有其创新性的儒家组织设计，无论就其深度、规模还是对于后来的影响都是罕有其匹的。可是，一场轰轰烈烈的儒学复兴却以失败告终，这与贯穿其中的儒学国教化运动密切相关。在儒学复兴声势初起的今天，重新检讨康有为国教活动之得失及其与整个儒学复兴运动成败之关系，对于大陆今后的儒学发展当是不无裨益的。

一、康有为的儒学复兴运动的整体规划

自从董仲舒的"罢黜百家，独尊儒术"之后，儒家已经与君主专制政体紧紧捆绑在一起，这种结局或许不是孔孟所愿意看到的。孔子告诫弟子"从道不从君"，明确将道统置于君统之上，这无疑启迪了孟子对于有关君主、社稷与民众之关系的讨论，进而得出了"民为贵，社稷次之，君为轻"的结论，并公然承认人民有通过革命推翻暴政的权力，惹得一千多年后的明太祖大发雷霆。这清楚地表明了原始儒家政治哲学

＊　赵法生：中国社会科学院世界宗教研究所副研究员。

与后儒之间的差异，也说明康有为用民主解释孟子的政治哲学并非空穴来风，它说明孔孟政治思想中具有可以接引西方宪政制度的元素，原始儒家的政治思想与宪政民主制度并不构成对立的两极，并不截然对立的东西总是可以彼此嫁接通融的。萧公权曾这样评论康有为的解经方式：康氏的"解释常超越了字面，但那是对于经典意义的延伸而非否定。西方的影响使他的经解绝对的'非正统'。但并不是'非儒'"①。这是极有见地的观察。可是，在孔孟身后两千多年的君主专制政体中，得以发扬光大的并非原始儒家那些可以接引宪政民主制度的思想元素，而是一套儒表法里且政教合一为特征的君主专制政治形态。

儒家的意识形态化对于儒学喜忧参半，官方的支持使得儒学普及大为加速，但也使得儒家的发展受到了前所未有的限制，它只能戴着镣铐跳舞。君主专制对于儒学的吸收与传播是有其明确的选择性的，它力图将儒学纳入它自己的意识版图之中，而对于儒学中与专制制度相对立的部分保持着高度的警惕，乃至怀有深深的敌意，朱元璋的删节《孟子》便是一个典型的例子。战国以后的儒家为了在君主专制体系中存活下去，不得不作出相应的调整，董仲舒意识到失去制度约束的君主专权的危险，想借助于天命的权威来约束君主，"屈君以伸天"，为此，他不得不重新安排君与民的关系，"屈民以伸君"，这与《尚书》中民的政治地位显然不同。《尚书》以天为至上主宰，但天意是完全通过民心来开显自身的，所谓"天听自我民听、天视自我民视"、"民之所欲，天必从之"等论断表明，天在很大程度上是一种虚设，它完全依靠民意来表达自身，在这种天民合一的政治思想中，民实际上被赋予了最高的地位，民等同于天。这种对于民的定位比董仲舒要高得多，所以，汉代以后的儒学史其实是儒家与专制制度相博弈的历史，真正的儒者并未放弃其儒家的根本价值，并努力从体制内部发挥制约君权的力量。

但是，这种体制内的定位同时也为它日后的危机埋下了伏笔。传

---

① 萧公权：《近代中国与世界：康有为变法与大同思想研究》，江苏人民出版社1997年版，第81页。

统文化由儒、释、道三教构成，其中佛道二教的传播系统显示了相当的超越性和独立性，它们本身并不直接构成为政治体系的一部分，它们的生存也拥有广大信众的支持而不必过度依赖政府的恩典。但是，儒教的教化体系则不同，它明显具有政教合一的特征，不但代表着礼制最高层次的国家层面的天地祭祀（北京今天依然有天、地坛和日、月坛古迹）、孔子祭祀、国子监、科举制均由政府直接管理，各地的书院也多由地方政府资助建立，用以推动儒学义理的探讨和传播。儒教政教合一的组织体系的弊端是毋庸置疑的，它不是一个独立的组织体系，一旦君主制度崩溃，儒教的组织系统便会轰然倒塌，儒家便会成为无所附的游魂从而陷于严重的生存危机，如果儒家不想成为君主专制的殉葬品，必须将它与君主专制制度进行切割，最早意识到儒家的危机并试图使之从日渐衰朽君主专制政体中剥离下来的正是康有为。

作为中国近代第一个睁开眼睛看世界的人，康有为也是近代中国最早意识到西方的富强在于其政治制度的人，所以，戊戌变法的矛头伊始便明确无误地对准了君主专制制度。但是，鉴于儒家道统在历史上与君主制的密切联系，如何保护儒学不至于倾覆成了康有为的重要心结。为此，康有为变法的理论建构与蓝图设计都有明确的考量。康有为的变法维新是全面改造中国社会使之现代化的第一个系统工程，也是近代以来最初的儒学复兴方案，它对于儒学复兴有一个整体的规划，包括儒学义理的重新诠释和儒家社会存在形态的重构两个方面，前一方面表现为他的今文经学体系，后一方面便是儒学的宗教化。

首先，作为今文学最后的大师，康有为从公羊学的立场重新诠释儒家经典，建立一个内容广博的儒学思想体系，以便为变法维新寻找理论支持。他借助于公羊学重新阐释儒家的政治思想，根据公羊学的"通三统"、"张三世"之说，提出据乱世适合于君主专制，升平世适合于君主立宪，太平世适合于民主共和，成了一个托古改制的理论依据。在光绪二十七年到光绪二十八年间（1901—1902），康有为完成了五部重要儒家经典的注释，这就是《礼运注》、《孟子微》、《中庸注》、《大学注》和《论语注》，这些注解的特点是结合三世进化说和西方的宪政民主来诠释儒家的社会政治思想，进而评判历史上从汉代到宋明的儒家学派。他在这些注解中认为儒学非但不与近代宪政民主制度相矛盾，反而可以成为后者的重要思想资源。康氏重新诠释儒家思想，目的在于将儒家道统从君主专制身上剥离下来，以避免玉石俱焚的结局，以达到儒学复兴和政治转型一箭双雕的目的。

其次，重新诠释儒家经典只是康有为复兴儒学运动的一部分，他深知儒学不仅仅是一套心性之学，它的教化作用是通过一系列社会组织来实现的，而他所发动的变法维新势必严重冲击这些传统的社会组织，从而危及儒学的社会根基。为此，他同时发动了一个将儒家宗教化的孔教运动。君主专制政体既倒，儒家将以何种形式在社会中继续存在下去？在思考这一问题时，基督教独立专业化的传教组织给他以启发，产生了将儒学改造成为建制性宗教的设想，他在上光绪皇帝书中也明确承认孔教会的模本就是基督教。① 康氏并非不知道儒教与佛耶等制度化宗教的差异，而他之所以决意要模仿基督教的组织形式革新儒教，在于他感到非如此则儒家在改革后的社会中无法存活下去，所谓"空言提倡，无能为也"。民国建立之后，儒教原来在官府、孔庙、学校和相关社会组织中的祭祀活动统统被废止，一切其他本土宗教与外来宗教皆依赖宗教自由的保护而大行其道，唯有作为中国文化主体的儒教被排除在宗教之外而遭到毁禁，正应了康有为早年的忧虑。

二、国教说与近代宪法原则的内在矛盾

1913 年 10 月 7 日，孔教会在上海成立，同年国会讨论制定宪法时，陈焕章、梁启超、严复等人便向参众两议院提交了《孔教会请愿书》，正式提出"于宪法上明定孔教为国教"。但是，国教倡议遭受到多数议

---

① 参见干春松：《制度儒学》，上海世纪出版集团、上海人民出版社 2006 年版，第109 页。

员的反对，1913 年和 1916 年两次提案均被否决。反对的主要法理依据是宪法中的信教自由条款，以孔教为国教和是否有违宪法中的信仰自由条款，成了孔教会与反对派的最大分歧。梳理和解读两边的理由，可以增进我们对这场争论的性质之理解。

国教的提倡者并不认为他们的主张是违背信教自由的，《孔教会请愿书》中有如下的说明：

> 或疑明定国教，与约法所谓信教自由，似有抵触，而不知非也。吾国自古奉孔教为国教，亦自古许人信教自由，二者皆不成文之宪法，行之数千年，何尝互相抵触乎？今日著于宪法，不过以久成之事实，见诸条文耳。

可见，孔教会所以要立孔教为国教，其参照系乃是中国数千年来的政教制度，尤其是汉武帝"罢黜百家，独尊儒术"以后的政教合一模式，这一点对于解读国教论的思想至关重要。

应该指出，在传统中国的政教模式中，儒教与佛、道、回等宗教的相对和平共处，是有其特定缘由的。古代中国儒、释、道三教并称由来已久，儒教之义理与形态却与佛道两教具有显著不同。从义理上讲，儒教是入世的宗教而非出世的宗教。如果说儒家解决了现实生活中大多数人的生存价值和道德规范问题，佛道两家则满足了人们对于彼岸世界的向往和追求，更加具有终极关切的意义，对于儒教教义过于重视现世的缺陷也是良好的补充。因此，教义上的互补性是三者能够和平共处的重要条件。另外，从宗教形态上看，儒教并非制度化宗教，而是杨庆所说的那种分散性宗教，它缺乏佛教式的统一的教团组织，儒教组织与现实社会的政治和社会组织合为一体，不同阶层的祭祀对象和礼仪制度也不完全相同。缺乏专业、独立和统一的宗教组织的儒教自然不易于与佛道两教发生冲突。但是，康有为的设想是参照基督教、佛教等制度化宗教的形式将儒教制度化，一旦儒教得以摆脱传统的政教合一的形态，其组织系统能够从政治和社会组织中独立出来，它必然会强化自身特色、强化其有关超越性问题的关怀，它与其他宗教之间的关系便会发生根本性改变。

对国教说的大挑战是它将使得宪法陷于法理上的困境之中。传统中国社会中的三教格局下，三教的关照重心有所不同，加以专制君主的绝对权力，佛道两教对于儒术独尊的局面也只好接受。但是，两千多年前的政教合一模式来证明当下的国教说，并不能构成充分的依据。在一个以宗法制为纽带的君主专制社会中形成这种政教模式，并不意味着它在现代同样合理和适用，因为君主专制社会并没有信仰自由的宪法规定，独尊儒术后形成的儒教在事实上的国教地位，并不会招致法理矛盾。但在有关信仰自由的内容明确载入宪法之后，再在宪法中规定某一种宗教为国教，事实上导致宗教之间的不平等，使得宪法内容相互矛盾，这自然是民国立国初期的许多议员不愿意看到的。

陈焕章又列举美国宗教影响社会政治的情形说：

> 美国虽无国教，而国家所行之典礼，如总统上任和国会开会等事，皆用耶稣教之仪式，未闻其用别教也。以耶稣之降生纪年，未闻其用其他教主之纪元也。夫美国之教门亦多矣，然其国典之仪式，则从耶稣教，虽天主教不能争也。……若其历任总统，皆耶稣教徒，而民间普通之礼俗，皆以耶稣教为主，盖不必言矣。（《明定原有之国教为国教并不碍于信教自由之新名词》）

陈氏所言俱为事实，但同样不足以证明他的国教主张的正确性。美国是一个深受新教影响的国家，从百姓日常生活到政治生活无不打上了深深的基督信仰的烙印，托克维尔甚至说"在美国，宗教从来不直接参与社会的管理，但却被视为政治设施中的最主要设施"，这听上去颇有些国教论者的意思，但是托克维尔指出，在美国的宗教与政治之间有一道不可跨越的鸿沟，美国人绝对不许宗教沾政治的边，同样也不许政治干涉宗教事宜，坚决阻断政治与宗教结合的任何可能。因此，美国宪法并没有立新教为国教，更没有借助于政治力量向民众推广。由此可见，陈焕章对于美国政教关系的理解恰恰没有像托克维尔那样抓住问题的实质。

那么，美国和其他现代国家如何确保他们的传统宗教信仰的存在和影响力的发挥呢？自然是通过社会化的教会组织。在政教分离的现代国家，教会是社会事业而绝不能成为政治事业，包括新教在内所有教会都是民间组织，不管其对于社会的影响力是如何强大，都不具备政治强力，而政府站在客观中间立场为所有宗教提供平等的政策和服务。康有为师弟将儒学宗教化的努力具有重大意义，代表了现代儒学的发展方向。但是，国教主张却和他们大力提倡的宪政的基本精神与原则具有内在冲突，这是康有为儒学复兴运动的致命伤，也是其儒教改革最终不能不归于失败的主要原因之一。

三、国教运动与帝制复辟势力的联合及其在现实操作过程中的异化

如果说国教论在理论上的困难在于它无法与信仰自由的宪法条款彼此协调，那么民国以后的国教运动更是深深卷入了帝制复辟的过程，这使得问题变得更为复杂。

在民国初期，高度强调尊孔读经意义的，除了康有为，还有袁世凯。袁世凯从登上总统之位后密集发布一系列有关尊孔读经的政令，重新恢复祭孔和学生读经，表明袁氏对于孔子学说的高度倚重，政令中一再申述"纲常沦弃，人欲横流"的社会风气，反映了民国初年道德崩解的社会现实，也为我们理解民初孔教运动提供了一个必要的社会背景。应该说，试图以尊孔读经重整道德本身并没有错误，但政治家的言辞往往充满机锋，我们必须注意他们的言意之辨，在他们的所言与所指之间作出区分。显然，袁氏推重孔子道德教化的重要指向是帮助他重建执政的合法性权威。尽管我们不能说袁氏以孔子学说重整道德的说法毫无诚意，但鲁迅在《现代中国的孔夫子》中曾经说权势者们"在尊孔的时候

已经怀着别样的目的"，应该是敏锐的观察。

孔教会与袁世凯称帝之间存在微妙而复杂的关系，尽管康有为曾明确希望袁世凯支持尊孔读经，但孔教会主要人物康有为、陈焕章、严复都不支持袁氏称帝，康有为还专门致函袁世凯劝其退位，有学者指出严复参加"筹安会"亦属被迫，说明他们依然与复辟帝制保持相当距离，但是，一些地方孔教会团体确有劝进举动。① 而袁世凯虽然支持尊孔读经，却并不完全支持孔教运动。这很可能是由于他意识到孔教国教化所面临的法理问题和种种现实阻力，反映了袁氏政治上的老道。

但是，袁氏称帝对于儒学的形象是致命性的。由于袁氏对于尊孔读经的大力支持，不能不使人们对于儒家与帝制的关系产生深深的疑问，如果孔学不是帝制的附庸，为何称帝的袁世凯会对它如此情有独钟呢？不幸的是，张勋复辟以及此间孔教会与张勋的关系，使得当时的社会更加坐实了儒学与专制不可分割的结论。

辛亥革命之后，盘踞各地的军阀割据势力成为民国初期政治生态中的重要力量，其中包括张勋在内的许多人大力支持孔教的国教化。1917 年 6 月 8 日，张勋带着辫子军进京，胁迫黎元洪解散了国会，在康有为参与下，正式拥戴溥仪复辟，孔教会核心成员均在新朝中任职，其中康有为任弼德院副院长。如果说在袁氏复辟帝制的过程中，康有为等孔教会主要成员尚能与袁保持适当距离，在张勋复辟的事件中他们则深深卷入其中。袁氏尊孔的结局是恢复帝制，张勋等人同样如此，孔教与帝制的关系确实是跳进黄河也洗不清了。

是什么因素让康有为和袁世凯接近进而最终和张勋走到一起？把康氏和袁世凯乃至于张勋等同起来是肤浅的，在他的行为背后，当有其更为深层的思想动因，那就是古代中国流传了数千年之久的伦理政治模式。此一模式的基础是内圣外王之道，它通过内圣解决外王问题，将政治弊端的存在归结为修身功夫的欠缺，良治的实现不是依靠对于权力的

---

① 参见干春松：《制度儒学》，上海世纪出版集团、上海人民出版社 2006 年版，第 177 页。

制度约束，而是依靠个人的德性修养。在这种政教模式下，政治的基础不是民意权威而是德性权威。将政治伦理化，同时将伦理政治化是这一模式的基本特征，这就将政治的基础与伦理的基础完全等同了起来，孔子道德学说因此具有非同寻常的政治学意义，陈焕章第一次国教请愿书所说"一切典章制度、政治法律皆以孔子之经义为根据，一切义理、学术、礼俗皆以孔子之教化为依归"，正是此种政教模式的典型表达。陈焕章还引用《王制》中的话说："'修其教不易其俗，齐其政不易其宜。'修其教，齐其政者，即确定国教之谓也。""修教"的目的在于"齐政"，清楚地说明了他心目中教的政治功能。宗教的本质是终极关怀，是生命价值的寄托，最具有超越性的精神向度，在这里却主要被作为政治治理的措施。由此可见，康有为所说的孔教，并非真正意义上的宗教。伦理政治模式是诱人的，对于浸沁在内圣外王的相关经典并在具有浓郁人情味的家族氛围中成长起来的古代士人尤其如此。但是，伦理原则能够与政治原则完全合一吗？依靠内圣就能够解决外王问题吗？一个人仅仅通过修身就可以做好官？这一模式显然低估了人性中恶的力量以及制度制约的重要性。尽管政治问题的有效解决离不开一定的道德基础，但近代以来的政治史已经表明，确保政治清明的首要条件并非个体化的修身努力而是以权力制约权力的宪政制度。康有为师徒尽管在维新伊始就确立了宪政取向的改革目标，但却对于源远流长的伦理政治模式与宪政制度之间的原则差异缺乏明确的认识，而袁世凯、张勋等人则是从来没有真正理解和接受过宪政民主理念，儒家的内圣外王之道也不过是他们要实现自身权力合法化的手段。所以，康有为主导的孔教会最终在伦理政治方面与张勋等人殊途同归了。因此，不论在袁世凯和张勋的帝制梦中，还是在康有为国教化的操作过程中，我们可以发现一个共同的政治文化基因：中国古代的伦理政治。

综合以上，康有为国教运动的失败具有多方面的原因，但孔教学会本身理念、路径以及策略上的失误无疑是其中的关键因素。

首先，国教的定位将孔教置于与宪法理念相冲突的地位，以至于通过了国教条款便等于否定了民国宪法中信仰自由的根本精神，这自然招致了多数议员的反对，使得国教提议在国会中始终不能通过。孔教会在提出国教提案时，显然对于这一问题的性质和严重性缺乏足够的认识。

其次，受其政治理念和国教目标的影响，康有为在建立国教的过程中自然走向了政治路径，试图借助于政治力量实现国教化，其实，如果不将孔教定位为国教，也不走政治化的立教路径，而是将孔教定义为与其他宗教处于平等法律地位的社会组织，从而将重建孔教的努力诉诸社会大众，主要依靠民间力量来推动和达成儒家的复兴，结局必定会为之改观。

最后，从行动策略上看，国教提法本身将其他各派宗教置于对立面，进而引发了基督教、佛教、道教、伊斯兰教等全国性的抗议活动，激起全国激烈的反弹，可谓不智。另外，在民国建立后，康有为为建立国教而站在民国的对立面，事实上不但没有达到目的反而损害了他企图保护的儒学。

康氏发挥公羊学重新诠释儒学以及使儒学宗教化的企图，最初都是为了要使得儒学和专制政治切割开来，使得儒学在君主专制政体垮台后得以继续存续下去，作为民族文化的精神基础。当年康有为的变法蓝图，是想将宪政转型和儒学复兴同时并举，且以改良之手段达成此目的，比后来的一切革命都更为可取，这与他本人政治理念的矛盾与策略上的失误密切相关。戊戌变法和儒学复兴努力的失败并非康有为的个人悲剧，此后，当陈独秀等人得出"孔教和共和乃绝对两不相容之物，存其一必废其一"的决绝结论，并将彻底清除儒家伦理以及孔子思想作为政治社会实现现代转型的首要条件，并视之为国民的"最后觉悟"时，立即在知识界获得广泛同情，掀起轩然大波，绝非偶然，孔教会诸公大概也是有口莫辩，因为这是从国教化的实际历程中所导致的结论。五四运动中，"打倒孔家店"的运动大兴，中国社会思潮在前所未有的激进主义中走向彻底的反传统主义，进而逐渐由以日本美国为师走向以俄为师，确定了此后中国社会大半个世纪的运行轨迹，孔子的命运因此而决定，传统文化的命运由此而决定，国人之命运由此而决定。

时下，儒家的历史命运在大陆上出现了一阳来复的转机，而同时伴随着又一阵儒家国教说鼓噪而至，新的儒教国教说对于儒家义理并无发明，其提倡者不探究儒家政治思想与现代政治之间的内在相关性，不体会现代新儒家决意要从内圣中开出新外王的苦心，对康有为最先引进的自由民主等现代政治价值更是显示出毫无理性的排斥态度，其根本取向在于重新将儒学意识形态化，重蹈政教合一的老路。由此我们才见出余英时先生在 20 世纪 90 年代中期的历史洞见："由于民族情绪和文化传统在后冷战时代又开始激动人心，我们看到在文化多元化的趋势下，中国文化正面临另一可能：它将被歪曲利用，以致诸如袁世凯'祀孔'和《新青年》'打倒孔家店'这样的历史未尝不会重演，而中国人也将再一次失去平心静气地理解自己文化传统的契机。"（《中国现代的文化危机与民族认同》）余先生的警告，值得每一位真正护惜传统文化之当代国人再三深思！

中国文化的三个预设与新文化运动的宿命

方朝晖[*]

新文化运动过去整整一百年了，但它带给国人的深刻影响远远没有过去。如何才能真正走出新文化运动的困境？我认为，今天我们需要继续加深对我们自身文化和西方文化的认识。例如，过去数千年来，中国文化究竟建立在什么样的基础上？如果说建立在儒、道、释的基础上，那么它们的基础又是什么？

为了更好地理解中国文化，本文尝试回到"文化无意识"来思考其答案，并提出这样一种"假设性"观点，即过去数千年来中国文化赖以建立的一个基础是以此岸取向、关系本位和团体主义为主要特征的文化心理结构或文化预设。正是这一文化心理结构非常强大，决定了中国文化中有效的社会整合方式，也相应地决定了儒、道、释在中国文化中的主导地位，并决定了中国文化的核心价值系统。

一、中国文化的第一个预设：此岸取向

首先，一个几千年来支配中国文化方向的事实可称为"此岸取向"。所谓"此岸取向"（英文可称 this-worldly orientation），也可称为

---

* 方朝晖：清华大学人文学院教授。

"一个世界"假定，即以人的感官所及的这个世界——它以天地为框架，以"六合"为范围——为唯一或最主要的世界，同时不以死后的世界或鬼神居住的世界为目标或指导原则。数千年来中国人的世界基本上就是这一个世界，鬼神即使有也存在于这个世界上，只是其居所与人有别而已。葛兰言（Marcel Granet）、牟复礼（Frederick Mote）、史华兹（Benjamin I. Schwartz）、郝大维和安乐哲（Daveid Hall & Roger Ames）、张光直（Kwang-chih Chang）、李泽厚、杜维明、张岱年均曾论及中国人世界观的这一特征。

中国文化的"此岸取向"，可通过与希腊文化、犹太—基督文化、伊斯兰教文化、印度文化的对比得到说明。希腊文化的彼岸取向性质可从希腊哲学区分现象世界与本质世界——柏拉图称为可感世界与可知世界——得到说明。按照古希腊哲学家柏拉图的说法，可感世界即人的感官所及的这个世界属于现象范围，而哲学家的永恒任务是超越现象世界，通过灵魂的转向去发现现象背后的那个可知世界即本质世界。本质世界与现象世界的区分在于它的永恒不变性。按照这一观点，则中国人所谓的"天地"也罢，"六合"也罢，皆属于可感世界。不仅如此，无论是九重天外还是九泉地下，无论是蓬莱仙境还是昆仑之巅，皆属于可感世界范围，因而皆不应当作为人们追求的理想世界，而追求与这个世界合一（所谓"天人合一"）至少在希腊哲学家看来是非常不可取的。

在犹太—基督文化中，灵魂不死以及对于死后世界的设定，是以一种末世论世界观为基础的。末世论（eschatology）相信这个世俗的世界迟早有一天将化为乌有，在那一天到来之时，每一个曾经活过或正在活着的灵魂都将根据其罪孽大小接受审判。末世论实际上是以道德眼光对世俗世界的彻底否定。按照这种世界观，人活着的目的就是摆脱这个世界，活着的方向目标或最高原则也来自另一个世界。末世论世界观认为这个世界本质上只是短暂的瞬间，注定了要从整体上消亡。按照这种世界观，任何把这个世界本身当作目标、当作最高理想或原则并追求与之和合（如天人合一）的观念，都是彻底堕落或无望的。

在以婆罗门教—印度教—佛教为代表的印度文化中，对现实世界的否定是通过"六道轮回"等信念而确立的，每个人的生命都是无限的，众生都生活在充满罪恶的生命轮回中，而宗教修行的根本使命无非是解脱——最高的解脱就是从六道轮回中解脱出来。印度人的世界想象比中国人丰富得多，他们认为世界不止有一个，也许有三千大千世界，也许相当于恒河沙粒一样多的世界；但是所有这些世界，无不是虚幻不实的，也都是需要彻底摆脱的。这种"四大皆空"思想与中国人把天地之内的这个世界当成唯一世界、唯一真实的来源、一切法则的根源，差别实在太大了。

相比之下，数千年来中国人的"世界"是比较简单的，世界只有一个，那就是以天地为框架、以六合为范围的这个世界是一切生命与非生命、活着的与死了的事物共同且唯一的家园。中国人也相信鬼神，不过并不认为鬼神生活在这个世界之外，天堂与地狱都是这同一个世界的一部分。不仅如此，中国人的多神概念让这个世界的真实性得到了加强，因为每一个神是一个自然物的主宰，是它的保护者。山神是保护山的，海龙王是管理海的，日月星辰也都有管理它们的神。有了这些神的保护或管理，其他力量就不能侵犯它们。万物亦然。另一方面，中国人并不认为鬼神代表什么值得凡人向往的理想世界。就人而言，他们死后变成了"鬼"。按照《易传·系辞》、《左传》、张载《正蒙》等的说法，鬼只是一些游荡于这个世界上的云气而已。亦可以说是魂离魄而后的飘散状态，故有"孤魂野鬼"之说。所以，鬼的世界是恐怖、可怕的，是人需要竭力逃离的。也正因如此，汉语有关"鬼"的术语都是负面的：鬼头鬼脑、鬼哭狼嚎、鬼鬼祟祟、鬼迷心窍、鬼东西、见鬼了、鬼话……这样的鬼的世界，怎么可能是人所追求的呢？又怎么可能成为我们生活原则的来源呢？

正因为中国人只相信一个世界，他们也把这个世界从整体上神秘化、崇高化，把它当作一种崇拜的图腾。他们相信，这个世界蕴含着一切原则、原理，一切事物的秘密终将在这个世界中找到。所以中国人相信所谓天道、天理、天则、天命、天意、天性……哲学家思想家的宏伟使命就是发现天地之道，人间最高级的存在就是与天地法则一致。所谓

"与天地合其德，与日月合其明，与四时合其序"（《周易·文言·乾》），所谓"天何言哉？四时序焉，风雨兴焉"（《论语·阳货》），所谓"致中和，天地位焉，万物育焉"、"与天地参"（《中庸》）皆表达了中国人对于天地的无限崇拜。

如果说儒家的理想就是把这个世界本身当作最高目标来造就，从未把任何脱离这个世界的其他世界当作人类的理想，因而是高度入世的；道家也从未脱离这个世界来追求生命的理想。道家一方面以长生不老的方式来让人们摆脱对死亡的恐惧，因而它对死后世界其实也是极力回避的；另一方面，它的理想世界诸如昆仑之巅、蓬莱仙境之类也不过是这个世界的一部分。庄子"庖丁解牛"的养生之道，是提示人们延长此生生命或扩充此生生命意义的一种活法，实际上建立在对这个世界、当下生命形态的肯定之上。庄子"以天地为棺椁，以日月为连璧，星辰为珠玑，万物为赍送"（《庄子·列御寇》）的说法，正是建立在中国文化的一个共同假定之上：天地是最大的现实，每一个人都生来自于它，死回归于它。与其消极地面对这个现实，不如积极地参与这个现实，与之融合无间，从而不再惧怕死亡。这就是中国文化中对于个人生命意义的最高理解：天人合一。

二、中国文化的第二个预设：关系本位

中国文化的此岸取向在整个中华民族性格的形成中所造成的影响是极其深远的，它的一个直接后果就是导致一种我称为"关系本位"的深层文化心理结构的形成。所谓"关系本位"，我指中国人普遍生活在人与人、人与物的关系而不是人与神的关系中，并在一种层级化的关系网络中寻找自己的生命意义和人生归宿，表现为人与人在心理上、情感上以及价值观上相互模仿、相互攀比、相互依赖的思维及生活方式。这种"关系本位"，也被西方汉学家称为"相关性思维"（correlative thinking）。

对于中国文化中"关系本位"的研究，自从 20 世纪末以来取得了长足的进展，不过主要体现在人类学、心理学等学科中。虽然中国学者梁漱溟先生早在 20 世纪 40 年代就提出过中国文化"伦理本位"（梁同时也指出此即关系本位）说，但真正用科学统计的客观方法研究这个问题的还是一批文化心理学家。特别是以美国学者 Richard Nisbett 为首，同时包括 Shinobu Kitayama，Hazel Rose Markus 等在内的一批心理学家在这个问题上取得了重要突破。Richard Nisbett 明确提出东亚文化在思维方式上的"处境化、关系性和相互依赖性"（relational，contextual，interdependent）特点。此外，杨美慧、Andrew Kipnis 等人通过实证调查方式研究了华北地区关系学盛行的具体情形。中国学者中，杨国枢、杨中芳曾对中国文化中的"关系"进行过认真研究，翟学伟近来所做的有关人情、面子与权力再生产的研究也与关系本位密切相关。

这里一个非常重要的问题是，中国人因为相信只有一个世界，于是他们在精神寄托上所能依赖的也只能是这个世界上的东西。但是由于这个世界的万物与自己距离有远有近，关系有亲有疏，人们不可能以同样的方式依赖于所有人或物，于是他们也只能在一种层级化的关系网络中定位自己。这就是费孝通先生所谓的"差序格局"。其中最近的关系是与自己家人的关系，而最远的关系也许是自己与这个世界上与己完全无干的、陌生的人或物的关系。由于"鬼神"也生活在这个世界上，并且能直接或间接干预我们的人生，所以人与鬼神的关系当然也是最重要的关系之一（除非你是无神论者）。对于鬼神，中国人就用祭祀这种方式来处理，而中国人祭祀的方式正表明它们认为鬼神也不能脱离这个世界，也需要依赖人的供奉。这种"关系本位"，直接导致如下一系列后果。

首先，中国文化中真正的力量永远是人际关系，其力量远比一切制度强大。在中国人的现实生活中，"关系学"之所以永远盛行，正是因为中国人真正信得过的是关系而不是制度。在中国人心目中，一旦"关系乱了"，世界也就乱了。也正因为如此，儒家主张天下治乱从关系做起。从《中庸》的"五伦"为"天下之达道"，到《白虎通》"三纲六纪"之说，都说明儒家早就认识到：在中国文化中，天下大治依赖于人伦关系秩序的建立，这绝对不能用现代人靠法治建立秩序的观念来理解。这就是为什么儒家有"治人"重于"治法"思想的深层来源。

其次，从根本上说，个人的人生安全感来源于自己与对象的关系是否和谐，因此"和"成为中国文化中的核心价值。体现在社会现实中，人们用风调雨顺、国泰民安、九州大同、保合大和等词语来表达他们对于理想生存环境的强烈渴望。而体现在个人生活中，最理想的情况是我与整个世界都能和谐一致，这样才可能从根本上彻底消除人生的不安全感。所以"天人合一"成为中国文化中的最高理想，或者说最高人生境界。

再次，关系的"层级化"导致中国人在处理与对象的关系时形成"区别对待"的特点，其中关系越近的对象，我们与其感情也越深，由此导致"人情"和"面子"成为人与人关系的两个机制。情感因素的特殊重要性导致"仁"成为中国文化核心价值之一。"仁"并不仅仅是"爱人"那么简单的事，而是在承认差序格局，从而爱有差等的情况下的"爱"；更重要的，"仁"代表一种情感，它来源于"恻隐之心"，"不仁"就是在感情上的"麻木"。然而，"仁"不单纯是事实，更是一种规范，是站在更高立场对人情的"引导"。要求人们行仁，就是要把源于亲情的爱扩充到其他一切人身上，从而最终有效避免由"区别对待"所带来的关系的不稳定、不和谐问题。

最后，由于死后世界不明朗，中国人对于生命不朽缺乏信念，导致他们把生命不朽寄托于"关系"，其中最直接的后果就是将自己的子女视作自己生命的延伸，由此给自己带来某种情感上的慰藉。日本学者加地伸行曾指出，中国人的宗教体现在对待后代的方式上，他们用这种方式来克服对死亡的恐惧。所以中国人本能地认为孩子的诞生使自己的生命有了希望，因为子女是自己生命的再生、扩大、伸展。所以中国人宁可牺牲自己的一切也要保全子女。另一方面，中国人在经营家庭和亲情中所获得的无限的慰藉和精神归宿感——牟宗三称其为"无底的深渊"、"无边的天"，也不是其他民族所容易理解的。

为什么"孝道"在中国文化中如此有力？为什么会历朝历代都有人主张"以孝治天下"？因为中国人最真实的情感和状态是在家庭关系中、在亲情世界中体现的。从道德教化的角度讲，孝也是中国文化中最容易被接受、从而也最简便易行的。孝道早在儒家之前即已存在，而儒家对于孝的提升、规范正是因为没有比以此来完善人伦关系更好的途径了。儒家这样做不单是出于技巧、策略的考虑，可以说正是找到了中国社会人与人关系的基础。

三、中国文化的第三个预设：团体主义

当然，"关系"并非总限于与单个对象的关系，还可以指与一组对象的关系，而这组对象构成了自己的生存环境，所以许烺光称中国文化是"处境中心的"（situation-centred，与美国文化"个人中心"相对）。当一组对象构成一个团体时，就形成了文化团体主义（collectivism）。所谓文化"团体主义"，是与文化"个人主义"（individualism）相对的，常常指把个人当作集体的一分子而不是独立的实体，因而更关心个人在集体中的位置和形象，而我则认为文化团体主义指个人本能地认为集体是个人人生安全感的主要保障或来源之一。正因为如此，他们对于集体的强调，包括今天从正面讲的民族主义、集体主义、爱国主义之类，以及从反面讲的帮派主义、山头主义、地方主义之类，其背后的文化心理源头是一样的，即体现了他们追求个人心理安全保障的集体无意识。

20 世纪 70 年代末，荷兰学者 Geert H. Hofstede 通过美国跨国公司 HERMERS 在全球 66 个国家（后来国家数量大幅增加）员工的大规模问卷调查，提出个人主义—团体主义作为文化的四个维度之一的观点。后此以美国学者 Harry C. Triandis 为代表的一批心理学家在这个问题上进行了大量实证研究，取得了丰富成果。根据他们的研究，中国文化无疑是团体主义指数相当高的。与此相应地，欧美多数国家的个人主义指数比较高。2002 年，美国密西根大学的三位心理学家 Daphna

Oyserman，Heather M. Coon，and Markus Kemmelmeier 撰文对过去二十多年来个人主义—团体主义的研究进行了全面总结；2007 年，Marilynn B. Brewer & Ya-Ru Chen 撰文指出，文化团体主义应当区分为两类：关系式团体主义（relational collectivism）与集团式团体主义（group collectivism）。这一发现在东亚文化中尤其有意思，那就是东亚人所表现出来的团体主义，其中是一种关系式的团体主义。换言之，是按照人际关系的原则来建立的团体主义。而在美国等个人主义指数高的国家，并非没有团体主义，甚至有非常强的团体主义，但不是以东亚式的人际关系为基础而建立的。

四、文化预设与新文化运动

此岸取向、关系本位和团体主义并非任何人强加于中国人的文化心理，而是一个在漫长历史演化过程中不自觉地形成的文化无意识（或说文化的集体无意识）。本文中又称这种文化无意识为"文化预设"、"文化心理结构"。我们从殷周金文、《左传》、《国语》以及其先秦诸子的材料足以说明，它在西周时期就应已基本定型。此后一直支配着中华民族的生活长达三千多年，即使在今天也没有明显的松动。

所以本文最后的结论是，既然中国人的文化心理结构没有改变，对于中国人来说真正有效的权威、制度及价值的模式也不会从根本上动摇。在历史上，此岸取向、关系本位、团体主义所构成的深层文化心理结构导致仁、义、忠、信、孝、礼、智等成为中国文化的核心价值；鉴于今天中国文化仍然不可能逾越这一心理结构，所以中国文化的核心价值也不会大变，但需要我们结合其固有的自由精神来重新阐释，即从人的尊严、价值与人格独立性的精神出发来发扬儒家价值系统。这大概就是新文化运动在中国的宿命吧。

儒学与西方政治思想之比较

尼山

铎

声

比较儒家思想与基督文化人性善恶之别、看中西政府功能与职责的差异

熊　玠*

中西文化之差异，导致其在政府功能与职责上也产生莫大的不同，而使中西人民对他们政府的期望也有不同。虽然此点体会极为重要，但却为一般中西人士（尤其是西方）所忽略。故而常常发生对彼方的不必要的误解。

也许有人会质疑：中西在文化上的不同，如何能与政府的功能与职责扯上关系？诚然，我承认中西文化之差异是一浩瀚的课题。但它们的差异，最终可以归根结底到一个大前提上。那就是关于人性善恶的信念。本文希望对此观点——中西文化对性善与性恶看法的差别，导致了社会对于政府的功能与职责产生了不同的指望与要求——加以较有系统的分析。本文也想趁此机会指出西方人之所以常对中国政府指手画脚的原因，乃在于他们忽略了文化差异的导因，故而下意识地认为所有国家的政府运行均应该向西方看齐。

本次大会的主题是"儒学与政治"，所以我认为如要解释中西政治的差异，必须探讨其政府功能与职责上之先决差异；并必须找出其在文化上的根源。因此，我认为必须专注中西文化对人性善恶假定不同的导因；再看那因而产生的政府功能相应不同的逻辑关系。为了讨论方便起

　　* 熊玠：纽约大学教授。

见，我们先谈西方由于基督教教会对于人性"原罪"教条所起的作用，及其引起的对西方在政府与行政观念上的深远影响。

一、西方对于人性的看法以及它与政府职责与政治的关联

西方在亚伯拉罕阴影之下的文化，一直建筑在原罪观念的基础上。按照教会（最早的天主教与后来的基督教）对圣经的解释（也可说是曲解），认为自人类始祖（亚当、夏娃）以来，人性邪恶就是与生俱来的。因而认为社会全是尔虞我诈，充满斗争。由于这个教条的影响，人性原罪（即原恶）的信念，自有公元纪年以来，深入西方民心，并影响了西方社会秩序与政治制度的构想与运作。

我们且看在西方启蒙运动（即始自17世纪的世俗化运动）肇始以来的大思想家们。由于人性"原恶"观念深植民间，所以从马基雅维利（Machiavelli），到霍布斯（Hobbes）、卢梭（Rousseau），一皆以人性"原恶"的信念为他们论证推理的大前提。他们认为社会上一般人均是不顾他人（或群）的利益而只顾钻营与扩大一己之私，故有"反社会"（anti-social）之本性。因此，他们的结论是，政府的责任乃在于如何用法律来将个人与其他人隔离与严加管束与防范，这样才是保护社会安宁与稳定之途径。更为了防范政府不被邪恶的领导人与官员所败坏与垄断，故国家必有政府各部门的分权与有效的限权，以及人民监督的（民主）制度，才是杜绝邪恶人性败坏国家治理之保障。

当然，西方早期启蒙运动的大思想家，与晚期的大思想家相比，在所提倡的挽救办法，也有其演进性的大同小异。譬如早期的马基雅维利（Machiavelli），对人性"原恶"之缺点，谈得最为尖锐，交代得也更透彻。他认为人性不仅是原恶，而且极会侵略他人利益。因此，任何个人都无法对别人的侵权行为做有效的防范，故必须有强大的政府保障个人的权益不可。霍布斯（Hobbes）出于同样考虑，也认为人民如

没有强大政府（甚至"君主"王权）的保护，将永无宁日。但是，在17世纪末与18世纪的启蒙运动深化演变中，出于同样的对于人性"原恶"的信念，却演变出了西方近代民主制度的构思。譬如洛克（John Locke）则否定君主王权之需要。他引用了"自然法"作为人民拥有与生俱来的各种权利之依据。其中包括"生命权"、"拥有财产权"，以及对个人劳力所产生果实的拥有权等。洛克创立了"社会合同"学说，主张个人与政府是一个合同关系。这有两重意义：个人因无法防止邪恶的他人之侵犯，所以需要政府的保障；也因为有此合同，个人才能得到不受政府侵犯的保障。洛克所谓的"自然法"就是神的法则。换句话说，邪恶的个人处于充满了邪恶的人群中，唯一的保障，乃来自那宽恕恶人之神与他之法则。他这个自然法的理论，影响了所有启蒙运动深化以来的西方政论家，从法国的卢梭（Rousseau）与孟德斯鸠（Mentesqiu），到苏格兰的大卫、休谟（David Hume），到德国的康德（Immanuel Kant），一直到以后美国的杰佛森（Jefferson）与富兰克林（Franklin）。

我再须补充一点：既然人性是邪恶自私的，那每一个个人就会尽量坚持他拥有财产（尤其是自己劳力所产生的果实）的权利，所以西方国家的政府，绝对不可涉及社会经济的操作。这也是资本主义（即私有经济）的另一起因。

孟德斯鸠，一般认为是洛克的最先进的接班人。他接受了一个观点，即共和政府的合法性乃建立于被统治者同意的大前提之上。此点，与西方中古世纪认为政府之合法性是基于"君权神授"的信念，正好相反。可是，追根究底，孟德斯鸠主张的共和政府之三权分立与相互均衡的构思，仍然是出于要防范政府被那"人性原恶"的官员们绑架而嫁祸人民的担心与警觉。

以上西方最有代表性的大师们的主张，都反映了他们的大前提，俱是人性邪恶的信念。而传流到近代西方的法治以及民主政治制度，全是为了防范社会上恶人彼此侵犯（故需法律来严为制约）或者是防范政府被邪恶官员绑架而鱼肉人民（故需以民主抵制之），前后有直接关系。

二、中国文化性善之信念与因其衍生而出的政府功能与职责之构思

中国文化性善之说，主要与儒家影响有关。不过需要稍作澄清。孔子关于人性并未明确主张其善恶之定向。众人俱知，性善说始自孟子。其实，孟子有言："人性之善也，犹水之就下也。人无有不善，水无有不下。"但接着说："今夫水，搏而跃之，可使过额；激而行之，可使在山，是岂水之性哉，其势则然也。"（《孟子·告子上》）同样的，"人之可使为不善，其性亦犹是也"。换句话说，人性固然本善，但如受外界腐蚀败坏的影响，也可能被扭曲而改变为邪恶。这正是孔子所谓"性相近也，习相远也"（《论语·阳货》）。也正是因为如此，所以荀子言人性恶，也不失其为孔门的一分子。在孔门之外，还有扬子（扬雄）言人之性"善恶混"，即谓人之本性乃善恶杂处于心，"修其善，则为善人；修其恶，则为恶人"（《法言》）。

这些是对人性善恶的诊断，然则有鉴于"性相近，习相远"，如何能使黎民保持其"赤子之心"而不致因习恶而变恶了呢？孔子比较笼统地讲"为政"之道在使民"富之"以后再以"教之"（《论语·子路》）。如何令民众控制环境，不受感染，则有持于学。故《论语》第一句就说"学而时习之"。连《荀子》一书之中，第一篇亦名为"劝学"篇。孟子说得更切体，教所有为政者（即政府）必须"谨庠序之教，申之以孝悌之义"（《孟子·梁惠王上》）。因此，在中国文化中，政府的首要功能在如何促使人民不要"习相远"而将原善的人性堕落以至于邪恶。讲得更广阔一点，政府的功能在于如何提供一个社会环境，能教育人民不被邪恶影响败坏了他们与生俱来倾向为善的人性。而要求政府如此教育人民的职责，是西方文化中所没有的。也正因如此，在中国文化中，政府在人民眼中，不是一个累赘或包袱。相较之下，在西方的人民眼中，政府永远是站在老百姓相对立场的一个麻烦与大问题。

不但如此，由于能败坏黎民人性的因素中，最主要的当推饥寒短缺，所以孟子谓为政者当紧要注意的是："不违农时、谷不可胜食也；数罟不入洿池，鱼鳖不可胜食也；斧斤以时入山林、材木不可胜用也。谷与鱼鳖不可胜食，材木不可胜用，是使民养生丧死无憾也。养生丧死无憾，王道之始也。"（《孟子·梁惠王上》）。当然，要使黎民养生丧死无憾，并不止这些。而主要的是：如果为政者能使"斑白者不负载于道路……七十者衣帛食肉，黎民不饥不寒，然而不王者，未之有也"（《孟子·梁惠王上》）。孟子此说，符合了孔老夫子"政之极者莫大乎使民富"的意思（《孔子家语·贤君》）。另外，管子也有言："凡治国之道必先富民……民富则安乡重家。安乡重家，则敬上畏罪。敬上畏罪，则易治也。"（《管子·治国》）秦汉以后，言治国者，亦皆主张政府有扩展经济以富民的责任。譬如晁错有言："民贫则奸邪生，贫生于不足……夫腹肌不得食，肤寒不得衣，虽慈母不能保其子。君安能以有其民哉？明主知其然也。故务民于农桑、薄税敛、广畜积、以实仓廪、备水旱，故民可得而有也。"（《汉书·食货志》）

所以，在中国文化中，认为政府之职责还须确保黎民不饥不寒，不仅是儒家而已。其他各家亦有同感。由于此要求，自秦汉以来，遂开政府当干预甚至经营国家经济之滥觞。

历代儒家的政治思想

尼山铎声

霸王之道，皆本于仁

——经学视野下董仲舒的仁政王道思想 *

韩　星 **

　　董仲舒（前179—前104），汉广川郡（今河北枣强）人，汉代思想家、哲学家、政治家、教育家。少治《春秋》，后成为公羊学派大师。汉景帝时任博士，武帝继位，举贤良文学，董仲舒对以"天人三策"，提出了"罢黜百家，独尊儒术"的建议，对于建立大一统的国家的意识形态起了关键性的作用。本文在经学视野下探讨董仲舒的仁学思想体系和仁政王道思想，以为今天的国家治理提供思想资源和历史借鉴。①

一、以《春秋》公羊学为思想基础

　　经学视野下董仲舒的思想是属于汉代今文经学体系的，在汉代今文经学中以治《春秋》公羊学影响最大，在治《春秋》公羊学的汉儒中又以董仲舒的成就最高，影响最大。董仲舒的仁政王道思想以《春秋》公羊学为其学术基础，据《汉书·儒林列传》载，董仲舒与胡毋生，是

---

*　本文为中国人民大学引进人才项目《汉代经学与核心价值体系的构建》（编号：30212101）的阶段性成果。

**　韩星：中国人民大学国学院教授。

汉初传授公羊学的两位大师。《公羊疏》引《孝经说》曰："子夏传与公羊氏，五世乃至胡毋生、董仲舒。"说明董仲舒与胡毋生都是子夏的六传弟子，二人都传授公羊学。《汉书·五行志》也说："汉兴，承秦灭学之后，景武之世，董仲舒治《公羊春秋》，始推阴阳，为儒者宗。"清代学者凌曙认为董仲舒独得《春秋》精义："识礼义之宗，达经权之用，行仁为本，正名为先，测阴阳五行之变，明制礼作乐之原。体大思精，推见至隐，可谓善发微言大义者已。"董仲舒由《春秋公羊学》发挥儒家思想，宣扬《公羊传》的"大一统"思想，在融合儒道、用道家和阴阳家的思想资料充实、发挥儒家义理的基础上，强调改正朔、易服色、作新王、讲仁政、行儒术等一系列主张，建构了一个博大精深的以经学为基础的思想体系，为汉武帝建立大一统的汉帝国提供了理论依据，成为汉代儒宗。董仲舒的治经理路是发挥《公羊传》的"微言大义"，通经致用，以经论事，甚至用《春秋》来断狱。他通过阐述《春秋》公羊学的"微言大义"来建立其仁政王道理论。《春秋公羊传·哀公十四年》云："君子曷为《春秋》？拨乱世，反诸正，莫近诸《春秋》。"这就是说，孔子作《春秋》是为了拨乱反正，即以王道文化传统贬损、匡正现实政治。董仲舒对此心有戚戚然，《春秋繁露·玉杯》云："《春秋》论十二世之事，人道浃而王道备。法布二百四十二年之中，相为左右，以成文采。其居参错，非袭古也。是故论《春秋》者，合而通之，缘而求之，五其比，偶其类，览其绪，屠其赘，是以人道浃而王法立。"《春秋》的精神在于明王道。《春秋》经以人道为本，把王道政治讲得很完备，并确立了王道政治的大纲大法。《春秋繁露·俞序》说："孔子明得失，见成败，疾时世之不仁，失王道之体。"《春秋繁露·王道》说："孔子明得失，差贵贱，反王道之本。讥天王以致太平，刺恶讥微，不遗小大，善无细而不举，恶无细而不去，进善诛恶，绝诸本而已矣。"是说孔子作《春秋》所书不论得失、贵贱、大小、善恶之事，是在褒贬书法之中寓含着王道之本。司马迁《史记·太史公自序》云："余闻董生曰：'周道衰废，孔子为鲁司寇，诸侯害之，大夫壅之。孔子知言之不用，道之不行也，是非二百四十二年之中，以为天下仪表，贬天子，退诸侯，讨大夫，以达王事而已矣。'"孔子在《春秋》中上明三王之道，下辨人事之纪，对历史上的人物事件，是非善恶有着清醒的评判，目的是存亡国，继绝世，补敝起废，这体现了王道的大旨，是治国的根本，所以董仲舒非常推崇孔子，认为孔子作《春秋》就是为了实现其王道理想。

他认为《春秋》倡扬德治仁政，反对以武力服人，"《春秋》之所恶者，不任德而任力，驱民而残贼之；其所好者，设而勿用，仁义以服之也"。"《春秋》爱人而战者杀人"，"德不足以亲近，而文不足以来远，而断断以战伐为之，此固《春秋》之所疾已，皆非义也"（《春秋繁露·竹林》）。《春秋》任德而不任力，尽管不绝对排斥力而只是设而不用，而注重以仁义服人，"此春秋之所善也"。战争是违背德治、仁政的，《春秋》爱人所以反对战争。当然，董仲舒也不是简单地一概反对战伐，因为在他看来，战伐里边也还有义和非义、道与非道之分。例如"夏无道而殷伐之，殷无道而周伐之，周无道而秦伐之，秦无道而汉伐之"，这些都是"有道伐无道，此天理也"（《春秋繁露·尧舜不擅移汤武不专杀》）。

他认为，《春秋》治道的精义是仁义。《春秋繁露·仁义法》："《春秋》为仁义法"，《春秋》这部书就是要建立仁义的法度，以此来治理社会。"《春秋》之所治，人与我也；所以治人与我者，仁与义也；以仁安人，以义正我；故仁之为言人也，义之为言我也，言名以别矣。"（《春秋繁露·仁义法》）《春秋》所治理的，是他人和自我；所用来治理他人和自我的，是仁和义；它用仁来安定别人，用义来纠正自我。康有为说："《俞序》得《春秋》之本有数义焉。以仁为天心，孔子疾时世之不仁，故作《春秋》，明王道，重仁而爱人，思患而豫防，反覆于仁不仁之间。此《春秋》全书之旨也。"说明《春秋》王道的内在精神是"仁"。

二、三才构架下的仁学体系

先秦儒家之"仁"是以血缘亲情为根基，认为仁的本源是孝悌的亲情，《论语·学而》："孝弟也者，其为仁之本与。"所以，如果"君子笃于亲，则民兴于仁"（《论语·学而》）。《中庸》云："仁者人也，亲亲为大。"仁是人之为人的根本，但以爱自己的亲人为重。《孟子·告子上》："亲亲，仁也。"《孟子·尽心上》："仁者，无不爱也，急亲贤之为务。"《荀子·大略》："仁，爱也，故亲。"这种基于血缘亲情的仁到了董仲舒这里有所转型，董仲舒针对当时人们经过春秋战国和秦汉之际的战乱，缺乏对天的敬畏感，缺乏基本的道德感，把"天"提到"百神之君"的地位，认为"天"是创造天地万物和人类的至上神，赋予天以至高无上的大神性质，如《汉书·董仲舒传》中《天人三策》"天者，百神之君也"、"天者，群物之祖也，故遍覆包函而无所殊，建日月风雨以和之，经阴阳寒暑而以成之"。《春秋繁露·郊语》："天者，百神之大君也。事天不备，虽事百神犹无益也。"试图为人们（包括君主）树立一个至尊的敬畏对象。同时，他又把先秦儒家的仁义道德投射到了"天"上，使儒家道德神圣化。《春秋繁露·天地阴阳》："天志仁，其道也义。"《春秋繁露·俞序》："仁，天心，故次以天心。"苏舆注曰："《春秋》之旨，以仁为归。仁者，天之心也。"天之所以永不停歇地化生、养成天地万物，是因为天有"仁"，"仁"也就是"天心"。显然，在董仲舒这里，"天"的意义和本质就是"仁"，换句话说，"仁"乃是天最高的道德准则。这种道德准则又是天的意志的体现："察于天之意，无穷极之仁也。""天常以爱利为意，以养长为事；春、秋、冬、夏，皆其用也。"（《春秋繁露·王道通三》）这样就使天之仁心、天之爱意与天地自然的运动变化（四季的生长收藏）联为一体。既然天的意志指引着自然的运行，那么天的道德准则也就通过四时变迁及星辰幻化获得了展现。

　　天志、天心仁，人为天地所生，也必然禀受天的仁。"为人者，天也。……人之血气化天志而仁；人之德行化天理而义。"（《春秋繁露·为人者天》）人的一切都源于天，人的血气是禀受天志而形成仁，人的德行禀受天理而形成义，这就说明仁的本源不在人自身，而在天。他还说："人之受命于天也，取仁于天而仁也。"（《春秋繁露·王道通三》）"人受命于天，有善善恶恶之性。"（《春秋繁露·玉杯》）人道德领域的"仁"与善恶之性取之于天，与天地同构。因此，人就要效法天道。《春秋繁露·天道施》说："天道施。"天之道就是施与，就是付出。《春秋繁露·离合根》说："天高其位而下其施，藏基而见其光。高其位，所以为尊也；下其施，所以为仁也；藏其，以为神，见其光，所以为明，故位尊而施仁，藏形而见光者，天之行也。""天"在这里显示的是尊、仁、神、明的道德品性，人间的君主只有效法"天之行"，才能以德配天，得到上天的庇护。"仁之美者，在于天。天，仁也。天覆育万物，既化而生之，有养而成之。事功无已，终而复始。……人之受命于天也，取仁于天而仁也。是故人之受命、天之尊，父兄子弟之亲，有忠信慈惠之心，有礼义廉让之行，有是非逆顺之治。文理灿然而厚，知广大有而博，唯人道为可以参天。"（《春秋繁露·王道通三》）因为"天"有"仁之美"，有仁爱之心，覆育生养万物，人受命于天，所以人也有仁爱之心，要讲伦理道德，这就是人与天地参。

　　"人与天地参"是先秦儒家一个重要命题，据说子思所作的《中庸》有："惟天下至诚，为能尽其性；能尽其性，则能尽人之性；能尽人之性，则能尽物之性；能尽物之性，则可以赞天地之化育；可以赞天地之化育，则可以与天地参矣"，这就以"诚"体现了人沟通天地万物，与天地参的主体性。《易传·说卦传》说："昔者圣人之作易也，将以顺性命之理，是以立天之道曰阴与阳，立地之道曰柔与刚，立人之道曰仁与义，兼三材而两之，故易六画而成卦。"这是对天、地、人三才之道的内涵的界定。所谓天道为"阴与阳"，是就天之气而言的，是指阴阳之气的。所谓地道为"柔与刚"，是就地之质而言的。所谓人道为"仁与义"，是就人之德而言的，是指仁义之德的。而人道之所以为"仁与义"，乃是由于人禀受了天地阴阳刚柔之性而形成的。这是在三才构架之中讨论仁义的来源问题的。董仲舒在此基础上强调人之所以能与天地参，是因为人与天地相应而具有仁义的德行。《春秋繁露·人副天数》云："天德施，地德化，人德义。天气上，地气下，人气在其间。春生夏长，百物以兴；秋杀冬收，百物以藏。故莫精于气，莫富于地，莫神于天。天地之精所以生物者，莫贵于人。人受命乎天也，故超然有以倚；物灾疾莫能为仁义，唯人独能为仁义；物灾疾莫能偶天地，唯人独能偶天地。"天地生人，人就与天地并列为三，居中而立，天气为阳，地气属阴，人在之间具备阴阳二气。天的德行是施与，地的德行是化育，人的德行就是仁义。人受命于天，在天地万物之中最为尊贵，与其他生物不同，"独能为仁义"，"独能偶天地"。这就以人的道德性彰显了人在天地之间最为尊贵的特殊地位。

董仲舒在肯定人在天地间的独特地位和君王在天人感应中的主体地位时，又指出"天"通过与人的"感应"，以祥瑞或灾异的形式所体现的赏善罚恶性能，形成了受命之符、符瑞和灾异的理论。这种灾异理论是为了警告君王，并不表示天的恶意，相反正是表现了天对君王的仁爱之心。"国家将有失道之败，而天乃先出灾害以谴告之；不知自省，又出怪异以警惧之；尚不知变，而伤败乃至。以此见天心之仁爱人君而欲止其乱也。"（《汉书·董仲舒传》）《春秋繁露·必仁且智》说："天地之物有不常之变者谓之异，小者谓之灾，灾常先至而异乃随。灾者，天之谴也；异者，天之威也。谴之而不知，乃畏之以威。……凡灾异之本，尽生于国家之失，乃始萌芽，而天出灾异以谴告之。谴告之而不知变，乃见怪异以惊骇之。惊骇之尚不知畏恐，其殃咎乃至。以此见天意之仁而不欲害人也。"《春秋繁露·王道通三》亦云："天常以爱利为意，以养长为事，春秋冬夏皆其用也；王者亦常以爱利天下为意，以安乐一世为事，好恶喜怒而备用也。"这就是说，天人之间是有感应的，天意仁。如果国家政治有所失误，不能体现天意之仁，一开始天就要通过灾异来谴告；对于天的谴告君王不能有所改变，接着就会以怪异现象惊吓；如果君王仍然置若罔闻，不知敬畏，就必遭"殃咎"。所以，王者要以天的爱利为意，养长为事，多做爱人利民之事。

董仲舒继承孔孟"仁者爱人"的基本观念，但有所修正和发展。他说："仁之法，在爱人，不在爱我"，"人不被其爱，虽厚自爱，不予为仁"，"不爱，奚足谓仁，仁者，爱人之名也"（《春秋繁露·仁义法》）。爱人主要是爱他人，不是爱自己；不被他人爱，厚自爱不能称为仁。他批评晋灵公"杀膳宰以淑饮食，弹大夫以娱其意，非不厚自爱也；然而不得为淑人者，不爱人也"（《春秋繁露·仁义法》）。晋灵公不守为君之道，生性残暴。他从高台上用弹弓射行人，观看他们惊恐躲避的样子以取乐。厨师没有把熊掌煮烂，晋灵公生气，便把厨师杀死，将厨师的尸体放在筐里，让宫女们抬着尸体经过朝堂丢到外边。董仲舒认为对自己厚爱，但不能爱别人，那不算是仁。

他还将仁爱扩展到大众乃至天地万物，具有博爱的性质。他说："仁者，所以爱人类也"，要用仁爱厚待远方的人，"仁厚远。远而愈贤，近而愈不肖者，爱也。故王者爱及四夷，霸者爱及诸侯，安者爱及封内，危者爱及旁侧，亡者爱及独身"。仁爱要厚待远方的人，越远而越贤能，越近而越不肖，这就是仁爱。所以王者的仁爱远及于四方夷狄，霸者的仁爱只能及于诸侯，安定国家的君王的仁爱只在国内，使国家危机的君王的仁爱只及于左右亲近的人，亡国之君的仁爱只能及于他自己。这说明仁爱的远近厚薄与国家密切相关。不但如此，董仲舒也继承孟子"亲亲仁民，仁民爱物"（《孟子·尽心上》）的思想，把仁爱扩大到万物。他说："质于爱民，以下至于鸟兽昆虫莫不爱。不爱，奚足以为仁？"（《春秋繁露·仁义法》）"泛爱群生，不以喜怒赏罚，所以为仁也。"（《春秋繁露·离合根》）就是说，只讲爱人还不足以称之为仁，只有将爱人扩大到爱鸟兽昆虫等生物，"泛爱群生"，才算做到了仁。可见，董仲舒的仁爱已经包含了可贵的生态关怀意识。

谈到董仲舒的仁学，不能不谈起他对仁义的讨论。董仲舒非常重视对仁、义、礼、智、信"五常之道"的论证。这五个道德伦理范畴在先秦儒家著作中都已经出现，但还没有形成一种思想结构。董仲舒将它们整合在一起，与五行相匹配，纳入天地人三才一体的构架之中，使仁、义、礼、智、信有了天道的依据，并形成了自己的思想结构。他强调说："夫仁、谊、礼、知、信五常之道，王者所当修饬也。五者修饬，故受天之佑，而享鬼神之灵，德施于方外，延及群生也。""五常之道"是王者应该修饬的，因为与天地鬼神以及整个宇宙世界的生命存在都有着某种必然的关联，是君王治国理民的核心价值观，它不仅直接决定着生民百姓的命运，也决定着国家政治的兴衰。在"五常"中，仁是统摄诸德的，是根本。到了汉初，儒者们反思秦王朝二世而亡的教训，认为是仁义不施，所以在对"五常"道德范畴的具体阐释中，董仲舒从《春秋》引申出治道的精义仁义，做了自己创造性的解释，在区分人与我的基础上来讨论"仁"与"义"的关系问题，说明了"仁"与"义"这两个道德规范所应用的对象与所起的作用是不同的。他继承了先秦孔子"君子求诸己，小人求诸人"（《论语·卫灵公》），孟子"行有不得皆反求诸己"（《孟子·离娄上》），《礼记·大学》"君子有诸己而后求诸人，无诸己而后非诸人"的思想精神，以"仁"与"义"为基本范畴，试图把自我修养与待人处事的关系确立起来。在他看来，《春秋》的主旨是处理人与我的关系，而"仁"与"义"就是处理人与我关系的基本标准，但是怎么把握这一对标准，以董仲舒的看法，"仁"是用来安人、爱人的，"义"是用来正我的。"以仁安人，以义正我；故仁之为言人也，义之为言我也，言名以别矣。""仁之法在爱人，不在爱我；义之法在正我，不在正人。""仁者爱人，不在爱我；义在正我，不在正人。"（《春秋繁露·仁义法》）又说："仁谓往，义谓来，仁大远，义大近。爱在人，谓之仁，义在我，谓之义。仁主人，义主我也。故曰：仁者人也，义者我也，此之谓也。""仁造人，义造我。"（《春秋繁露·仁义法》）这就是与"人"与"我"对应的"仁"与"义"的基本含义与相对关系。进一步到修养层面，董仲舒提出了"以仁治人，以义治我"的思路，这实际上就是孔子"躬自厚而薄责于人"（《论语·卫灵公》）的思想。董仲舒为什么要对仁义进行这样的区分呢？他认为这个问题一般人不能区分清楚，就造成用仁来宽待自己，用义来要求别人。这既违背自己的处境又违背常理，必然会导致人际关系的混乱。主要是害怕为政者偏于以仁义之术治人而不知以仁义为本而自治，所以结合孔子"躬自厚而薄责于人"与《春秋》之旨对仁与义进行了区分。

在三才构架下围绕"仁"这一核心价值观形成的仁学思想体系是董仲舒思想的主体，也是其政治思想的基石。正是在仁学思想体系的基础上才形成了独特的仁政王道的思想结构。

三、仁政王道的思想结构

仁政为儒家政治思想的精髓。孔子对"仁"的解释很丰富，形成了仁学思想体系，其中已有关于"仁政"的思想。孟子从孔子的"仁学"思想出发，明确提出"仁政"的主张，把它扩充发展成包括思想、政治、经济、文化等各个方面的施政纲领，形成了"仁政"学说。董仲舒在孔孟的基础上结合汉初的社会对仁政学说有新的论证，并与由孔子《春秋》奠定的王道政治结合起来，形成了独特的仁政王道的思想结构。

（一）以民为主的民本政治

董仲舒一方面把君王权力的来源和命运归于天，另一方面又继承了传统儒家的民本思想，使君王的命运掌握在天的手中，其政治行为必须符合天意至善的意志，而天意又是民意，就迫使君王只能小心谨慎，善待百姓，具体包括重民、安乐民、爱民、教民、利民等。

第一，重民。对于君民关系，《春秋繁露·为人者天》云："君者，民之心也；民者，君之体也。心之所好，体必安之；君之所好，民必从之。"君民关系应该是一个生命体的心灵与形体的关系，即就是说，一方面君王处于国家政治的核心，是万民的主导者和领导者；另一方面，民则是君王的载体，没有民的承载就没有君王的存在。《春秋繁露·王道》云："五帝三王之治天下，不敢有君民之心。"苏舆《春秋繁露义证》说："王者抚有天下，不敢自谓君民，敬畏之至也。"这是通过古代圣王都对老百姓心怀敬畏来告诫时君世主应该重民。《春秋繁露·竹林》通过秦穆侮蹇叔而大败，郑文轻众而丧师，指出，"《春秋》之敬贤重民如是"。苏舆《春秋繁露义证》说："敬贤重民，《春秋》之大义也。"说明董仲舒继承发挥了《春秋》敬贤重民的思想。

第二，安乐民。"孝悌者，所以安百姓也。"（《春秋繁露·为人者天》）强调治人要"懂能愿"，"使人心说（悦）而安之，无使人心恐"（《春秋繁露·基义》）。"因其所以至者而治之"，"亲近来远，同民所欲，则仁恩达矣"（《春秋繁露·十指》）。《春秋繁露·尧舜不擅移汤武不专杀》云："天之生民，非为王也，而天立王以为民也，故其德足以安乐民者，天予之；其恶足以残民者，天夺之。"董仲舒认为天立王的目的是"为民"，"为民"是王的责任，"安乐民"是王的义务。否则，天就会夺其王位。

第三，爱民。董仲舒要求君王在社会关系和政治生活中必须体现出爱人民大众，代表大众的利益。"天常以爱利为意，以养长为事。""王者亦常以爱利天下为意，以安乐一世为事。"（《春秋繁露·王道通三》）"仁往而义来，德泽广大，衍溢于四海，阴阳和调，万物靡不得其理矣。"（《春秋繁露·十指》）他赞扬春秋时齐倾公"不听声乐，不饮酒食肉，内爱百姓，问疾吊丧"，这种自我约束、爱民有道的仁政给他带来了"卒终其身"而"国家安宁"的结果（《春秋繁露·竹林》）。"失恩则民散，民散则国乱"（《春秋繁露·保位权》），因此要得国家安宁，君王就必须讲求恩德，博爱众生。《春秋繁露·竹林》云："且《春秋》之法，凶年不修旧，意在无苦民尔。苦民尚恶之，况伤民乎？伤民尚痛之，况杀民乎？故曰：凶年修旧则讥，造邑则讳。是害民之小者，恶之小也；害民之大者，恶之大也。"如果君王失掉民心，作恶害民杀民，那就丧失了天子的资格。在当时，这是非常有进步意义的思想。

第四，教民。教化民众也是君主的责任，"圣人之道，不能独以威势成政，必有教化"，"天生之，地载之，圣人教之"（《春秋繁露·为人者天》）。董仲舒认为，国家治理的关键是"以教化为大务"，"教化不立而万民不正也"（《汉书·董仲舒传》），圣明的君主决不可忽视教化，要给予老百姓实际的利益，同时还要教育引导他们，这才是正确的治国之道，即他所说"饮之食之，教之诲之，先饮食而后教诲，谓治人也"（《春秋繁露·仁义法》）。"先王见教之可以化民，此之谓也。"（《春秋繁露·为人者天》）"天下所未和平者，天子之教化不行也。"（《春秋繁露·郊祭》）因此英明的君主治理国家必须"明以教化"（《春秋繁露·立元神》）。怎么进行教化？君王要以身作则，"贵孝弟而好礼义，重仁廉而轻财利，躬亲职此于上，而万民听，生善于下矣"（《春秋繁露·为人者天》）。如果君王能够贵孝弟而好礼义，重仁廉而轻财利，那么上行下效，百姓就会风行草偃，闻风向善。教化的内容就是仁、义、孝、悌："先之以博爱，教以仁也；难得者，君子不贵，教以义养也。虽天子必有尊也，教以孝也；必有先也，教以弟也。"（《春秋繁露·为人者天》）

第五，利民。董仲舒以古代圣人为楷模，强调要给予老百姓实际的利益。"五帝三王之治天下……十一而税……不夺民时，使民不过岁三日，民家给人足。"（《春秋繁露·王道》）五帝三王治理天下时注重提高老百姓的物质生活，藏富于民。圣人为天下兴利是源于天道生育养长的功能。"故圣人之为天下兴利也，其犹春气之生草。""其为天下除害也，若川渎之泻于海也。"（《春秋繁露·考功名》）"生育养长，成而更生，终而复始，其事所以利活民者无已。天虽不言，其欲善足之意可见也。古之圣人，见天意之厚于人也，故南面而君天下，必以兼利之。"（《春秋繁露·诸侯》）圣人利民是效法天道，使老百姓的物质欲望得到满足，从而为社会治理奠定物质基础。他借古讽今，批评当时国家与民争利，"赋敛无度，以夺民财，多发繇役，以夺民时，作事无极，以夺民力"（《春秋繁露·五形相胜》），苛政"竭民财力，百姓散亡，不得从耕织之业"（《汉书·董仲舒传》），造成的结果是"所积重，则有所空虚矣。大富则骄，大贫则忧，忧则为盗，骄则为暴"（《春秋繁露·度制》)。为此，他明确提出了自己的利民主张："劝农事，无夺民时，使民岁不过三日，行十一之税"(《春秋繁露·五行顺逆》)，"限民名田，以澹不足，塞并兼之路。盐铁皆归于民。去奴婢，除专杀之威。薄赋敛，省徭役，以宽民力"(《汉书·食货志上》)。认为只有这样才可以实现善治。

(二) 以仁为本的霸王模式

董仲舒结合春秋战国王霸之辨的理论成果，完成王霸结合的总体治理模式，形成了王霸结合，以王道为主、霸道为辅的治道思想。

第一，以仁为本。在天地人三才构架中的人固然是指一切人，但主要是指王，王是贯通天地人的主体。董仲舒对"王"有独特的解释。《春秋繁露·王道通三》说："古之造文者，三画而连其中，谓之王。三画者，天地与人也，而连其中者，通其道也。取天地与人之中以为贯而参通之，非王者孰能当是？是故王者唯天之施，施其时而成之，法其命如循之诸人，法其数而以起事，治其道而以出法，治其志而归之于仁。"这就是说，"王"字的三横是天地人的象征，贯穿其中心的一竖则表示出王者参通天地人，是沟通天地人的中介。王怎么沟通天地人？以"中"来"贯而参通之"，归本于"仁"。就是说，王者以中道行政，仁民爱物，才能治理好国家。古代三王就是因"仁"而成"圣"："正其道不谋其利，修其理不急其功，致无为而习俗大化，可谓仁圣矣。三王是也。"(《春秋繁露·对胶西王越王大夫不得为仁》)王者通天地人，受命于天，要效法上天之"仁"，其为政之道要落实在仁政上。"故圣人法天而立道，亦溥爱而亡私，布德施仁以厚之，设谊立礼以导之。"(《汉书·董仲舒传》)"《春秋》之道，大得之则以王，小得之则以霸。故曾子、子石盛美齐侯，安诸侯，尊天子。霸王之道，皆本于仁。……爱人之大者，莫大于思患而豫防之，故蔡得意于吴，鲁得意于齐，而《春秋》皆不告。故次以言：怨人不可迩，敌国不可狎，攘窃之国不可使久亲，皆防患、为民除患之意也。不爱民之渐，乃至于死亡，故言楚灵王、晋厉公生弑于位，不仁之所致也。故善宋襄公不厄人，不由其道而胜，不如由其道而败，《春秋》贵之，将以变习俗而成王化也。"（《春秋繁露·俞序》）董仲舒说《春秋》大得之谓王道，小得之谓霸道，显然他是王霸结合的思路，而王霸结合又要以儒家的核心价值——仁来统摄，所以"霸王之道，皆本于仁"。他还通过《春秋》一书正反两方面的历史事实告诫当政者如何施行仁政。施行仁政的最佳方法是采取积极的措施，预测并杜绝那些容易导致百姓失范、社会无序的隐患发生。所以，成王称霸的成败，完全取决于是否行仁政。最后他还强调以宋襄公为例，指出行不仁之政侥幸获得成功，还不如行仁政而失败，所以《春秋》肯定宋襄公因仁而败，是为了改变世俗人的观念而进行王道教化。

第二，德主刑辅。他以天道阴阳论证德刑关系："天道之大者在阴阳。阳为德，阴为刑；刑主杀而德主生。是故阳常居大夏，而以生育养长为事；阴常居大冬，而积于空虚不用之处。以此见天之任德不任刑也。……王者承天意以从事，故任德教而不任刑。"（《汉书·董仲舒传》）天道任阳不任阴，王者法天，应该任德不任刑。《春秋繁露·阴阳义》说得更明白："阳者，天之德也；阴者，天之刑也。"刑德的施行体现了"天"的意志。天道的特点是"任德不任刑"，因此君主遵循天道治国就应该推行德治。不过，董仲舒在强调德治的同时，并没有否定刑罚的作用，只是将刑罚置于次要和从属的地位，不可专而任之。"刑之不可任以成世也，犹阴不可任以成岁也"，否则谓之"逆天，非王道也"（《春秋繁露·阳尊阴卑》）。从阴阳之道而言，无阴不成阳，无刑不成德，"庆赏刑罚之不可具也，如春夏秋冬不可不备也"（《春秋繁露·四时之副》）。在形式上，一阳一阴，德刑互为依赖，缺一不可，单行其一亦不可，而必须同时运用。

第三，教主刑辅。对于教化与刑罚的关系，《春秋繁露·精华》说："教，政之本也。狱，政之末也。其事异域，其用一也。"教化是为政之本，刑罚是为政之末，二者使用的领域不同，但目的一样，都是为了更好地治理国家。董仲舒在《天人三策》中强调教化的作用："古者教训之官，务以德善化民，民已大化之后，天下常无一人之狱矣。""是故教化立而奸邪皆止者，其堤防完也；教化废而奸邪并出，刑罚不能胜者，其堤防坏也。古之王者明于此，是故南面而治天下，莫不以教化为大务。"（《汉书·董仲舒传》）道德教化是预防犯罪的第一道防线，必须首先注重教化。教化就像大河的堤坝一样，能够预防违法犯禁；如果没有教化防患于未然，就像大河的堤防坏了，刑罚再多也无济于事。他总结历史的经验说："圣王已没，而子孙长久安宁数百岁，此皆礼乐教化之功。"他认为西周初年的"成康之治"也是得力于道德教化，"成康之隆，囹圄空虚四十余年，此亦教化之渐而仁义之流，非独伤肌肤之效也"（《汉书·董仲舒传》）。"化大行故法不犯，法不犯故刑不用"，此为"大治之道也"（《春秋繁露·身之养重于义》）。

（三）仁政王道的理想诉求

除了理论上的论证，他还以古代圣王的德治仁政为典范来体现自己的政治理想。《春秋繁露·王道》说："五帝三王之治天下，不敢有君民之心。什一而税，教以爱，使以忠，敬长老，亲亲而尊尊，不夺民时，使民不过岁三日。民家给人足，无怨望忿怒之患，强弱之难，无谗贼妒疾之人。民修德而美好，被发衔哺而游，不慕富贵，耻恶不犯。父不哭子；兄不哭弟。毒虫不螫，猛兽不搏，抵虫不触。故天为之下甘露，朱草生，醴泉出，风寸时，嘉禾兴，凤凰麒麟游于郊。囹圄空虚，书衣裳而民不犯。四夷传译而朝，民情至朴而不文。郊天祀地，秩山川，以时至，封于泰山，禅于梁父，立明堂，宗祀先帝，以祖配天，天下诸侯各以其职来祭。贡土地所有，先以入宗庙，端冕盛服而后见先。德恩之报，奉先之应也。"这是说五帝三王没有凌驾于民众之上之心，能够减轻赋税，不过分使用民力，不妨碍农业生产，实行教化，行王道之正，于是就出现了一系列吉祥美好的景象，借以来寄托他的政治理想。类似的《天人三策》也曰：

　　臣闻尧受命，以天下为忧，而未以位为乐也，故诛逐乱臣，务求贤圣，是以得舜、禹、稷、卨、咎繇。众圣辅德，贤能佐职，教化大行，天下和洽，万民皆安仁乐谊，各得其宜，动作应礼，从容中道。故孔子曰"如有王者，必世而后仁"，此之谓也。尧在位七十载，乃逊于位以禅虞舜。尧崩，天下不归尧子丹朱而归舜。舜知不可辟，乃即天子之位，以禹为相，因尧之辅佐，继其统业，是以垂拱无为而天下治。孔子曰"《韶》尽美矣，又尽善（矣）"，此之谓也。

　　这是通过尧、舜、禹三圣的德治仁政来体现自己所推崇的王道政治理想，是儒家一以贯之的思想。尧、舜、禹是孔子以来儒家心目中的古代圣王，不仅是最高的人格典范，也是政治理想的寄托。再往下还对文王、武王、周公之治也心怀向往："文王顺天理物，师用贤圣，是以闳夭、大颠、散宜生等亦聚于朝廷。爱施兆民，天下归之，故太公起海滨而即三公也。""臣闻圣王之治天下也，少则习之学，长则材诸位，爵禄以养其德，刑罚以威其恶，故民晓于礼谊而耻犯其上。武王行大谊，平残贼，周公作礼乐以文之，至于成康之隆，囹圄空虚四十余年，此亦教化之渐而仁谊之流，非独伤肌肤之效也。"文王顺天理物，师用贤能，爱施兆民，天下归之；武王伐纣平天下，周公作制礼作乐，出现了"天下安宁，刑错四十不用"的局面，史称成康之治，都是仁政的典范。董仲舒盛赞古代的圣王之治，并不是为了发思古之幽情，而是有强烈的现实关怀和经世动机。他说："夫古之天下亦今之天下，今之天下亦古之天下，共是天下，古（以）大治，上下和睦，习俗美盛，不令而行，不禁而止，吏亡奸邪，民亡盗贼，囹圄空虚，德润草木，泽被四海，凤凰来集，麒麟来游，以古准今，壹何不相逮之远也！安所缪盭而陵夷若是？意者有所失于古之道与？有所诡于天之理与？试迹之（于）古，返之于天，党可得见乎。"（《汉书·董仲舒传》）古今同样是一个天下，古代圣王能够使天下大治，如果以他们为标准衡量今天，为什么如此不同且有这样大的差距呢！难道说朝廷的大政方针同国情悖谬不符而朝政日坏，以致出现了今天这种局面？或者出现这种过失是因为违背了古时圣王的治国之道？有逾越常理的地方？假如对照今天的情况去考察古代圣王是怎样做的，再将考察结果与上天赐予的治国之道相比较，或者可以对上述问题有一个清楚的认识。这说明董仲舒有强烈的现实性，试图使汉武帝效法尧舜禹文武周公这些圣王，以"兴仁谊之林德，明帝王之法制，建太平之道也"（《汉书·董仲舒传》）。

到了董仲舒所面临的治理问题颇为严峻。汉兴以来，统治者在指导思想上采用黄老思想，以因循为务，但黄老之学"纠正和改变的是秦代对法治的滥用，而其法治的精神和立场，则是没有改变的。……汉初统治者在清静无为的宽容面貌下，所严守不失的，正是黄老或法家思想的这个基本精神与立场。"在实际政治中，尤其是法律制度上，汉初沿用秦政，造成在政治、法律制度方面几乎承袭了秦的所有弊病。对此，董仲舒说：

> 至周之末世，大为亡道，以失天下。秦继其后，独不能改，又益甚之，重禁文学，不得挟书，弃捐礼谊而恶闻之，其心欲尽灭先圣之道，而颛为自恣苟简之治，故立为天子十四岁而国破亡矣。自古以来，未尝有以乱济乱，大败天下之民如秦者也。其遗毒余烈，至今未灭，使习俗薄恶，人民嚣顽，抵冒殊扞，孰烂如此之甚者也。孔子曰："腐朽之木不可雕也，粪土之墙不可圬也。"今汉继秦之后，如朽木、粪墙矣，虽欲善治之，亡可奈何。法出而奸生，令下而诈起，如以汤止沸，抱薪救火，愈甚亡益也。

董仲舒通过反思历史，尖锐地批评秦承晚周之弊，尊法反儒，禁止民间扶藏诗书，抛弃礼义，尽灭先王之道，独断专横，导致二世而亡。至汉初政策上用黄老思想，清静无为，与民休息，但是在政治—法律制度上，汉承秦制，秦王朝的遗毒余烈还在延续，民间习俗薄恶，民众嚣顽，好勇斗狠，法令滋彰，奸伪萌起，国家治理犹如以汤止沸，抱薪救火，危机四伏。这些批评显示了景武之际治理危机，欲求善治而不得的情况。正是针对这样的政治现状，董仲舒在经学的视野下，以《春秋》公羊学为思想渊源和学术基础，特别发挥《春秋》公羊学的仁政王道思想，使先秦儒家仁政王道思想在汉代得到了新的发展，同时也为从根本上解决当时汉帝国面临的治理危机问题提供了富有价值的思路与方案，以实现善治的目标。董仲舒的仁政王道思想对于今天推进国家治理体系和治理能力现代化，也具有重要的参考价值，值得重视。

汉代政治与儒学的互动及其启示

吴龙灿[*]

一、汉代政治对儒学的需要

汉代政治对儒学的需要，在西汉初期七十年非常有代表性。汉初政治核心问题，可从政治、社会、文化三方面予以说明。

首先是在政治方面，面临的关键问题是权力来源合法性和政治统治原则问题。在《史记》中记载着汉初一段著名的革命和弑君之争：

> 清河王太傅辕固生者，齐人也。以治《诗》，孝景时为博士。与黄生争论景帝前。黄生曰："汤武非受命，乃弑也。"辕固生曰："不然。夫桀纣虐乱，天下之心皆归汤武，汤武与天下之心而诛桀纣，桀纣之民不为之使而归汤武，汤武不得已而立，非受命为何？"黄生曰："冠虽敝，必加于首；履虽新，必关于足。何者，上下之分也。今桀纣虽失道，然君上也；汤武虽圣，臣下也。夫主有失行，臣下不能正言匡过以尊天子，反因过而诛之，代立践南面，非弑而何也？"辕固生曰："必若所云，是高帝代秦即天子之位，非邪？"于是景帝曰："食肉不食马肝，不为不知味；言学者无言汤武

* 吴龙灿：宜宾学院四川思想家研究中心副教授。

受命，不为愚。"遂罢。是后学者莫敢明受命放杀者。

这段争论揭示了困扰汉王朝权力来源合法性的问题。刘邦起于平民，何以得天下？辕固生"汤武革命"可以用来说明秦政无道，刘邦受天命而诛之，但难解皇权与诸侯争势问题；黄生强调君臣上下之分，臣下有尊天子的绝对义务，但又不能解释刘邦得天下的权力来源合法性。就政治制度而言，汉承秦制，本来有郡县中央集权制度可沿用，但刘邦"惩戒亡秦孤立之败"，开国时大封功臣，封异姓王八，封列侯百余，后或谋反或恐其谋反而一一剪除异姓王，但又大封同姓王十人，诸侯王势力不断膨胀，封地占全国三分之二，中央直辖只有"三河、东郡、颍川、南阳，自江陵以西至巴蜀，北自云中至陇西，与京师内史凡十五郡，公主列侯颇邑其中"。诸侯坐大，尾大不掉，"然之后原本以大，末流滥以致溢，小者淫荒越法，大者睽孤横逆，以害身丧国。故文帝采贾生之议分齐、赵，景帝用晁错之计削吴、楚"。于是文帝时有淮南、济北之叛，景帝时有几乎令皇权覆灭的七国之乱。如何在制度伦理和权力正当性根据两者之间找到一个维护汉王朝统治秩序两全之策，是汉初政治哲学的当务之急。

而另一个问题就是政治统治原则问题。秦法酷烈，而汉承秦制，汉初基本沿袭，虽有黄老清静无为、与民休息之表象，实则汉法与秦法一样由疏而密，李斯自颂"缓刑罚，薄赋敛，以遂主得众之心"，而终致秦政"法令诛罚日益深刻"。同理，高祖初入关中约法三章，后"三章之法不足以御奸，于是相国萧何攈摭秦法，取其宜于时者，作律九章"，一仍秦法行于汉世，"然孝文帝本好刑名。及至孝景，不任儒者，而窦太后又好黄老之术"，黄老本来就是道家帝王南面之术和法家刑名的结合，刀笔之吏充塞政府部门，"外有轻刑之名，内实杀人"。故汉初有陆贾和贾谊等反思秦政之少仁义，也有晁错等用法家刑法，更有黄老道家综合道法的清静无为。秦开辟的天下一统新制度，在兴勃亡速的反省中，选择任德还是任刑的统治原则，也是当时的政治核心问题之一。

汉武帝在举贤良对策之制中，向董仲舒提出了皇权合法来源和正义原则问题。"固天降命不查复反,必推之于大衰而后息与?""三代受命,其符安在?"此两问关注的是政权合法性,是否来自天命,如何才能长久。"凡所为屑屑,夙兴夜寐,务法上古者,又将无补与?""伊欲风流而令行,刑轻而奸改,百姓和乐,政事宣昭,何修何饬而膏露降,百谷登,德润四海,泽臻草木,三光全,寒暑平,受天之祜,享鬼神之灵,德泽洋溢,施乎方外,延及群生?"此两问关注的是政治统治原则,在全新的大一统国家里,是实行法先王(唐虞三代)以德治传统为主的王道,还是实行法后王以法治为主的霸道。

其次是在社会方面的核心问题,主要是社会各阶层的经济利益和权力配置问题。先看汉武帝即位前的汉初社会经济情况:

> 至武帝之初七十年间,国家亡事,非遇水旱,则民人给家足,都鄙廪庾尽满,而府库余财。京师之钱累百巨万,贯朽而不可校。太仓之粟陈陈相因,充溢露积于外,腐败不可食。众庶街巷有马,阡陌之间成群,乘牸牝者摈而不得会聚。守闾阎者食粱肉;为吏者长子孙;居官者以为姓号。人人自爱而重犯法,先行谊而黜愧辱焉。于是罔疏而民富,役财骄溢,或至并兼;豪党之徒以武断于乡曲。宗室有土,公卿大夫以下争于奢侈,室庐车服僭上亡限。物盛而衰,固其变也。

文景之治的繁荣背后,已经产生了导致社会危机的许多因素。商业流通的无节制发展,导致商人发放高利贷和对农民田产的兼并,土地日益集中到大地主手中,农民破产为奴或弃农经商,国家税源和兵源减少,四处流亡而扰乱社会秩序,宗室和官员奢侈乱制,社会风气堕落,这些都危及社会良序建设和经济良性发展。《食货志》记载董仲舒对当时社会经济的描述和建议:

> 是后,外事四夷,内兴功利,役费并兴,而民去本。董仲舒说上曰:"《春秋》它谷不书,至于麦禾不成则书之,以此见圣人于

五谷最重麦与禾也。今关中俗不好种麦，是岁失《春秋》之所重，而损生民之具也。愿陛下幸诏大司农，使关中民益种宿麦，令毋后时。"又言："古者税民不过什一，其求易共；使民不过三日，其力易足。民财内足以养老尽孝，外足以事上共税，下足以蓄妻子极爱，故民说从上。至秦则不然，用商鞅之法，改帝王之制，除井田，民得卖买，富者田连阡陌，贫者无立锥之地。又颛川泽之利，管山林之饶，荒淫越制，逾侈以相高；邑有人君之尊，里有公侯之富，小民安得不困？又加月为更卒，已，复为正，一岁屯戍，一岁力役，三十倍于古；田租口赋，盐铁之利，二十倍于古。或耕豪民之田，见税什五。故贫民常衣牛马之衣，而食犬彘之食。重以贪暴之吏，刑戮妄加，民愁亡聊，亡逃山林，转为盗贼，赭衣半道，断狱岁以千万数。汉兴，循而未改。古井田法虽难卒行，宜少近古，限民名田，以赡不足，塞并兼之路。盐铁皆归于民。去奴婢，除专杀之威。薄赋敛，省徭役，以宽民力。然后可善治也。"仲舒死后，功费愈甚，天下虚耗，人复相食。

一方面是土地逐渐集中和农业基础日益薄弱，一方面汉武帝此后开始横征民力以服四夷，大用兴利之臣桑弘羊等，行盐铁官卖、榷酒酤、算缗、均输、铸钱币、增口赋、鬻爵等聚财之政，"功费愈甚，天下虚耗"，"于是外攘夷狄，内兴功业，海内之士力耕不足粮饷，女子纺绩不足衣服"。实则"汉政治之所急，尚不在边寇，尚不在列侯诸王之变乱，而在社会经济不均，所造成种种之病态也"。可见董仲舒的建议"限民名田，以赡不足，塞并兼之路。盐铁皆归于民。去奴婢，除专杀之威。薄赋敛，省徭役，以宽民力"，是对治汉武之朝很中肯的社会经济措施。

针对政府和宗室官吏巧夺民力的情况，董仲舒提出"不与民争业"和在政府部门任用循吏的对策。"身宠而载高位，家温而食厚禄，因乘富贵之资力，以与民争利于下，民安能如之哉！是故众其奴婢，多其牛羊，广其田宅，博其产业，畜其积委，务此而亡已，以迫蹴民，民日削月浸，浸以大穷。富者奢侈羡溢，贫者穷急愁苦；穷急愁苦而不上救，则民不乐生；民不乐生，尚不避死，安能避罪！此刑罚之所以蕃而奸邪不可胜者也。故受禄之家，食禄而已，不与民争业，然后利可均布，而民可家足。"因为"尔好谊，则民乡仁而俗善；尔好利，则民好邪而俗败"。所以，"若居君子之位，当君子之行"，要"皇皇求仁义常恐不能化民"。这就要求有一大批能够用仁义进行社会教化的贤能之士进入官吏阶层，成为以仁义化民成俗的循吏。而当时的官吏多来自贵族富豪子弟，"夫长吏多出于郎中、中郎，吏二千石子弟选郎吏，又以富訾，未必贤也"。故董仲舒提出选举官吏的办法，"毋以日月为功，实试贤能为上，量材而授官，录德而定位，则廉耻殊路，贤不肖异处矣"。选贤任德的方式选举官吏，实际上是改变了社会各阶层权力配置方式从原来的局限于贵族富豪子弟转移到全社会公开选拔。

最后是与政治、社会两方面相呼应，在文化方面的核心问题主要在于倡导何种社会主流文化和社会教化的问题。

西汉初期也存在着百家争鸣、莫衷一是的情况，而统治思想的主流黄老道家已经不能适应当时现实发展的需要。司马谈《论六家要旨》阴阳、儒、墨、名、法、道德六家津津乐道，也是战国诸子百家争鸣之遗风，但其特别表彰道家，而贬损其余，则是当时流风所趋。其中的道家，其实是流行于初汉、窦太后所好的黄老道家，被认为是综合各派优势克服各家缺点的最有价值的学说。

然而在政治统治原则和社会经济出现问题和危机的时候，在政治哲学层面的文化反思就会发生。春秋末年孔子作《春秋》以"克己复礼为仁"，战国时孟子"距杨墨，放淫辞"以推广仁政，庄子后学之《天下》弘扬"道术"，荀子之《非十二子》而"隆礼重法"，韩非子之《显学》反"儒墨"而李斯提议"焚书坑儒"，这些都是在特定时期文化反思的成果。秦灭汉兴，反思秦政，陆贾以为"谋事不立仁义者后必败"，贾谊以为"仁义不施，则攻守之势异也"。司马谈以为"法家不别亲疏，不殊贵贱，一断于法，则亲亲尊尊之恩绝矣。可以行一时之计，而不可长用也"。而董仲舒天人三策提出"大一统"建议，汉武帝采纳之而

"推明孔氏，表章六经"。这一建议并没有禁止其他学派的存在，而是通过官方提倡而引导社会崇尚仁义道德，形成有耻且格的社会风气，而非如李斯"焚书坑儒"以残暴的手段禁毁异己者。"及仲舒对策，推明孔氏，抑黜百家。立学校之官，州郡举茂材孝廉，皆自仲舒发之。"用儒家整理的历史文化遗产《六经》及孔子言论和儒家著作作为教材，培养出用仁义教化天下的官吏，为政府推行德治措施，移风易俗，走向大同社会，这才是董仲舒建议的要旨。

综上所述，汉初七十年在政治方面有汉王朝政治合法性和大一统郡县制中央集权统治正义原则问题，在社会方面有社会各阶层经济利益和权力配置问题，在文化方面有倡导何种主流文化和社会教化问题。解决这些核心问题需要从不同角度对历史教训和西汉现实进行系统反思，创造性地转化先圣时贤的政治智慧。这就需要先秦以来诸子百家智慧在新形势下的创造性转化和创新性发展，儒家对中华优秀传统文化的忠实继承，以及"和而不同"的胸怀和"综罗百家"的综合创新能力，使之成为汉代政治的必然选择，汉武帝与董仲舒的风云际会促成中国政治与儒学结合的历史机遇。

二、汉代政治对儒学发展的影响

（一）最高统治者的偏好与儒学兴衰

刘邦曾以实际行动尊儒。汉高祖十二年（前195年）十一月，汉高祖刘邦过鲁，以太牢祀孔子。罗振玉《古今学术之替变》："自嬴秦并六国，烧诗书，坑术士，重法吏，二世而亡天下。及炎汉兴，高祖十二年行过鲁以太牢祀孔子，为两汉尊崇儒术之始。"此举为汉代乃至汉之后历朝历代尊孔尊儒立下了基调，开启历代帝王尊孔和祭孔之先例。在此之前，刘邦已于汉高祖二年重用儒生叔孙通为博士，儒生弟子百余人随从，后为之定朝仪等礼乐制度。还因才干重用辕生、随何、张苍、陆贾等儒生。其中陆贾应高祖反思秦失天下、汉得天下原因之命，著《新语》12篇，认为政权可以马上得之而不可以马上守之，不要重蹈秦王朝"任刑法"的覆辙，应"行仁义、法先圣"，以儒家礼义治理天下。这些都是刘邦尊儒尊孔、以最高礼遇祀孔子的先导。宋代志盘《佛祖统纪》评曰："周秦以来，为儒者尊孔子为宗师，而在上之君未知所以褒称而尊事之。高皇帝当干戈甫定之日，过鲁祠之，且封其后人以奉嗣焉，所以教人以'武定文守'之义。后代人主尊称'先圣'，通祀天下，为万世师儒之法者，自汉家始，岂不盛哉！"

西汉初七十年重黄老刑名而抑制儒家的国家意识形态，直到汉武帝才开始尊儒。这一方面与汉初医治战争创伤与民休息的形势需要有关，另一方面与皇帝偏好有关。如汉文帝"好刑名之言"，景帝"不任儒者"，窦太后"好黄老之术"。有心协助文帝更化改制的贾谊郁郁而终，《齐诗》博士辕固生在景帝时当面直言《老子》"乃家人言耳"，触犯窦太后几死。汉武帝即位后，窦太后遏制武帝向儒，儒生赵绾、王臧下狱而死。直到建元元年（前135年）窦太后去世，武帝才放手尊儒。他在诏贤良对策中三次启发式追问董仲舒，董仲舒天人三策称为武帝更化改制的纲领，从此"推明孔氏，表章六经"，儒家五经成为官学，经学成为学术正统和官方意识形态，而经过儒家经典教育士大夫成为官府的主要成员。

东汉开国皇帝刘秀小时候在叔父刘良关心下，入小学、游太学，受过良好的经学教育，得天下后尊贤崇儒。"汉光武中兴，爱好经术，未及下车，而先访儒雅，搜求阙文，补缀漏逸。……于是立《五经》博士，各以家法教授……建武五年，乃修起太学，稽式古典，笾豆干戚之容，备之于列，服方领习矩步者，委它乎其中。……自光武中年以后，干戈稍戢，专事经学，自是其世风笃焉。其服儒衣，称先王，游庠序，聚横塾者，盖布之于邦城矣。……所谈者仁义，所传者圣法也。故人识君臣父子之纲，家知违邪归正之路。"（《后汉书·儒林列传》）光武帝由于自身儒学教育的修养体悟及对西汉文化政策、经学制度的自觉继承，兴学养士，讲经听诵，在全社会推广儒学教育，促使东汉成为"经学极盛"和民间崇儒的时代。

汉代帝王教育的基本内容还是儒家经典教育，有很高的经学修养。惠帝刘盈做太子时期的太子太傅即为叔孙通，而《孝经》、《论语》为太子教育必修，故汉代帝王自惠帝始谥号皆有"孝"字。景帝七年（前150年），立太子刘彻（汉武帝），以《鲁诗》传人王臧为少傅，以《齐诗》奠基人辕固为清河王太傅，以《韩诗》奠基人韩婴为常山王太傅。霍光上奏议立宣帝的理由是病已"师受《诗》、《论语》、《孝经》，躬行节俭，慈仁爱人"（《汉书·霍光传》）。宣帝和东汉的章帝都是受过严格经学教育的经学家，分别主持博士、经学家辩论五经同异的石渠阁会议和白虎观会议，亲临称制，统一经义，直接决定经今古文学发展的方向和经学作为汉王朝宪章的地位。

（二）博士制度与教育政策

在汉武帝立五经博士之前，博士制度已经存在。在秦之前，战国时期就至少有公仪休（鲁穆公时博士，战国初期）、卫平（宋元王时博士，战国中期）、郑同（"南方之博士"，可能是韩博士，战国后期）、贾祛（魏博士，战国后期）等各诸侯国博士。《汉书·百官公卿表序》："博士，秦官，掌通古今，秩比六百石，员多至数十人。"《史记·秦始皇本纪》称秦博士七十人，诸子百家皆列其中。汉承秦制，而博士一职在汉初高祖时未立。惠帝时立孔子后裔孔襄（其兄即持礼器投陈胜俱死的孔鲋）为博士，文帝、景帝时立博士渐多，可考的有贾谊、晁错、公孙臣、申培（《鲁诗》）、韩婴（《韩诗》，以上文帝时立）、辕固（《齐诗》）、张生（《尚书》）、胡毋生、董仲舒（《春秋》，以上景帝时立）。据赵岐《孟子题辞》："孝文帝为广游学之路，《论语》、《孝经》、《尔雅》、《孟子》皆置博士。"然而此时上之所好不在儒学，"故诸博士具官待问，未有进者"（《汉书·儒林传序》）。即便如此，作为秦代焚书坑儒之后幸存下来的儒家博士，通过儒家经典传授培养了大批弟子（其中仅申培的弟子上千），使儒家经典传承统绪不坠，为濒临灭绝的儒学在汉代复兴铺垫了基本条件。

汉武帝采纳董仲舒天人三策作为改制更化的总纲领后，立五经博士和弟子员制度，兴太学和地方各级学校养士，不仅使儒家经典传承和儒学教育得到制度化的保障，而且开创了儒士做官的利禄之途。公孙弘因《春秋》公羊学而布衣至卿相，对天下寒士学儒是一个很大的激励榜样。公孙弘出身贫寒，曾在渤海边牧猪，四十岁才开始学《公羊春秋》，近七十岁才在第二次对策中由太常定位下第，由武帝特擢为上第，从此仕途顺畅，为丞相封侯，"天下学士靡然乡风矣"（《汉书·儒林列传》）。班固《东都赋》曰："四海之内，学校如林，庠序盈门，献酬交错，俎豆莘莘，下舞上歌，蹈德咏仁。"经学博士往往是三公的首选对象，而博士弟子员待遇优厚，仕途畅通。博士数量随着经典异本和相关经学家的增加而不断增加，到宣帝有黄龙十二博士，博士弟子员数量也从五十名不断增加到三千名，后来规模还在扩大。

（三）献书与校书制度

秦始皇焚书坑儒、项羽咸阳烧书之后，儒家典籍散亡，直到惠帝四年（前191年）"除挟书律"，开始"广开献书之路"。《汉书·艺文志》云："汉兴，改秦之败，大收篇籍，广开献书之路。迄孝武世，书缺简脱，礼坏乐崩，圣上喟然叹曰：朕甚闵焉！于是建藏书之策，置写书之官，下及诸子传说，皆充秘府。"《汉书·司马迁传》："秦坝区古文，焚灭诗书，故明堂石室金匮玉版图籍散乱。汉兴，萧何次律令，韩信申军法，张苍为章程，叔孙通定礼仪，则文学彬彬稍进，诗书往往简出。在曹参荐盖公言黄老，而贾谊、朝错明申韩，公孙弘以儒显，百年之间，天下遗文古事靡不毕集。"

"广开献书之路"，包括文帝使晁错受《尚书》于伏生，孔壁出书，文帝使博士作《王制》等。还有河间献王"修学好古，实事求是"，从民间求善书，得古文先秦旧书《周官》、《尚书》、《礼》、《礼记》、《孟子》、《老子》之属，皆经传说记，七十子之徒所论。其学举六艺，立

《毛式诗》、《左氏春秋》博士。修礼乐，被服儒术，造次必于儒者。山东诸儒从而游"（《汉书·河间献王传》），搜书宏富的献王之书也都献给了武帝，淮南王刘安从民间搜书甚多，也被武帝借平谋反收了。"至成帝时，以书颇散亡，使谒者陈农求遗书于天下。"（《汉书·艺文志》）可见武帝之后，民间求书没有间断。

武帝"建藏书之策"，"外有太常、太史、博士之藏，内有延阁、广内、秘室之府"（《隋书·经籍志》）。泛指武帝所建藏书制度中有各种分类书籍的专用藏书台、阁。

"置写书之官"，盖至成帝时刘向校书，开始比较系统规范的校书活动。"诏光禄大夫刘向校经传诸子诗赋，步兵校尉任宏校兵书，太史令尹咸校数术，侍医李柱国校方技。每一书已，向辄条其篇目，撮其指意，录而奏之。"（《汉书·艺文志》）刘向去世后，其子刘向承校书，竟成父业。今见《汉书·艺文志》乃抄录刘歆所奏的总书目《七略》而成。

儒家典籍的整理，包括《六艺略》与《诸子略》中的儒家类的文献，是儒学的基本载体和传承依据。

三、儒学对汉代政治的适应与塑造

（一）意识形态儒家化

汉武帝采用董仲舒"天人三策"之后，汉代政治意识形态逐步走向儒家化。董仲舒所谓的大一统，主要是思想文化上的大一统，在政治上的表现就是意识形态的统一。

《春秋》大一统者，天地之常经，古今之通谊也。今师异道，人异论，百家殊方，指意不同，是以上亡以持一统；法制数变，下不知所守。臣愚以为，诸不在六艺之科孔子之术者，皆绝其道，

勿使并进。邪辟之说灭息，然后统纪可一而法度可明，民知所从矣。（《汉书·董仲舒传》）

而董仲舒提出的大一统方向，是"诸不在六艺之科孔子之术者，皆绝其道，勿使并进"。也即"推明孔氏，表章六经"，通过政府制度化倡导"六艺之科"、"孔子之术"，而在此之外的学术思想，在政治制度层面"皆绝其道，勿使并进"。所以意识形态的儒学化自武帝"兴太学"、"立五经博士"等尊儒行动发生时就已经开始了，而且不停地深化。"盐铁会议"、"石渠阁会议"、"白虎观会议"都是儒学思想的意识形态统一会议。章帝亲临称制并命班固编纂的《白虎通义》，具有政治宪章的地位，是汉代政治意识形态儒家化的成熟状态。

董仲舒奠定了汉代政治哲学的范式，也奠定了汉代政治意识形态儒家化的基本模式。董仲舒坚持先秦"天命"观、孔子仁义学说和德治理念，以公羊学理论为基础，吸收阴阳和五行学说，融合了墨家的"天志"、"鬼神"观念，综合借鉴法家、名家、阴阳家、道家的思想，建构"天人感应"、"德主刑辅"、"三纲五常"为基础的新儒学体系，圆满地解决了汉代大一统天下的政治正当性、统治方式合理性和社会伦理道德建设问题。汉武帝更化改制之后的政治实践，是董仲舒政治哲学的现实化印证与调适，《白虎通义》可谓是董仲舒新儒学体系在政治意识形态层面的系统化、宪章化。

（二）法律儒家化

董仲舒提出并在武帝时开始实践的"《春秋》决狱"是儒家文化渗透法制的直接体现。作为一种审判案件的推理判断方式，《春秋》决狱主要用孔子的思想来对犯罪事实进行分析、定罪。即除了用法律外，可以用《易》、《诗》、《书》、《礼》、《乐》、《春秋》六经中的思想来作为判决案件的依据。汉代以董仲书为代表儒家学派为了改变法家思想主宰司法领域的现状，通过皇权的力量要求司法官在遇到律无正文或虽有条文但不符合儒家道德的案子时，根据《春秋》经义断案，实际上赋予《春秋》经义极高的法律效力。在司法审判的实务中，董仲舒等人提倡以《春秋》等儒家经典为指导，还组织编辑《春秋决事比》（又称《春秋决狱》），收录232个以《春秋》决案的典型案例，在整个汉朝的司法审判中，《春秋决事比》实际上成为当时的判例法。其原则有"原心定罪"、"亲亲得相首匿"、"君亲无将，将而诛焉"，其要义在于以儒家"三纲五常"理念作为主要价值依据，根据案情事实，追究行为人的动机；动机邪恶者即使犯罪未遂也不免刑责，首恶者从重惩治，主观上无恶念者从轻处理等。

董仲舒开启的汉代法律《春秋》决狱实践，以儒家思想取代法家思想在政治领域的统治，改变了秦汉以法家思想为主导的重刑峻法，启导了两千多年中国儒家化法律制度实践，实际上是儒家思想在法律领域的制度化产物。

（三）政治制度儒家化

政治制度领域的儒家化，表现为教育体制、学术体制、伦理道德和政府治理模式等方面的儒家化。教育儒家化和学术儒家化在上述经学教育和博士制度中有所论述，这里谈谈伦理道德与政府治理模式的儒家化。

董仲舒的"三纲五常"道德理念和教化理论，为解决汉初伦理道德危机提供了解决方法。教化的途径，一是通过利禄之途（如举孝廉、通经得官）吸引和激励人们主动接受经学教育和按照儒家道德理念改变行为模式；二是通过循吏教化地方民众，把教化作为官吏考核绩效的主要指标之一，在民间制度化传播和实践儒家伦理道德观念；三是通过政府荣誉和物质奖励的方式表彰孝悌、忠义、贞节等行为。通过儒家伦理思想的教育和教化，汉代政治社会产生了移风易俗、美政美俗的良好效应。

政府治理模式的儒家化，主要是指通过教育儒家化，使经过儒家经典教育的大量儒士进入政府而渐成政府官员主体，使得政府各个层面、各个环节的行政执行人都是具有儒家仁义理念和家国社会责任感的士大夫，从而形成了中国特色"士治政府"（钱穆语），后来的科举考试制度、监察制度为基础的文官制度，正是"士治政府"政治统治模式的成熟体现。近代以降西方皆以仿效中国的文官制度为尚，而现当代中国偏爱西化，却丢弃自己的政治传统去学习西方政治制度和政治思想，颇得"抛却自家无尽藏、沿门托钵效贫儿"之讥。

汉代政治与社会文化穷则思变，回归传统，根据现实需要，以儒学为中心综罗百家，在继承历史遗产（汉承秦制）的同时创新。如果没有西汉初从叔孙通到董仲舒根据时代形势博采众长，创造性转化与创新性发展先秦儒学，就不可能争取到儒学的春天。

政治是儒学发展的根本现实环境，没有政治的支持和推动，儒学将要受到抑制而衰落，如果得到政治的支持和鼓励，则会蓬勃发展。虽然最高领导人的态度和意志是政治对儒学影响的重要因素，但也需要一定的认识和推行的过程。如刘邦曾非常功利地对待儒学与儒生，后来经过现实验证和体悟，逐渐从讨厌儒生、"谓读书无益"到在山东祀孔，检讨自己"多不是"。文帝、景帝从好儒到设立作为儒生榜样的博士，还有各种礼仪制度的逐步建立，为汉武帝尊儒准备了条件。而汉武帝尊儒之后，经学主导地位的形成，则是经过西汉中后期的长期积累。一直到东汉前三帝全心全意推行儒学，才真正达到儒学在汉代全面的极盛期。

儒学的兴衰与能否健康发展与中国政治社会的兴衰与能否健康发展从西汉起紧密关联，一荣俱荣，一衰俱废。欲兴其国，先立其魂。中华民族的伟大复兴，必然先以儒学复兴。儒学是全体大用之学，儒学复兴的内容，不仅仅是形而上的哲学理论，还在于形而下的治国理政、制度建设和伦理道德教化。

儒学复兴的根本措施有三个方面：一是中国政府视中华优秀传统文化为关系国家兴亡的珍稀国宝，不遗余力大力倡导和推动儒学现代大发展；二是儒家学者对儒家经典的倾力传授的同时，根据时代需要博采世界范围的人类文明优秀成果，创造性转化和创新性发展儒家思想；三是在民间社会大力推广和传播儒学，使儒学落地生根，教化乡里，淑世济人。

宋儒义理之学新诠

朱汉民[*]

什么是义理之学？历史上，人们把那些讲求儒家经义、探究名理的学问称为"义理之学"。在中国学术思想史上，宋代义理之学是一种独特的学术形态，代表了儒家义理之学发展的最高阶段。

在人们的思想或者印象中，义理之学似乎就是一种对抽象道理的思辨、空虚德义的体悟。义理之学被认为是脱离实际、空疏无用的知识学问。这和历史上义理之学的本义以及后来的思想发展是完全相脱离的。本文试图对宋儒的义理之学重新作一诠释，以求获得对义理之学的合理理解。

一、"义理"的本义

当清代学者将宋学定义为"义理之学"时，是为了与他们心目中的"汉学"区别开来。他们主要是以知识学意义上的学术范式差异来理解"义理之学"的"宋学"，即将"宋学"视为一种以道德义理的诠释、思辨为重点的义理之学，以区别于以文字、文献和典章制度为重点的考据之学。但是这与宋儒自己所理解的"义理学"是有很大区别的。当

---

[*] 朱汉民：湖南大学岳麓书院教授。

宋儒称自己的学说为"义理之学"、"理学"时，其意义首先是学术的社会使命与文化功能上的，即他们旨在恢复原始儒学的社会文化功能，旨在恢复与建构一种"有体有用之学"、"内圣外王之学"、"圣学"以解决社会的人心世道、经邦治国的问题。其次，"义理之学"、"理学"当然也是学术范式、知识形态意义上的，"义理之学"的目的是要恢复这种"明体达用之学"、"圣学"的文化功能，故其学术范式才必须采取道德义理的诠释、思辨为重点的义理之学的学术形态。

要从社会功能、学术范式的双重意义上考察宋儒"义理之学"，我们必须首先厘清：这个在文献典籍上耳熟能详的"义理之学"的历史意义是什么？所以，我们必须进一步探讨"义理之学"中"义理"的历史含义。

"义理之学"是宋代出现的，而"义理"或者"理义"则在先秦文献中大量出现；同时在双字词"义理"、"理义"出现之前，就已经出现了"理"、"义"的单字词，并且有了确切的哲学含义；至于单字"理"、"义"组合而成的"义理"、"理义"，则是其哲学含义的深化。

在先秦文献中，"义"是一个出现频率很高的词，其词义也较丰富，但是，其主要意思则是正义、道义、德义相关的道德概念，涉及的是与人的道德价值相关的精神世界。人们既可以把它看作是诸多道德准则、道德范畴的一种，如仁、义、礼、智、信"五德"之一；也可以将其看作是诸多德行、规范的根本准则。如郭店楚简《性自命出》所说："义，群善之蕝也。"

在先秦文献中，"理"也是一个大量出现的词，与"义"主要是一种道德意义的价值概念不同，"理"最初就是一种法则意义的客观规律概念。据学者邓国光考订"理"最早见于典籍是动词"整理"、"治理"的意思，"与治国的'疆理天下'的重大事件相关"。由动词的"理"转化出名词的"理"，就具有了客观法则的意义。对于古人来说，客观法则的"理"可以是自然法则，即所谓"物成生理"、"万物殊理"、"凡理者，方圆、短长、粗靡、坚脆之分也。故理定而后可得道也、故定理有存亡，有死生，有盛衰。"也可以是社会法则的理，即所谓"仁人以其取舍是非之理相告"，"故礼者，谓有理也"。

在先秦文献中，当独立的"义"字、"理"字出现以后，又产生了将"义"和"理"连用的"义理"或"理义"。这种连用的"义理"的结合一般形成三种词组结构，并形成三种不同的含义。其一，是"理"与"义"并列义，如《墨子·非儒》有"不义不处，非理不行"，就是一种"义"与"理"的并列。所以《管子·形势解》说："国主之动静得理义，号令顺民心。"同时又指出："乱主之动作失义理，号令逆民心。"这里分别出现"理义"和"义理"，说明其"理"（法则）与"义"（道义）是并列关系。其二，是以"理"定义"义"的偏正结构。如孟子向来重视道义，多讲"义"，但偶尔也说"理义"，他说："心之所同然者，何也？谓理也，义也。圣人先得我心之所同然耳，故理义之悦我心，犹刍豢之悦我口。"孟子所说的"理义"，旨在强调"义"的内在必然性，故以"理"修饰"义"。其三，是以"义"修饰"理"的偏正结构。《管子·心术》说："理也者，明分以谕义之意也。故礼出乎义，义出乎理，理因乎宜者也。"《管子》重"理"，故而他说的"理"是社会法则，他特别强调"理"的法则必然决定"义"的道义应然。

在先秦诸子中，大多都要讲"义"、"理"或者"义理"。但是，先秦儒家重道义故而主要讲"义"；而先秦道家、法家重自然法则或社会法则，故而主要讲"理"。一般而言，那些重视人文理想的学者、学派偏重道义（义）的重要性，而重视现实功利的学者、学派则偏重法则（理）的重要性。

对于以典籍知识为职业的读书人来说，读书、写书的目标就是探求和表达"义理"，即确立道义与法则。至于古人留下来的经典，其根本要旨就是承载、传播"义理"。所以，在"义"、"理"观念形成的同时，如何从经典中寻求义理就是其读书人的首要目标。《周易》是群经之首，先秦儒者就是希望探求圣人表达的"义理"，故而提出圣人作《易》时，"和顺于道德而理于义，穷理尽性以至于命"。孔颖达《疏》云："以治理断人伦之正义。"这确实体现出儒家的义理观，即以"正义"的道德价值去"治理"现实的政治秩序。所以，两汉时期确立了儒家经典在国家意识形态的地位以后，如何从经典文献中探寻义理观就成为儒家经学的使命。这时，与经学相关的概念大量出现，诸如：

"夫儒生之业，五经也。南面为师，旦夕讲授章句，滑习义理，究备于五经，可也。"

"世儒说圣人之经，解贤者之传，义理广博，无不实见。"

"其明经各试所习业，文、注精熟，辨明义理，然后为通。"

汉唐时期的儒家经师、学者，以研究经典的文辞章句为业，但他们也意识到，通过经学的训诂章句的研习，旨在"辨明义理"，即探明"义"的应然道义与"理"的必然法则。

正由于儒家的"义理"包含着"义"的道义与"理"的法则，所以，尽管"义理之学"的兴起本身是一种学术范式的重要转折，即由汉唐的章句训诂之学转换成两宋的义理之学，但这种学术范式发生转换的内在动力、思想根源是复兴儒学的文化功能、政治使命。这种文化功能、政治使命是双重的：一方面要阐发儒学的道义价值内涵，激励儒家士大夫追求"道"的文化理想；另一方面，则是要推动儒学治理社会的实用功能，能够指导儒家士大夫在治国平天下活动中建功立业。

二、宋儒义理之学的双重含义

"宋学"所具有的"义理之学"形态，绝不是被许多学者所批评的那样，是一种空谈义理的学说；相反，它从产生就是旨在创建一种明体达用内圣外王的学说。宋儒从儒家经典中阐发义理，一开始就是包含着创通经义与革新政令、世道人心与经邦济世的双重目标。

从历史事实来看，那种将宋学等同于宋代理学的传统看法显然是不够的，因为在两宋时期的学术思潮中，涌现出各种不同的学术主旨的观点与流派，以"道学"、"理学"自命的伊洛之学只是诸多学派中的一派，其他还有荆公新学、苏氏蜀学、永嘉之学、永康之学等。不仅是这些诸多的学者、学派均活跃于宋代学术思想界，而且他们的学术旨趣、思想观念具有"宋学"的"义理之学"共同特点。就是所谓明体与达用、创通经义与革新政令、世道人心与经邦济世统一的特点。

首先，宋学学者均希望通过对儒家经典的义理探求，建构一种道德性命之道，以解决世道人心的价值体系问题。其实，宋学学者的不同派别均重视义理之学，他们之所以强调经典的义理重于训诂章句，就在于义理是解决人心世道的价值建设。在宋学的义理之学中，"义"的儒家道义价值重振，一直是宋学学者所普遍关注的核心问题。推动宋学初兴的范仲淹，即是一位执着于复兴儒家道义价值的士大夫，他"慎选举，敦教育"，主张"宗经则道大，道大则才大，才大则功大"，倡导"举通经有道之士"，在科举中将经义置于章句之上，均是为了整顿士风、重振儒家道义。被称之为宋学奠基人的"宋初三先生"即胡瑗、孙复、石介，均是在宋初主张重振儒家道义的著名学者。胡瑗主张学术、教育应该坚持"有体、有用、有文"，其有体就是"君臣父子、仁义礼乐"的儒家伦理、道义的价值信仰；孙复研究《春秋》学以求本义、大义，此"义"也就是仁义礼乐的道义价值，他希望在宋初能够重振儒家道义。石介倡道统论，这个"道"也就是儒家推崇的道义价值，所谓"道于仁义而仁义隆，道于礼乐而礼乐备，道之谓也。"另外，王安石所创立的荆公新学，同样一直是以复兴"先王之道德"为己任，重振儒家道义价值作为其学术的根本。他说"先王之道德，出于性命之理，而性命之理出于人心。诗书能循而达之，非能夺其所有而予之以其所无也"。他主张儒家道义价值的"性命之理"是人心本有的，从而为复兴"先王之道德"确立形而上的前提。与荆公新学同时崛起的洛学、关学等"道学"学派，更是以重振儒家道义价值为己任。他们重新诠释儒家经典，建构性与天道相通的义理之学，其目的就是重振儒家伦理，推动仁、义、礼、智、信的道义价值建构。如朱熹特别推崇《大学》、《论语》、《孟子》、《中庸》四部书，就在于是书包括了儒家伦理的核心价值，他说："秦汉以来，圣学不传。儒者惟知章句训诂之为事，而不知复求圣人之意，以明夫性命道德之归。"由此可见，在宋学学者群体中间，无论是哪一派学者，他们都希望复兴三代先圣、先秦儒家的道德思想和价值信仰似乎完全是一致的。

其次，宋学学者均有很强的经世致用追求，无论是通过经典诠释而建构义理之学，还是直接从历史、现实中探讨经世之学、治世之方，宋学均十分关注并希望最终解决宋代政治、经济、军事、教育、法律问题，包括革新政令、抗击外辱、民生日用的治国平天下问题。宋学作为一种纠正汉唐以来"惟知章句训诂之为事"的学术思潮，他们与那种纯知识化的章句之学有完全不同的学术旨趣，就是更加关注社会现实，更加注重经世致用。前面所述的那些复兴儒家学说、推崇道义价值的宋学学者，恰恰也是有着强烈的经世济民追求、致力于革新政令事务的士君子。宋学的开拓者范仲淹就是北宋"庆历新政"的推动者，他的经义创发、师道推崇、士风重振的道义关怀，其实均是与改革弊政、富国强兵、选拔人才的经世致用目的联系在一起。范仲淹在《答手诏条陈十事》中提出黜陟、抑侥幸、精贡举、择官长、均公田、厚农桑、修武备、减徭役、覃恩信、重命令等十项新政，所表达的正是宋学革新政令的经世追求。宋学开创之初的"三先生"胡瑗、孙复、石介，其创发经义的道义关怀，也与革新政令的经世追求是一体的。胡瑗强调"明体达用"，其"用"就是"举而措之天下"的经世追求，他在湖州时创"经义"、"治事"二斋分科的教学，其"治事"斋要求"治民以安其身，讲武以备其寇，堰水以利田，算历以明数是也"。孙复的《春秋》大义其实就是基于现实的经世追求，即如欧阳修所说，是"明于诸侯大夫功罪，以考时之盛衰，而推见王道之治乱，得于经之本义为多"。在北宋时期，在创发经义、革新政令方面产生巨大影响的无疑是王安石。王安石的"经术"与"经世"是统一的，他对神宗说"经术正所以经世务"。他由此推动的熙宁变法，恰恰是他阐发经义的目的。应该说熙宁新政是继庆历新政之后一场更加重大的革新政令的运动，充分体现了宋学所具有的强烈经世追求。同样，宋学中其他学派诸如：关学、洛学、闽学等，虽然他们对经义道德、心性修养、形而上思辨方面更加关注，并且更加标榜自己的学说是"内圣之学"、"义理之学"，但是他们作为宋学的最重要力量，仍然表现出十分强烈的经世追求。张载著名四句教：

"为天地立心，为生民立命，为往圣继绝学，为万世开太平"恰恰是道义情怀与经世追求的统一，他所希望的恰恰是长治久安、太平之世的"三代之治"。二程反对王安石变法，其实只是他们的政治主张与王安石不同，但他们均主张以经术经世务，以治国平天下为学术最终目的。

所以说宋学所追求的"义理之学"，其"义理"的含义正好包括了道义关怀的"义"与治理天下的"理"。几乎所有宋学学者、宋学学派，其实均是内圣与外王、明体与达用、经义与治事、道与治、道义与事功、世道人心与经世致用、创通经义与革新政令的统一。当然在宋学内部，形成了许多不同的学派与学者，他们除了对经义有不同理解，对政令有不同主张外，还有一个重大区别，就是在内圣与外王、明体与达用、道义与事功关系上，更加偏重于将某一个侧面看得更为重要。也即是在他们所共同追求的"义理之学"中，究竟是"义"的道义决定"理"的政治治理，还是"理"的政治治理统摄"义"的思想道义？两宋时期最大学派之争，就有北宋王安石新学与二程洛学之争，还有南宋朱熹的考亭学派与陈亮永康学派之争。他们的分歧并不是"明体达用"、"内圣外王"、"义理之学"，而是道义价值、政治事功两者中谁最根本、更优先。二程、朱熹重道义价值、内圣修养，认为必须首先解决道义价值、内圣修养的问题，然后即可实现经世治国、外王事功，前者是后者的充分条件。而王安石、陈亮则相反，他们特别强调注重经世治国、外王事功，强调经世治国、外王事功才是思想道义的前提与目的，道义价值、道德理想最终只能通过治国安邦、外王事功方能得以实现。朱熹和陈亮的学术争辩，就触及这个问题的核心层面。朱熹认为只有三代时期的内圣道德与外王事功才是统一的，秦汉以来尽管出现了汉高祖、唐太宗等杰出的英雄豪杰，能够治国安邦，创造事功，但是他们均无内圣道德。他说："但以儒者之学不传，而尧、舜、禹、汤、文、武以来转相授受之心不明于天下，故汉唐之君虽或不能无暗合之时，而其全体都只在利欲上。此其所以尧舜三代。自尧舜三代，汉祖、唐宗自汉祖、唐宗，终不能合而为一也。"三代君主皆是由内圣而外王、由道德而事功，故而才是合乎儒家理想的王道政治、三代之治。但是陈亮的看法恰恰不一样，他肯定汉祖、唐宗的治国安邦之政治事功的道义价值，他说汉祖、唐宗"终归于禁暴戡乱，爱人利物而不可掩者，其本领宏大开廓故也。……此儒者之所谓见赤子入井之心也"。朱熹等理学家坚持道义价值、内圣修养是义理之学的根本，三代王道理想的实现首先就在于诸位圣王坚守了道义的价值与内圣的修养，至于治国安邦、外王事功则只是内圣道德的自然结果。而陈亮则将治国安邦、外王事功作为根本，认为"赤子入井之心"必须依托、呈现在这种治国安邦、外王事功之中。由此可见，尽管朱熹、陈亮均追求内圣外王之道、有体有用之学，均属于义理之学为学术旨趣、学术形态的"宋学"，只是他们在内圣与外王、明体与达用、道义与功利方面的不同起点与侧重，构成了宋学内部的学派之争。虽然程朱学派在当时及后世被称为"理学"，但其实他们所推崇的"理"主要是道义的价值，故而是"以义为理"。而荆公新学、浙东学派则强调治理国家的功利目标及现实法则，即所谓"教人就事上理会，步步着实，言之必使可行，足以开物成务"。他们的义理之学应该是"以理为义"。

三、宋儒义理之学的学术领域

宋学的义理之学追求明体达用、内圣外王，故而宋学学者、学派显然不仅仅是宋代理学家、理学学派，而是包括宋代各儒家学者与学派，而且其所涉及的学术研究领域当然是十分多样化的。宋学学者的著作分布在经、史、子、集的不同知识部类中，涉及哲学、宗教、伦理、政治、法律、军事、经济、教育、文学乃至农、林、医、艺等不同学科。所以，许多学术史叙述将宋学窄化为理气心性的抽象义理，其实不是宋学学者的学术视野狭窄，而是后来学人的学术偏见。

宋学首先体现为对儒家经学诠释的学术创新。在中国学术史上，人们往往将宋学理解为宋代经学，这种理解，其实与经学是中国传统学术的基础与核心有关。在古代中国，一切思想演变、学术发展、文化转型，均要体现为儒家经学的变革与创新。宋学作为一种新兴的学术思潮和重要的学术形态，首先体现为一场经学的变革。正如清代学者钱大昕所评述的："当宋盛时，谈经者墨守注疏，有记诵而无心得，有志之士若欧阳氏、二苏氏、王氏、二程氏，各出新意解经，蕲以矫学究专己守残之陋。"欧阳修、苏轼苏辙兄弟、王安石、程颢程颐兄弟等均是宋学的开拓者，他们的共同特征是"各出新意解经"，这一"新意"也就是经学史上反复称谓的"义理之学"。他们特别重视儒家经典《诗》、《书》、《礼》、《易》、《春秋》，但他们与汉唐诸儒究心于经典的章句训诂不同，而是特别重视对经典的义理探寻。上述的欧阳修、二苏、王安石、二程等宋学开拓者，其实均是以义理解经而获得突出成就者，他们的经学著作。如欧阳修专注"六经"："长于《易》、《诗》、《春秋》，其所发明多为古人所未见。"故而是宋代义理之学的开拓者。王安石也是如此，南宋赵彦卫说："王荆公《新经》、《说文》，推明义理之学。"王安石《三经新义》包括对《周官》、《尚书》、《诗经》三部经典的义理之学。二程亦是以义理解经的大家，程颐的《伊川易传》是宋学以义理解《周易》的代表作。

宋学不仅通过对传统的"五经"的创发，建立了新的学术范式的义理之学，同时也是新的经典体系的创建者，他们建立了以《大学》、《论语》、《中庸》、《孟子》为中心的新经典体系，并对这四部经典做了系统的诠释，使宋学的哲学观念、政治思想、修身工夫等理学思想与"四书"经典紧密联系而成为一个整体。经过宋学学者的经典建构，中国传统经典体系就不仅有"五经"体系，还有一个与之并列甚至地位更高的"四书"体系。

宋学作为一种为强化儒学明体达用、内圣外王文化功能的新兴学术思潮，推动了宋代以义理之学为学术范式的知识建构，最终目的仍然是离不开推崇道义价值、经世事功两个方面。首先，宋学强调经典在奠定人的道义情怀、价值信仰方面的根本作用。宋代学人对汉唐经学的不满，首先就在于汉唐学人将经学看成是一种纯粹知识性的章句训诂之学，经典在塑造个体道德心灵、建构社会伦常秩序、奠定价值信仰的根本宗旨被忽略了。所以，宋学的开拓者将学术重心放在重新诠释经典上，就是希望经学在塑造个体道德心灵、维护社会伦常秩序、重建道德价值信仰上发挥重大作用。他们在经典中所阐发的义理，首先就是这种道德及其性命之理。王安石认为："先王所谓道德者，性命之理而已。"王安石的"性命之理"的内容和二程所讲是一样的。程颐阐发《周易》的义理之学就是社会道义价值，他在为《艮卦·象传》作传时说："不失其时，则顺理而合义。在物为理，处物为义。……夫有物必有则，父止于慈，子止于孝，君止于仁，臣止于敬，万物庶事莫不各有其所，得其所则安，失其所则悖。"所以，宋学从经典中阐发的"义理之学"特别强调社会伦理的道义价值。其次，宋学还对经学的经世功能特别追求，他们希望从经典中建构起一种能够对经世治国有实际作用的义理之学，所以，所有宋学学派、学者无不是将经学视为经世致用之学。那些以改革政令、经世治国为主导的范仲淹、王安石、陈亮、叶适通过经典的义理诠释，以为现实的政治改革、经世致用服务。同样，那些强调身心修养、道德义理的理学家们，也是将治国平天下作为义理经学的目标。如南宋初年胡安国、胡宏父子均为二程理学传人，但是，他们研究经学、建构宋学义理之学的目标就是经世致用。胡安国终生从事《春秋》学研究，著有理学家治《春秋》的代表著作《春秋传》，他就是主张"《春秋》经世大典，见诸行事，非空言比"。而胡宏也强调"学"与"治"是体的，他说："学者，所以学为治也。讲之熟，则义理明；义理明，则心志定；心志定，则当其职，而行其事无不中节，可以济人利物矣。"正由于所有宋学学者均强调明体与达用、内圣与外王的统一，故而宋代的经学就是一种将道义价值与功利价值、人格修养与经世致用统一起来的义理之学。

宋学不仅是指宋代的经学，同时还包括宋代的史学。陈寅恪认为"中国史学莫盛于宋"，宋代史学的发达繁荣同样与宋学学者追求的道义价值、经世目的有密切关系。义理之学的价值理想是宋学推动经学发展的精神动力，同样是他们推动宋代史学繁荣的精神动力。那些具有开拓精神的宋学学者们，往往既是经学家又是史学家；即使有很多学者完全是历史学者，但他们的史学观念仍属于宋学，其从事史学研究的思想基础、精神动力仍是宋儒义理之学的价值理想与文化功能。宋代学者热衷史学研究，著有大量史学名著，其动力之一就是探讨历史治乱盛衰的规律，为当代政治人物提供治理社会国家的原则、方法、策略。司马光的《资治通鉴》是宋朝也是中国历史上最重要的史学著作之一。然而从这部著作的书名上看，就表明这部史学著作的目的是供当代朝廷"资治"之用。司马光将历史看作是"叙国家之兴衰"、"著生民之休戚"，而其目的则是总结历史治乱兴衰及生民休戚的经验，满足当朝人物提供取鉴资治的执政需要。他最终编撰成的《资治通鉴》就是一部提供当代朝廷资治的著作。所以，本书很快就得到当朝皇帝神宗的肯定与赞誉，他认为这部书的重大价值就是"其所以载明君、良臣，切摩治道，议论之精语，德刑之善制，天人相与之际，休咎庶征之原，威福盛衰之本，规模利害之效，良将之方略，循吏之教条，断之以邪正，要之以治忽，辞令渊源之体，箴谏深切之义，良谓备焉"。司马光这种希望通过史学而探寻治乱之源、提供治国之鉴的想法，在宋代历史学家那里是十分普遍的。那些以理学为主导的学者是这样，如与司马光同时代的宋学大家程颐也是将史学看作是探讨治乱、安危、兴衰、存亡的学问，他说"凡读史，不徒要记事迹，须要识治乱安危兴废存亡之理，且如读《高帝》一纪，便须识得汉家四百年终始治乱当如何，是亦学也"。程颐以义理经学见长，而他的史学观与司马光等历史学家相同，即希望从史学著作中满足当朝执政的需求。另外，那些专门从事史学研究的宋学学者，亦普遍是这种史学观。如南宋婺学学派吕祖谦以历史文献研究见长，他的史学观同样如此，他说："大抵看史见治则以为治，见乱则以为乱，见一事则止知一事，何取？观史当如身在其中，见事之利害，时之祸患，必掩卷自思，使我遇此等事，当作如何处之，如此观史，学问亦可以进，知识亦可以高，方为有益。"可见，吕祖谦以历史文献研究见长，其动机目标也是希望通过史学来探讨治乱之源，为现实政治提供借鉴。

宋代史学还有一个突出的特点，就是对儒家伦理的道义价值的重视。宋代史学探讨治乱兴衰的原因和规律时，特别强调儒家伦理之道能够影响、决定国家的治乱兴衰，这样，宋学学者在史学领域特别关注价值与政治的结合。儒家政治理论的基础本来就是德治、仁政，将天下国家的治乱兴衰归之于道义人心。所以，宋儒的史学著作特别强调道义人心对历史治乱兴衰的决定性作用，他们希望通过写史以对朝廷、百官起到一种劝诫的作用。如北宋唐史名家孙甫的史学观就是如此，他以《尚书》、《春秋》为史，认为："《尚书》记治世之事，使圣贤之所为传之不朽。为君者、为臣者，见为善之效，安得不说而行之？此劝之之道也。其间因见恶事致败乱之端，此又所以为戒也。"以历史人物的道德善恶来说明政治治乱兴衰，以强调道义的正面价值和历史影响，最后达到对当朝君臣、士大夫的劝诫，是宋代史学的重要特点。这一特点在宋儒那里明显得到进一步强化。司马光作《资治通鉴》其特点就是"专取关国家盛衰，系生民休戚，善可为法，恶可为戒者"。他明确将历史的国家盛衰、生民休戚与当朝君臣的善恶戒劝结合起来。吕祖谦的婺学偏重史学，与考亭学派以性理见长不同，但其史学仍然将"择善"、"儆戒"置之首位。他说："看史须看一半便掩卷，料其后成败如何，其大要有六：择善、警戒、阃范、治体、议论、处事。"

　　宋学的学术领域除了经学史学之外，文学亦是一个重要的领域。中国传统的"文学"比现在仅仅作为艺术形式之一的文学的外延更大，它是指以文字、文章及典籍为载体而表达作者的观念、思想、情感的学科，既包括塑造形象、表达情感的艺术类文学，也包括通过思想陈述、逻辑推理以表达思想观念的论说类文章。宋学的兴起，与文学领域的一场重要转型或革命的发生是同步的，即唐宋之间发生的古文运动。宋学的形成和发展是承唐中叶以后的儒学复兴运动发展而来，同样，宋代的古文运动亦是承接唐中叶以来的韩愈、柳宗元的"文以载道"的古文运动而来。韩愈、柳宗元为抵御唐初文学的"六朝淫风"，力倡"修其辞以明其道"、"文者以明道"以复兴儒学家之道在政治上、思想上的主导地位。北宋时期推动宋代义理之学的领袖人物，恰恰均是古文运动的领袖人物。可见复兴原始儒学的宋学思潮，是推动古文运动的根本力量。从晚唐五代至北宋初年的文坛发现"古道息绝，不行于时已久"的局面。一大批古文运动领袖如王禹偁、穆修、范仲淹、孙复、石介、欧阳修、苏轼等重倡"文以载道"的文学主张，他们希望通过古文运动推动，以复兴儒家之道。其实，宋代古文运动领袖所倡导的"文以载道"的追求，与宋儒所追求的明体达用、内圣外王的义理之学精神完全是一致的。

古文运动倡导"文以载道"，主张以新文体取代旧文体，其新文体包含的"道"恰恰体现为道义关怀与经世追求、内资修德与外济经世的统一，正是宋学所追求的学术精神。古文运动领袖欧阳修说："君子之于学也，务为道。为道必求知古，知古明道，而后履之以身，施之于事，而又见于文章而发之，以信后世。其道，周公、孔子、孟子之徒常履而行之者是也。其文章，则六经所载，至今而取信者是也。"无论是学者学术追求的"道"，还是文章所要表达的道，均是必须能够"履之以身，施之于事"的明体达用之道、内圣外王之道。其实，这一观念，恰恰是宋代的学者文人的共识。譬如胡瑗主张为文、为学均得"以体用为本"，他坚持："君臣父子，仁义礼乐，历世不可变者，其体也。""举而措之天下，能润泽其民，归于皇极者，其用也。"他认为一切文所载之"道"就是这种"仁义礼乐"的道义信仰与"措之天下"的经世之具。石介推崇的"文"也是如此："必本于教化仁义，根于礼乐刑政，而后为之辞。""教化仁义"是明体之事、内圣之德，"礼乐刑政"是达用之功、外王之业，但均要通过文辞而表达、传播。又如李觏也认为："贤人之业，莫先乎文。文者，岂徒笔札章句而已，诚治物之器焉。其大则核礼之序，宣乐之和，缮政典，饰刑书。"他推崇的这种"文"也是包含着全体大用、内圣外王之道。

黄宗羲的法思想解析

孙宝山[*]

黄宗羲在《明夷待访录》中对"法"进行了专门的探讨，提出了"立法为公"说、"法宜宽松"说、"治法优先"说等新理论，突破了历来法家和儒家的理论框架，至今仍对我们具有启发意义。但长期以来，研究者对黄宗羲的法思想阐发不足，并且存在着用实定法来解释的误区。以下，笔者结合黄宗羲的"自私自利"说、"君主职能"说等政治理论，对他的"立法为公"说、"法宜宽松"说、"治法优先"说加以阐释，希望能有助于对其法思想的理解。

一、"立法为公"说

韩非等法家所说的"法"通常指的是由君主制定而颁布的法令，是君主统治民众的一种手段，如："人主之大物，非法则术也。法者，编著之图籍，设之于官府，而布之于百姓者也。"（《韩非子·难三》）"法者，宪令著于官府，刑罚必于民心，赏存乎慎法，而罚加乎奸令者也。"（《韩非子·定法》）黄宗羲则突破了历来法家的观念，根据"自私自利"说、"君主职能"说推出了"立法为公"说，他的"立法为公"说具有

---

* 孙宝山：中央民族大学哲学与宗教学学院教授。

以下四层含义：

（一）"法"是君主职能的表现形式

黄宗羲在《明夷待访录·原君》中关于政治社会的起源和君主的产生提出了"自私自利"说、"君主职能"说，他说：

> 有生之初，人各自私也，人各自利也。天下有公利而莫或兴之，有公害而莫或除之。有人者出，不以一己之利为利，而使天下受其利，不以一己之害为害，而使天下释其害。此其人之勤劳，必千万于天下之人。夫以千万倍之勤劳，而己又不享其利，必非天下之人情所欲居也。故古之人君，量而不欲入者，许由、务光是也。入而又去之者，尧、舜是也。初不欲入而不得去者，禹是也。岂古之人有所异哉？好逸恶劳，亦犹夫人之情也。

他认为，人类产生的初期君主并不存在，人们处于一种自我管理、自我满足的"无君"社会，在这种社会状态下，尽管每个个体都可以自立自足，但却没有人把各个分散的个体结合起来去应对群体共同的利益和弊害，这反过来必将对个体的自我管理、自我满足造成侵害，从而使联结个体以组成政治社会并专门从事公共事务的君主的出现成为一种必要。所以，君主并不像儒家传统上所认为的那样是自有人类以来就由"上天"所命的，而是为了适应每个个体的共同需要、弥补"无君"社会的个体分散、公共关系缺失的不足而自然产生的。君主的职能在于放弃私人事务、专门从事群体的公共事务，为群体兴办公利、消除公害，以使个体更好地自立自足。而君主的职能则是以"法"的形式表现出来的，他说：

> 二帝、三王知天下之不可无养也，为之授田以耕之；知天下之不可无衣也，为之授地以桑麻之；知天下之不可无教也，为之学校

以兴之，为之婚姻之礼以防其淫，为之卒乘之赋以防其乱。此三代以上之法也，固未尝为一己而立也。（《明夷待访录·原法》）

他所说的"法"指的是"三代之法"，"三代之法"是君主职能的表现形式，君主的职能就体现在"授地"、"学校"、"婚姻之礼"、"卒乘之赋"这些"三代之法"中，这样，他就从"自私自利"说、"君主职能"说引出了"立法为公"说。

（二）"法"是君主为群体的公共事务而设立的基本制度

黄宗羲所说的"法"不同于法家所说的君主为统治民众而制定、颁布的法令，它指的是君主为群体的公共事务而设立的基本制度。他说：

> 三代以上有法，三代以下无法。何以言之？二帝、三王知天下之不可无养也，为之授田以耕之；知天下之不可无衣也，为之授地以桑麻之；知天下之不可无教也，为之学校以兴之，为之婚姻之礼以防其淫，为之卒乘之赋以防其乱。此三代以上之法也，固未尝为一己而立也。后之人主，既得天下，唯恐其祚命之不长也，子孙之不能保有也，思患于未然以为之法。然则其所谓法者，一家之法，而非天下之法也。是故秦变封建而为郡县，以郡县得私于我也；汉建庶孽，以其可以藩屏于我也；宋解方镇之兵，以方镇之不利于我也。此其法何曾有一毫为天下之心哉！而亦可谓之法乎？（《明夷待访录·原法》）

君主的职能表现为"三代之法"，君主为了保障民生、施行教化、防止淫乱和动乱而设立了井田、学校、婚姻、军队等基本制度，授予田地是为了保障民生，建立学校是为了施行教化，制定婚姻礼仪是为了防止淫乱，创设军队是为了防止动乱，所有这些制度都是君主为群体的公共事务而设立的，不是为个人的自我满足而设立的，所以他把"三代之法"也称为"天下之法"。与此相对的是"一家之法"，"一家之法"是后世君主为了个人的自我满足、防止政权旁落而设立的各项制度，像秦朝废除封建而设立郡县、汉朝分封同姓、宋朝解除方镇的兵权，都是为了维护其一家一姓的政权，而不是为群体的公共事务着想，这些制度设立的意图与政治社会产生的目的和君主职能的要求都是相悖的。

（三）"法"本身具有正当性

黄宗羲认为，人类原本处于自我管理、自我满足的"无君"社会，政治社会是为了弥补此种社会所存在的个体分散、公共关系缺失的不足而建立的，"法"是君主在政治社会中为群体的公共事务而设立的，是君主职能的表现形式，所以"法"是符合政治社会产生的目的和君主职能的要求的，因而其本身就具有正当性，他所说的"三代以上有法"、"此三代以上之法也，固未尝为一己而立也"即是此意。而后世所谓的"法"只是后世君主为了个人的自我满足、防止政权旁落而设立的"一家之法"，不符合政治社会产生的目的和君主职能的要求，所以不具有正当性，不能称为"法"，他所说的"三代以下无法"、"此其法何曾有一毫为天下之心哉！而亦可谓之法乎"即是就此而言的。

（四）"法"将国家规定为群体利益体现的公共产业

黄宗羲认为，"法"是君主为群体的公共事务而设立的基本制度，它将国家规定为群体的公共产业，君主因此把国家视作群体利益的体现而与民众共同分享。他说："三代之法，藏天下于天下者也。山泽之利不必其尽取，刑赏之权不疑其旁落，贵不在朝廷也，贱不在草莽也。"（《明夷待访录·原法》）这一段话是对《礼记》"天下为公"说的发挥，"三代之法"把国家置于它的原本状态之中，即把国家规定为群体利益体现的公共产业，国家所有的物质利益都是公共的财物，所以君主不必加以聚敛，国家的权力都是为群体的公共事务服务，所以君主不必担心旁落，君主和官员只是从事群体的公共事务的普通人员，并不具有特别尊贵的身份，民间的人士都是自立自足的个体，也没有什么贫贱的。而"后世之法"只是后世君主为了个人的自我满足、防止政权旁落而设立的各项制度，是不具有正当性的"一家之法"，它将国家规定为君主的私有产业，君主因此把国家视作个人利益的体现而独自加以支配。他说："后世之法，藏天下于筐箧者也。利不欲其遗于下，福必欲其敛于上；用一人焉则疑其自私，而又用一人以制其私；行一事焉则虑其可欺，而又设一事以防其欺。"（《明夷待访录·原法》）"后世之法"将国家规定为君主个人利益体现的私有产业，所以君主把国家的物质利益尽数聚敛，不让民众分享，君主垄断了国家的全部权力，对群臣实行严密监控，以防止政权旁落。

二、"法宜宽松"说

黄宗羲在"立法为公"说的基础上又提出了"法宜宽松"说，他认为，"法"是君主为群体的公共事务而设立的基本制度，它将国家规定为群体的公共产业，使得君民的上下关系和谐，所以，"法"越是宽松，社会就越安定。他说：

> 三代之法，藏天下于天下者也。山泽之利不必其尽取，刑赏之权不疑其旁落，贵不在朝廷也，贱不在草莽也。在后世方议其法之疏，而天下之人不见上之可欲，不见下之可恶，法愈疏而乱愈不作，所谓无法之法也。（《明夷待访录·原法》）

"三代之法"将国家规定为群体的公共产业，君主把国家视作群体利益的体现而与民众共同分享，国家的物质利益和政治权力都被用于公共目的，君主和官员身居上位只是为群体的公共事务服务，并不具有特别尊贵的身份，没有什么值得羡慕的，普通的民众身居下位也可以很好地自立自足，没有什么可厌弃的，所以，国家的基本制度越是宽松，社会动乱反而越不易发生。"三代之法"异常宽松，让人感受不到任何束缚，就好像它不存在一样，所以可称之为"无法之法"。王云五说："所谓三代之法，其要职为'贵不在朝廷也，贱不在草莽也。'盖即平等主义之表现。以此为目的，立法只重大纲，不必苛细；推而广之，一切行为，不患无准绳。换言之，即成文之法不必过于详细，既有明白的目标，自不难演进为一系的不成文法，即所谓无法之法也。"实际上，黄宗羲的"三代之法"和"无法之法"意思相同，都指的是君主为群体的公共事务而设立的基本制度，二者只是就不同的层面而言，就"法"是由"三代"君主设立而言，可称之为"三代之法"，就"法"的宽松使人感受不到任何束缚而言，可称之为"无法之法"，所以，用"成文之法"和"不成文法"来解释"三代之法"和"无法之法"是不太恰当的。与"三代之法"和"无法之法"相对的是"后世之法"和"非法之法"，"后世之法"是后世君主为了个人的自我满足、防止政权旁落而设立的各项制度，它将国家规定为君主的私有产业，君主把国家视作个人利益的体现而独自加以支配，将国家的物质利益和政治权力全部据为己有，为了防止他人窃取，于是不得不设立各项严密的制度，而制度越是严密，越是给人们造成困扰，社会动乱反而越容易发生。

> 后世之法，藏天下于筐箧者也。利不欲其遗于下，福必欲其敛于上；用一人焉则疑其自私，而又用一人以制其私；行一事焉则虑其可欺，而又设一事以防其欺。天下之人共知其筐箧之所在，吾亦鳃鳃然日唯筐箧之是虞，故其法不得不密。法愈密而天下之乱即生于法之中，所谓非法之法也。（《明夷待访录·原法》）

"后世之法"异常严密，使人处处受到束缚，时时受到监控，而社会的动乱也就由此而生，所以可称之为"非法之法"。

黄宗羲的"法宜宽松"说在一定程度上受到了道家"无为而治"

思想的影响。老子说："法令滋彰，盗贼多有。故圣人云：'我无为而民自化。我好静而民自正，我无事而民自富，我无欲而民自朴。'"（《老子》第五十七章）"其政闷闷，其民淳淳。其政察察，其民缺缺。"（《老子》第五十八章）他认为，政治越宽松，社会越安定；政治越严密，社会越混乱。黄宗羲的"法宜宽松"说提倡让人感受不到任何束缚的"无法之法"，反对处处对人施加约束的"非法之法"，认为"无法之法"使社会安定，"非法之法"使社会混乱，其基本的理路与老子的"无为而治"思想是一致的。所不同的是，老子是从统治者的角度强调政治要宽松，统治者要"无为"、"好静"、"无事"、"无欲"；而黄宗羲则是从民众的角度强调"法"的宽松可以打破君民之间上下的绝对界限，从而使社会更加安定。

三、"治法优先"说

"治人"与"治法"历来是儒家学者讨论的话题，"治人"一般指的是具有治国才能的人，"治法"一般指的是好的法令、制度。关于"治人"与"治法"的关系，荀子首先提出了"治人优先"说：

> 有乱君，无乱国；有治人，无治法。羿之法非亡也，而羿不世中；禹之法犹存，而夏不世王。故法不能独立，类不能自行；得其人则存，失其人则亡。法者，治之端也；君子者，法之原也。故有君子，则法虽省，足以遍矣；无君子，则法虽具，失先后之施，不能应事之变，足以乱矣。（《荀子·君道篇》）

他认为，只有"治人"而没有自动可以发挥作用的"治法"，"治法"自身不能独立存在，也不能自动实行，必须通过"治人"才能发挥作用，所以，"治人"才是根本，"治法"只是末端，如果没有"治人"，"治法"就无法发挥作用，形同虚设。荀子的"治人优先"说在后世得到了广泛的认同，尤其是"有治人，无治法"一语屡屡被引用。后人在引用"有治人，无治法"时一般用来表达以下几种意思：第一，强调"治人"的作用。如张九成说："世之言立政者，必曰作法考制、立经陈纪，为一代不刊之典。殊不知'有治人，无治法'。故人君能绎其心，则能立政矣。"（黄伦：《尚书精义》卷四十四引）黄震说："抑闻古人有言：'有治人，无治法。'三代之治忽，各系其君之贤否，法之详未闻焉。三代君臣之谋猷，亦未尝有一语及于法者。详于法，必略于人。秦法之密，汉网之疏，其效亦可睹矣。"（《黄氏日抄》卷六十三《读文集五》）第二，由强调"治人"的作用而反对变法求治。如司马光劝谏宋神宗说："夫道者，万世无弊。夏、商、周之子孙苟能常守禹、汤、文、武之法，虽至今存可也。……然则祖宗旧法何可变也？……荀卿曰：'有治人，无治法。'故为治在得人，不在变法也。""苟得其人，则无患法之不善。不得其人，虽有善法，失先后之施矣。故当急于求人，而缓于立法也。"（范祖禹：《帝学》卷八《神宗英文烈武圣孝皇帝下》）王十朋对司马光的说法进行了辩护："又尝闻荀卿之言：'有治人，无治法。'夏、商、周之法非不善也，苟得其人监于成宪常如傅说之言，遵先王之法常如孟子之言，率由旧章常如诗人之言，则夏、商、周虽至今存可也；汉、唐之法亦非不善也，苟得其人常如曹参之守法，宋璟之守文，魏相、李绛之奉行故事，则汉、唐虽至今存可也；祖宗之法非不甚善也，苟得其人常如司马光之徒持守成之论，则垂之万世与天地并久可也。"（《梅溪集·廷试策》）第三，强调"治法"不能离开"治人"独立发挥作用。如三国时的杜恕说："语曰：'世有治人而无治法。'法可专任，则唐、虞不须稷、契之佐，商、周无贵伊、吕之辅矣。"（王应麟：《玉海》卷一百十八《选举》引）朱子则用孟子的"徒法不能以自行"（《孟子·离娄上》）来阐释"有治人，无治法"："'有治人，无治法。'此虽老生之常谈，然其实不可易之至论也。夫先王之世，使民三年耕者，必有一年之蓄。故积之三十年，则有十年之蓄，而民不病于凶饥，此可谓万世之良法矣。其次则汉之所谓常平者，今固行之，其法亦未尝不善也。然考之于古，则三登泰平之世盖不常有；而验之于今，则常平者独其法令、簿书、筦钥之仅存耳。是何也？盖无人以守之，则法为徒法而不能以自行也。"（《晦庵先生朱文公文集》卷八十《常州宜兴县社仓记》）明代的徐三重继承了这一说法并加以精练的阐述："'有治人，无治法。'非谓人可自治，无所事法，正谓法无人则不行。然则限田、均役历数千载为空谈者，非难其人哉？"（《采芹录》卷一）第四，既强调"治人"的作用，也重视"治法"的作用。如胡宏一方面把"治人"视为治国的根本，他在援引了荀子"有治人，无治法"那一段话后说："故械数者，治之流也；君子者，治之源也。官人守数，君子养源，源清则流清。"（《皇王大纪》卷七十九）另一方面，他也没有忽视"治法"的作用，认为没有无弊的"治法"，主张变法求治，他说："荀子曰：'有治人，无治法。'窃譬之欲拨乱反之正者。如越江湖法则舟也，人则操舟者也，若舟破楫坏，虽有若神之技，人人知其弗能济矣。故乘大乱之时必变法，法不变而能成治功者未之有也。"（《知言》卷三）

明末清初的儒家学者对"治人"与"治法"的关系也进行了讨论，并普遍对"治法"表现出了相当程度的重视。顾炎武在"治人"与"治法"之间总体来说还是倾向于"治人"，认为没有有利而无害的"治法"，主张要适时变通，他说："天下之法未有有利而无害者，第操其大体而时伸缩之，斯淂法外之意，而善之善矣。故曰：'有治人，无治法。'"（《天下郡国利病书·江宁庐州安庆备录·太湖县志徭役》）"'有治人，无治法。'变通宜民，则有司存。"（《天下郡国利病书·山东上备录·里甲论》）但他对"治法"的作用还是给予了肯定，并对"有治人，无治法"的普遍适用性提出了质疑，他在评价"条编法"在地方的实行效果时说："条编之法，始于归安茅公。……盖至今十年几矣。闾阎殷富，地价腾踊。然则所谓'有治人，无治法'者，岂通论哉？"（《天下郡国利病书·山东上备录·章丘县志》）陆世仪虽然对荀子的"有治人，无治法"一语给予了肯定，但对其在后世所表现出的忽视"治法"的倾向则予以了否定，强调"治人"必须以"治法"为依凭才能发挥作用："'有治人，无治法。'此言虽是，然后世每每借此为言废法不讲，则非也。孟子曰：'徒善不足以为政。'又曰：'为政不因先王之道，可谓智乎?'譬有攻木之工于此，虽善治木，必求规矩、斧斤之器。规矩、斧斤者，亦匠人之法也。规矩必求其端，斧斤必求其利，此必然之理。有贱工焉，颠倒规矩，错杂斧斤，主人不责匠，而归过于规矩、斧斤，有是理哉?"(《思辨录辑要》卷十二《治平类》)黄宗羲则明确地对"有治人，无治法"一语所表现出的"治人优先"的倾向表示了异议，提出了"有治法而后有治人"的"治法优先"说：

> 即论者谓天下之治乱不系于法之存亡。夫古今之变，至秦而一尽，至元而又一尽，经此二尽之后，古圣王之所恻隐爱人而经营者荡然无具，苟非为之远思深览，一一通变，以复井田、封建、学校、卒乘之旧，虽小小更革，生民之戚戚终无已时也。即论者谓有治人无治法，吾以谓有治法而后有治人。自非法之法桎梏天下人之手足，即有能治之人，终不胜其牵挽嫌疑之顾盼，有所设施，亦就其分之所得，安于苟简，而不能有度外之功名。使先王之法而在，莫不有法外之意存乎其间。其人是也，则可以无不行之意；其人非也，亦不至深刻罗网，反害天下。故曰有治法而后有治人。(《明夷待访录·原法》)

他所说的"治人"与前代儒者基本相同，指的是具有治国才能的人，他所说的"治法"则与前代儒者所说的法令、制度有所不同，"治法"与"法"、"三代之法"、"天下之法"、"无法之法"、"先王之法"意思相同，指的是君主为群体的公共事务而设立的基本制度，与"一家之法"、"后世之法"、"非法之法"相对。他对国家的治乱与"法"的存亡无关这一观点加以驳斥，认为经过秦、元这两次大破坏之后，古代圣王为群体而设立的体现了仁爱理念的基本制度已荡然无存，如果不立足于长远进行彻底的变革，以恢复"井田"、"封建"、"学校"、"卒乘"这些"三代之法"，而只在枝节方面进行小小的变更，那么民众的痛苦终究没有尽头，所以，他对"有治人，无治法"的"治人优先"说加以纠正，提出了"有治法而后有治人"的"治法优先"说。他认为，自秦以后"非法之法"束缚了人们的手脚，即便是出现了"治人"，也终究经不住牵制猜疑，只能在其职分所能达到的限度之内有所建设，安于草率简略，不能有超出其限度之外的突破性成就，假使"先王之法"还在的话，都有"法外之意"即外化为"法"的仁爱理念存在其中，如果"治人"行使权力的话，就可以根据宽松的"先王之法"和深层的"法外之意"最大程度地发挥才干，如果"奸人"行使权力的话，也不至于运用法网反而给群体造成危害，也就是说"先王之法"作为一套系统的基本制度可以使"治人"充分施展才能，使"奸人"无法作恶。由此，他得出了"有治法而后有治人"的"治法优先"的结论。荀子以来的"治人优先"说具有明显的强调"治人"、忽视"治法"乃至反对变法的倾向，胡宏进行了一定程度的调整，在强调"治人"的同时，也重视"治法"，主张变法求治，顾炎武、陆世仪对"有治人，无治法"所表现出的忽视"治法"的倾向提出了质疑，对"治法"表现出了相当程度的重视，但他们并未突破"有治人，无治法"的"治人优先"的理论框架。黄宗羲则针对"有治人，无治法"提出了"有治法而后有治人"，完全突破了荀子以来的"治人优先"的理论框架，另辟蹊径构筑了"治法优先"的新理论。"治法优先"说强调的是必须首先建立一套良好的基本制度，才能使具有治国才能的人充分地发挥才干，使民众很好地自立自足，这与儒家传统的法思想和韩非等法家的思想都有所不同。章太炎说黄宗羲"言有治法无治人者，文辩类韩非"，实在是一种误解。

黄宗羲的"治法优先"说是针对荀子以来的"治人优先"说而发的，其目的是清除秦以后历代君主为个人的自我满足而设立的"非法之法"，恢复先王为群体的公共事务而设立的"天下之法"，他说：

> 论者谓一代有一代之法，子孙以法祖为孝。夫非法之法，前王不胜其利欲之私以创之，后王或不胜其利欲之私以坏之。坏之者固足以害天下，其创之者亦未始非害天下者也。乃必欲周旋于此胶彼漆之中，以博宪章之余名，此俗儒之剿说也。……苟非为之远思深览，一一通变，以复井田、封建、学校、卒乘之旧，虽小

小更革，生民之戚戚终无已时也。(《明夷待访录·原法》)

在他看来，只有通过彻底的变革清除"非法之法"、恢复"天下之法"，才能迎来"大壮"、"治运"，恢复"三代之治"(《明夷待访录·题辞》)，从而使民众彻底摆脱疾苦。至此，他在《明夷待访录》中结束了作为系列变革理念重要组成部分的法思想的讨论，而转入了对制度及政策的探讨，他关于制度的构想和政策的设想可以说是"先王之法"和"法外之意"的具体体现。

黄宗羲的法思想强调，国家是群体利益体现的公共产业，国家的基本制度为群体的公共事务而设立，基本制度本身要具有正当性；国家的基本制度应宽松，要打破上下之间的绝对界限，让人感受不到任何束缚，基本制度越宽松，社会动乱反而越不易发生；必须首先建立一套良好的基本制度，才能使具有治国才能的人充分发挥才干，这些观点无疑至今仍对我们具有借鉴作用。

"察之几微"与"以情絜情"

——戴震"理"的政治向度

李浩然[*]

戴震所生活的年代恰逢康乾盛世，但清兵入关以来所实行的天下主义与程朱理学就像钓鱼时的一松一紧，使得知识分子始终在一种无法反驳的"道统"之下被钳制被统一，而不能在公众话语空间自由发声。如果说明末清初以黄宗羲、顾炎武、王夫之为代表的遗民知识分子对于理学的反思是直接指向明代灭亡这一段历史的悲怆与震撼的话，那么戴震对于理学的批判则更多是源自于对现实政治中诸多荒谬的不满："尊者以理责卑，长者以理责幼，贵者以理责贱，虽失，谓之顺"——作为是非善恶标准的"理"走到了对立面，成为人们压制他人冠冕堂皇的手段。所以表面昌盛的理学之下，暗流汹涌，如戴震这样颇具远见的知识分子开始从更为久远的学术传统中重新阐释"理"的内涵。但是这种"回到先秦"的字义考证，并非简单的语言学研究，而是在政治哲学的向路中重新为"理"的规范作用确立一种恰当的边界。这就使得戴震在不脱离整个乾嘉学派以考据明经的学术进路之余，仍能进一步注重义理的阐发与现实政治的关怀。所以戴震似乎比同时代的其他学人更具有一种意识形态上的批判精神，这不仅体现在他自少年起便生发出的疑古思维上（据段玉裁《戴东原先生年谱》记载，戴震十岁时便发出"朱文公何以

---

* 李浩然：首尔国立大学哲学系博士研究生。

知然"的感叹），更体现在他后来对于作为正统官学的程朱理学的砭伐上。虽然清代乾嘉考据之风的兴起本就与革除理学之现实流弊的学界共识相关，但并非所有清代学者都能清晰地意识到理学在政治指向中问题的根源所在。比如以惠栋为首的吴派学人们唯汉是信的做法与崇朱尚程的理学并无本质上的区别，焦循对此便批判道："述孔子而持汉人之言，唯汉是求而不求其是，于是拘于传注，往往后扞格于经文。是所述者汉儒也，非孔子也。"与此相对，戴震在构建"理"的内涵时则充满着对社会秩序公正性的强调，这种对于儒学政治性功能的重视使得戴震在整个清代学术史上独树一帜，也使得大家对于戴震的评价两极分化，比如章学诚也在认为戴震"深见古人大体，不愧一代巨儒"的同时评价他"心地未淳"。但可以明确的是，作为儒学实践的一种尝试，戴震"理"概念的政治向度直到今天也仍然为我们思考儒学与政治提供着宝贵的思想资源。

一、"理"概念的政治性本义

"理"作为哲学上的概念，是被宋儒大加倡导从而开始与"天"、"道"等传统的术语平起平坐的，程颢便说："吾学虽有所受，'天理'二字却是自家体贴出来。"但是这种体贴究竟是提领中国哲学发展的创见还是对传统理解不当的误读，恐怕宋儒们和戴震所持的态度大相径庭。戴震认为："六经、孔、孟之言以及传记群籍，理字不多见"，从而觉得宋儒所提出的"理"并不符合儒学精神，即便是"自家体贴"恐怕也是一种错误的"体贴"："今虽至愚之人，悖戾恣睢，其处断一事，责诘一人，莫不辄曰理者，自宋以来始相习成俗……"当然，公允地说我们不能把理学的流弊都怪罪到程朱陆王的头上，很多时候戴震所批判的东西也是宋儒所反对的，但不得不说戴震确实一针见血地看到了理学在理论上的致命问题，即，"理"的实践性问题。因为"理"在整个宋明理学（或者说程朱理学）的结构中，是客体性与价值性相统一的最高概念，这种存在与伦理上的统一使得"理"既是客观的又是全善的，比如朱熹说："未有天地之先。毕竟也只是理，有此理，便有此天地；若无此理，便亦无天地，无人无物，都无该载了。有理，便有气化流行，发育万物"，"至言鬼神祸福凶吉等事，亦只是以理言。盖人与鬼神天地同此一理，而理则无有不善"。然而随之而来的实践问题便是，人依据"理"来公正地运行社会是如何可能的？因为按照朱熹的逻辑，只要"理"是全善的，依"理"而行就必然是正确的，但戴震看到了作为个体的人在试图获得全善的"理"的时候的种种蔽障，从而认为在这样的局限性之内人很难把握和领悟外在的"理"。因为人由于自身的立场与知识结构的缺陷，很容易以假当真，以善充恶："……至于处断一事，责诘一人，凭在己之意见，是其所是而非其所非，方自信严气正性，嫉恶如雠，而不知事情之难得，是非之易失于偏，往往人受其祸，己且终身不寤，或事后乃明，悔已无及。"所以戴震坚决反对宋儒在具体的政治法则和社会规律之外另设立一个"理"，而是把"理"视作区分事物、治理事务的规定性："理者，察之而几微必区以别之名也，是故谓之分理。"

至此我们可以大致地看出戴震和朱熹对于"理"的不同诠释：前者的"理"既然作为规定外物的实践法则，那么这种规定性必然不能脱离事物而独立存在；后者的"理"既然是用来派生万物的，则必须要先于万物而存在。如果我们审慎地考察一下"理"在更早的先秦时期的含义，就会发现戴震对于"理"实践意义的赋予是言出有据的，因为在"理"概念的原始含义中，确实包含着一种政治上的考量。

"理"字在《论语》中不见，在《孟子》中有三处。一作"条理"，不过上下文谈的是协助君主治理国家的不同准则，"金声也者，始条理也；玉振之也者，终条理也。始条理者，智之事也；终条理者，圣之事也"（《孟子·万章下》）；又作"道理"，"心之所同然者何也，谓理也"（《孟子·告子上》）；又作"治理"，"稽大不理于口"（《孟子·尽心下》）。在《荀子》中出现了一百零七处，大意有二。其一为"道理"，即指符合应然性的原则，如"辞顺，而后可与言道之理"（《荀子·劝学》），

"类不悖，虽久同理，故乡乎邪曲而不迷，观乎杂物而不惑，以此度之"（《荀子·非相》）；其二为"治理"，另扩大指治理之后分明清晰的状态，如"故天地生君子，君子理天地"（《荀子·王制》），"不富无以养民情，不教无以理民性"（《荀子·大略》）。在《诗经》中出现四处，几乎都与"理疆"有关，即治理疆土之意，如"乃慰乃止，乃左乃右，乃疆乃理，乃宣乃亩"（《诗经·大雅·文王之什·绵》），"我疆我理，南东其亩"（《小雅·谷风之什·信南山》）。与之相近的是，《春秋》原文中虽然没有"理"字，三传中的《左传》却有三处提到，且均可视为"治理"之意。"昭公十四年"下有两处，一为"士景伯如楚，叔鱼摄理"，这里"理"乃晋国治法之官，另一为"行理之命，无月不至"。清代郝懿行《证俗文》卷六云："古者行人谓之'行李'，本当作'行理'，理，治也。作'李'者，古字假借通用。"另外有"成公二年"下引《诗》"我疆我理，南东其亩"，也与上述"治"意相同。《尚书》中，"理"只有一处，在《周官》："立太师、太傅、太保，兹惟三公，论道经邦，燮理阴阳。"孔安国传："此惟三公之任，佐王论道，以经纬国事。"仍为"治理"之意。《周易》中"理"字不见，但《易传》中有如下六处：其一，《文言》释坤卦曰："君子黄中通理，正位居体"；其二，《系辞上》第一章："易简，而天下矣之理矣；天下之理得，而成位乎其中矣"；其三，《系辞上》第四章："仰以观于天文，俯以察于地理"；其四，《系辞下》第一章："理财正辞，禁民为非曰义"；其五，《说卦传》第一章："和顺于道德，而理于义。穷理尽性，以至于命"；其六，《说卦传》第二章："昔者圣人之作易也，将以顺性命之理"。可见《易》中对"道理"这一含义使用得比较多，偶用"治理"义。《礼记》中有三十三个"理"字：有"条理"之意，如《礼记·内则》中的"薄切之，必绝其理，湛诸美酒"；也有"治理"意，如《礼记·月令》中的"百工咸理，监工日号，毋悖于时"；也有"道理"意，如《礼记·乐器》中的"忠信，礼之本也；义理，礼之文也"。由"道理"意引申出去，作为宋儒经常谈及的"天理"在《礼记乐记》中有两处："好恶无节于内，知诱于外，不能反躬，天理灭矣"、"人化物也者，灭天理而穷人欲者也"。

由上可知，"理"在先秦儒家经典中的含义大概有三，即：用作名词的"条理"、"道理"，还有用作动词的"治理"。除《礼记》外，宋儒所言之"天理"极为罕见。进一步，我们可以发现这三种含义的关联：事物具体的、外在的条理纹路对应着抽象的、内在的道理法则，而这两者又都是作为实践的认识对象，使得我们对于社会的治理符合正当性与完满性。也就是说，认识"条理"与"道理"是为了去"治理"。所以富有政治性意味的"治理"是"理"概念的核心含义。而这种政治性含义与儒学的关系便在于，政治实践往往和一种价值上或者说道德上的先天立场相关，即，人作为理性存在者通过区分万物、治理万物，来使万物达到各得其所的状态。判断是否得其所的标准就在于是否"尽性"，"性"的概念相当于西方哲学中的"本质"，"尽性"就是使存在者是其所是。使他者可以"尽性"的品质，叫作"诚"，《说文》中以"信"释"诚"，可知"诚"总是和真实性相关，直到今天的汉语使用中也是如此——使事物达到（或者说"回到"）自己的本性便是真实。古人认为天地化育万物有一种生生之德在其中，而作为具有能动性的理性存在者，人通过"诚"之品质来协助天来保证万物在自己正确的分限中成长，而最终达到"和"的状态，这便是政治的理想境界。这也就是《中庸》所说的："惟天下至诚，为能尽其性，能尽其性，则能尽人之性，能尽人之性，则能尽物之性，能尽物之性，则可以赞天地之化育，可以赞天地之化育，则可以与天地参矣。"实际上中国哲学，尤其是儒家哲学在认识论、道德价值和政治理念中都与此息息相关，并且是一体三位的。

二、察之几微："理"政治实践性的诠释

戴震便是基于这样的政治性本义，把"理"理解成对现实世界规律与法则的审察："理者，察之几微必区以别之名也"，并认为这种理性审察对于社会秩序的构建具有很重要的意义。与宋儒不同，戴震不

认为"理"可以在事物之外存在："是故就事物而言，非事物之外别有理义也。"戴震认为"理"在事物之中，所以对事物的客观审察是十分重要的："故于物有察有不察，察者尽其实，不察斯疑谬承之，疑谬之谓失理。失理者，限于质之昧，所谓愚也。惟学可以增益其不足而进于智……"所以把握"理"就是把握事物内在的规律："理义在事情之条分缕析"。当然在这里戴震也指出学习是保证对于事物观察与分辨的正确性的途径："生而下愚，其人难与言理义，由自绝于学，是以不移。……加之以学，则日进于智矣。"而进一步，戴震保持着儒家哲学把认识与价值关联起来的思路，认为认识"理"就是要认识事物的准则，从而使得事物达到一种应然的状态："理义非他，可否之而当，是谓理义"、"理，其则也"、"则者，称其纯粹中正之名"。所以戴震没有把"理"理解成一个绝对的客观准则，而认为"理"是寓于事物之中的那种正当性。换句话说，戴震重新把"理"这个概念从形而上学的探讨中拉回人世的事务之中，并直指日常生活中的实体实事："天地、人物、事为，不闻无可言之理者也，《诗》曰：'有物有则'是也。物者，指其实体实事之名。"实际上儒学对于现实作用的讨论，一直以来都是通过"礼"来表达的。《荀子·乐论》中说"乐合同，礼别异"，这是说"礼"的作用在于分辨，使社会中的各种构成不被彼此僭越；《论语·学而》中说："礼之用，和为贵"，这是说"礼"的目的在于达到"和"的社会效果。这就和戴震对于"理"的理解很相似了，所以戴震认为"礼"就是"理"的一种社会化体现，"礼"的设立也是要通过分别具体现实从而达到治理天下的效果的："礼者，天地之条理也，言乎条理之极，非知天不足以尽之。即仪文度数，亦圣人见于天地之条理，定之以为天下万世法。礼之设所以治天下之情，或裁其过，或勉其不及，俾知天地之中而已矣。"戴震颇有创见地把"理"与"礼"关联起来，这一方面为现实社会"礼"的存在找到了哲学上的合法性，另一方面又为"理"的政治实践性提供了落脚点。在社会秩序的确立上，把"理"或"礼"作为绝对外在的标准和随具体事物变化而需要随时审察的规则是两种截然不同的思路，戴震之所以如此强调治理社会的前提在于对具体事物的分别，就是为了防止把错误的一己之见作为客观正确的真理："昔人知在己之意见不可以理名，而今人轻言之。"而这种错误发生在国家的治理层面上，就会给百姓带来巨大的灾难："自非圣人，鲜能无蔽；有蔽之深，有蔽之浅者。人莫患乎蔽而自智，任其意见，执之为理义。吾惧求理义者以意见当之，孰知民受其祸之所终极也哉！"所以一个社会正常运转的关键在于人们（尤其是统治者）破除对绝对真理的迷信，而把目光放在具体的现实审察之中。

实际上先秦儒学对于政治的讨论往往结合着十分具体的历史经验材料，比如孔子结合卫国之乱来谈"正名"；哲学概念也往往需要在具体的现实事件中去审察，比如孟子和梁惠王谈义利之辨都是在十分具体的语境之下进行的。至宋儒而崇天理，在促进了中国哲学本体论发展的同时也大大削弱了儒学对于政治的指导意义。虽然宋代以降官员大多是理学背景出身，但理学对于具体的政事讨论显然丧失了先秦儒学的那种活力，其实践性也仅仅局限在心性的修养上，这就导致清代的知识分子普遍对于理学有一种不切实际的印象。比如顾炎武便说："今之所谓理学，禅学也。"戴震通过对"理"的阐述强调对于具体事务的重视，这就在某种意义上重新构建了儒学与政治的关联。在构建这种关联时，一个很常见的政治哲学思路是创造出一个符合应然性的理想模型，而这种理想模型往往基于对人类社会的洞见，比如霍布斯提出的"自然状态"（state of nature）。与此类似，戴震也提出了"自然"与"必然"这一对范畴，并认为满足应然性的关键便在于能否让"自然"过渡到"必然"："实体实事，罔非自然，而归于必然"。戴震并没有像宋儒一样直接去讨论"必然"世界，而是着眼于如何向"必然"世界的过渡问题，这就为"理"的实践价值提供了发挥空间。他认为，"自然"是一种起始的状态，即便"自然"是善且真的，但如果以一种发展的眼光考量问题，就要承认无时无刻不在发生的事物的变化使得这种自然状态是无法保持的，所以达到善和真才是目的，回到自然不仅不是目的，也是不可能行的，因为让已经变化的事物不能变化，这本身就是不自然的："若任其自然而流于失，转丧其自然，而非自然也。"儒家的或者说戴震的思路，是引导已经变化的事物变成善于真，即归于"必然"："故归于必然，适完其自然"。戴震看到了寓于先天自然状态中的真与善是事物在走向正确的途中的唯一标准，这种来自先天的内部的正当性使得万事万物在向善向真上有了不容置疑的潜在可能性，所以戴震认为，事物达到"必然"的必然性是寓于"自然"之中的："自然之与必然，非二事也。就其自然，明之尽而无几微之失焉，是其必然也。如是而后无憾，如是而后安，是乃自然之极则。"在这里，戴震通过对于"自然"与"必然"的阐述在某种意义上统一了儒家重视的后天通过努力获得的正当性和释道重视的先天的本有的正当性。更重要的是，从"自然"到"必然"过渡的模型设计保证了"理"作为"治理"含义的必要性。因为戴震所使用的"必然"的概念与现代汉语中的"必然"有很大不同，后者指"一定会"，而事物走上符合自己应然性的道路却并非是一定的，这就需要意图性的实践。可以说从"自然"能否顺利过渡到"必然"的关键就在于"理"在这一过程中能否发挥分辨和治理的作用。如果"必然"是人类社会达到的理想境界，那么"理"则是达到这种境界的手段——"必然"只是"理"的实现结果的一种更加抽象的说明。

如上文所说，从"自然"到"必然"过渡的关键仍在于能否对于现实的条理有一种谨慎的审察。然而如何确定人观念中的"条理"真的是某事物的条理，或者说如何确定通过认识形成的对于外物本质的把握是真切的，可普遍化的，这是一个问题。因为如果说眼见、耳听未必为实，那么心里想的、脑中思考的也未必就是准确的。如果经过分辨而形成的认识仍然是个体化的，通过"理"走向必然世界的理想就是一纸空谈。这一问题放在政治哲学的视域中，则可表述为，社会共同体可以形成一种普遍认同的价值准则而以此来指导政治实践是何以可能的？如果戴震认为宋儒的"天理"极易偏私而落入个人意见，那么他就必须为"理"在人性中找到一个可以普遍化的根据。

三、以情絜情："理"政治普遍性的保证

　　总体说来，中国哲学是沿袭着"同质论"的思路对上述这一问题加以解决的，即认为通过认识而得到的观念和知识的确定性在于认识者先天的具有某种相同的、可以共通的本质。这种本质可以是外物赋予的，如不少宋儒认为因为人分有了"天理"所以当然可以认识符合"天理"的那种正确性，这种把认识的原因外在客观化的思路的关键在于如何阐述认识的原因与认识的主体的关系，即天理与人的关系。存在论在逻辑上的发展显然并不是中国哲学的擅长之处，这就使得类似的对柏拉图的"理念论"的诘难在某种意义上同样适用于对理学发问。戴震认为宋儒无法真的证明"理"是如何存在的，也就无法说明人是如何认识"理"又是如何依照"理"来作出具体判断的。比如朱熹认为没有父子关系，父子关系的理也存在。但是从孔子的思想看来，我们之所以对父母有感情，是因为父母生出了我们。无生养之恩情，也就没有孝的感情，儒家的感情是具有相对性的，孔子讲的"直"（"以直报怨"）就是肯定那种自然的情感。所以对于朱熹把道德标准客观绝对化的理解在戴震看来是有违儒家本义的："舍圣人立言之本指，而以己说为圣人所言，是诬圣；借其语以饰吾之说，以求取信，是欺学者也，诬圣欺学者，程、朱之贤不为也。"戴震的思路是重新把道德的判断标准拉回人自身之中，并重新提倡了"情"作为人的"同质"之质，即每个人都有的基本情感是我们形成认识和判断的基础："理也者，情之不爽失也；未有情不得而理得者也。""在己与人皆谓之情，无过情无不及情之谓理。"戴震用"情"这个概念作为认识判断的来源一方面绕过了存在论上的责难，而把认识的发生构建在日常情感之中，这就在某种意义上为人，尤其是为普通百姓的欲望情感确立了正当性，而防止统治者轻易地以灭欲为借口压制人民；另一方面也通过"以我之情絜人之情"等进一步的论述保证了那种类似于契约一样可普遍化的操作效果，这就使得戴

震对于"理"和对于认识问题的思考是具有强烈的现实指向的。总之，在强调了"理"的分辨和治理作用之后，戴震又把"情"与"理"关联起来，为"理"建立了一个普遍的人性基础。

戴震的这种思考，与孟子所提出的"心之所同然者，为之理"相关，是前秦儒学把情感原则作为道德实践和政治实践基础的理路的进一步深化。孟子所生活的战国时代与春秋相比，礼坏乐崩的情况进一步加剧，"道术将为天下裂"（《庄子·天下篇》）的困境进一步凸显，我们可以看到孟子在其哲学中对个人与国家的交互关系中所产生的责任、权利、义务等问题有了充分的强调。这样一来，自周代对"绝地天通"神权垄断的打破和普遍人权的确立，到春秋战国"溥天之下，莫非王土"（《诗经·北山》）君权一统的僭越和价值标准的失范，在人们的主体意识中"我"或者"个人"的观念愈发被强化的同时，也开始思考如何能与他人达成价值上的共识。而这一时期的孟子以及其他思想家的任务，无外是一边要维护中原地区人性启蒙的成果，以防重新堕回"帝立子生商"（《诗经·商颂》）的黑暗统治；一边也要在众多"哲学的意见"中重新确立可普遍化的道德哲学准则。孟子在论证方面，先提出作为普遍情感的"四心"，然后把普遍情感的结果仁作为政治上的治国准则，所以我们可以清晰地看到孟子把古代历史的发展从"仁政"推到"仁君"最后还原为"仁心"，构建了自己的历史解读方式。戴震便是从孟子的"心之同然"出发，认为没有情感上的统一，就没有认识上的共识："则未至于同然，存乎其人之意见，非理也。"戴震对于情感共识的重视，首先强调了理念尤其是治国的理念的正确与否在于其可否普遍化，其次也矫正了宋明以来对于"人欲"过度批判而在某种程度上肯定了百姓的合理欲望和情感。

情感既然作为一种共同基础来保证"理"的合法性，它便一定不是某个人的情感，而是在交互过程连接着所有认识主体的情感。所以戴震说："在己与人皆谓之情，无过情无不及情之谓理。"这也就是说原发的情感还不足以直接让人们达成对"理"的共同认识，而需要一个"以我之情絜人之情"的过程，也就是为自我和他者确立场域的边界和共同领地，这是一切政治思考的阿基米德点。这种思路与20世纪西方哲学所提出的把主体性抛到了主客体统一的关系中的"主体间性"（Intersubjectivity）有同工之妙。海德格尔说："由于这种有共同性的在世之故，世界向来已经总是我和他人共同分有的世界。此在的世界是共同世界。'在之中'就是与他人共同存在。他人的世界之内的自在存在就是共同此在。"这就是说，"存在"便摆脱了主客体的二元对立，成为一种主体间的共在。回到认识论中，"主体间性"便是要求我们不能再去只注重构建主体的先天认识标准而忽视了认识对象本身。所以理学最突出的问题就是对于人与人之间的"主体间性"的忽略，正是因为如此，才导致了戴震所说的"以理杀人"："后儒不知情之至于纤微无憾是谓理，而其所谓理者，同于酷吏之所谓法。酷吏以法杀人，后儒以理杀人……"正确性总是在多数人的认可下才能得以彰显，对于国家的治理者来说，如果空去追求义理而不知民情，那么一定会"天下受其害者重也"。"主体间性"强调"关系"，而这在以"仁"为核心的先秦儒家哲学中屡见不鲜——因为"仁"就是一种充分肯认对方主体性的"爱"的关系。正是因为重视这种主体之间的关系极其复杂性，儒家哲学才讲"爱有差等"，这不是仅仅由于关系的"疏远"决定了"爱"的亲疏，更是由于"关系"的不同而决定了"爱"的方式的差别：对父母则"孝"，对兄弟则"悌"，对君主则"忠"，对长者则"敬"……所以"仁"本身的彰显与实现便是在主体与主体间的"忠恕"中完成的。更值得指出的是，儒家哲学中作为"仁"的人道，主要是来自对作为"生生"的天道的仿效，而这种仿效之所以可能，是因为"天"与"人"本身便是一个"道"，这便化解了西方哲学中最大的主客二元对立，这也恰恰是后来"主体间性"思想努力的一个目标。海德格尔说："人从来就不是简单地或原初地作为具体主体与世界并列，无论人是单个或群体，都是如此。他原则上不是一种其本质存在于主体—客体关系中的意向地指向客体的（认识论的）主体。相反，人在本质上是首先存在于存在的开放性中，这种开放性是一片旷野，它包括了主—客体关系能呈现于其中的'中间'地带。"但是宋儒对于"天理"的绝对认同在某种意义上导致了对人情的忽视，在向着"天理"整齐划一的伦理规范中，作为个体的、个体间的诉求便被无情抹杀了。这在社会秩序的构建上便极易导致政府对于百姓的暴力压制，直到当代世界的政治舞台上我们仍然能看到权力绝对化的恶果。戴震把"絜情"作以"理"分辨治理的可普遍化原则，就是为了防止实践上的绝对主义倾向，而颇有见地地把百姓的共识作为国家运行的基础。

总而言之，戴震把"理"理解为对于客观世界的理性审察，并认为这种审察得以可能的原因在于人们拥有普遍的可以相通的情感从而可以达到共识。在这种进路中戴震绕过了形而上学的单一探讨，而把焦点放在可实践性上，无论用"理"去分辨还是用"情"去达成共识，戴震的目的都是为了有效地解决社会秩序构建中的具体问题。戴震的存在使得整个清代的思想史并没有从智识主义（intellectualism）完全沦落为文献主义（textualism），而是在构建以训诂为基本的实证主义治学方法后，让个体化的表达更加丰满与自由，这就使得中国哲学在清代的发展并没有像汉代经学一样，陷入皓首穷经的窠臼之中，而是在客观与严谨之上充分发挥了个体化的哲学理解。因为哲学毕竟不是科学，从明末清初沿袭下来的那种求是且求实的态度并非是要孔孟之学成为具有"可证明性"（provability）的"质测之学"，而是要在"概念"（notion）和"事实"（fact）之间找到一种上通而下达的理性对应关系。哲学从来都是要指向现实，尤其在从唯汉族中心到多民族融合、从唯中国正统到开眼看世界的清代，似乎政统与道统都开始崩裂，许多新问题需要重新被思考，只是在这思考的道路上，理想王国的实现必须置于某种普遍性的共识之中，所以戴震强调对客观世界的审察，更强调把观念现实化为人与人之间的相互认同。正是在这样的从主体性向主体间性的过渡中，戴震开始看他对于"理"这个概念的重新诠释，而在这一过程中他所表达的对于构建社会秩序的思考，也为我们今天探讨儒学与政治的关系提供了宝贵的启示。

学术动态

尼山铎声

"2015 尼山新儒学论坛——儒学与政治"学术研讨会综述

李浩然

伴随着盛夏的骄阳，中国传统文化的研究也是一片明媚灿烂。2015年7月5日至6日，由尼山圣源书院主办的"2015尼山新儒学论坛——儒学与政治"在儒学的源头、孔子的出生地山东省济宁市泗水县召开，来自海内外的二十余名专家学者共聚尼山，就儒学与政治的关系问题，展开了深入而热烈的思想交锋，并各自阐发了传统儒学对于现代政治生活的重要价值。

本次会议由尼山圣源书院副院长兼学术委员会主任、韩国首尔国立大学哲学系教授郭沂主持，郭沂教授在开场讲话中指出，在尼山召开讨论儒学的意义就在于返本开新，一方面研究儒学就要回到起点去追寻儒家的真精神，另一方面要结合历史与现实去思考如何用儒学在当代开出一个新局面。郭沂教授还分析了当今儒学热的各种情况，指出只要对儒学的发展有促进作用，都应该支持，但是学术界应该重视的还是对于儒学学理的研究。

一、中西比较中的儒学与政治

谈论儒学与政治的关系，总免不了涉及以自由民主等概念为代表的西方价值观念。正处在破旧立新、时代交替关键期的中国一方面不可避免地要吸收西方先进思想，从而让自己更快地适应全球化所带来的巨大变化；另一方面也要在国家执政理论与法理基础的革新中找回华夏文明中的独特精神，以开放进步的具有民族特色的价值观屹立于世界之林。在中西政治思想与制度的比较中讨论儒学，其实就是要互通互补，取长补短。本次与会学者分别从不同的立场对民主的中国化、中西政治根源等诸多问题发表了意见。

美国夏威夷大学的安乐哲教授在《如何构建现代儒家民主（或"为何民主实践一定不能枉顾理想"）》这篇文章中指出把儒家的那种完美理想落实到现实的关键在于弄清民主的真正含义。"儒家"这一概念在西方被翻译成"孔子主义"，但是其精神实质并非对某个个体的强调而是对于人与人关系的强调。他认为儒家的民主可以弥补西方重视个体性而忽视社群中的关系民主。纽约大学的熊玠教授在《比较儒家思想与基督文化人性善恶之别、看中西政府功能与职责的差异》一文中指出讨论儒学与政治关系便要和西方社会基督教文化与政治关系相对照。总体来说，中国文化的大前提是人性本善，政府的职能在于主动地"谨庠序之教，申之以孝悌之义"。而西方是从教会文化中的"原罪"概念出发来树立法律防止人性本恶的政府官员作恶从而开出了西方近代民主政治。熊教授认为中西方文化传统不同导致了政治理念与实践各异，但依据自己的立场而去试图定义普世价值的做法是不可取的。北京外国语大学的田辰山教授在《中国当今外交政策思想中的儒学根源》一文中比较了美国和中国的外交政策中的文化传统，认为中西方的外交政策全方位地反映了思想传统中世界观、思维方式、价值观、方法论和语言这五大元素，有什么文化传统，就有什么样的外交政策。在这样的比较文化与比较外交政策研究中，田教授认为人们会发现中国当今外交政策思想深深根源于儒家思想的传统，并特别指出中国的宇宙观相比于西方没有超绝的本体、没有二元的对立，这就使得中国在指定外交政策时十分重视和平的共处。香港中文大学的黄勇教授在 *How to Derive Ought from Is：Neo-Aristotelian and Neo-Confucian Approaches* 一文中首先介绍了当代新亚里士多德主义对于事实判断与价值判断问题的解决，从而对政治哲学提出了新思考。黄勇教授认为当我们作出一个"某某是好人"的价值判断时首先要对"什么是人"这一事实判断有所了解，这就在某种程度上统一了价值与事实，与这一思路相对应的是中国的宋明理学。朱熹认为一方面人性是形而上的，但另一方面形而下的情是可感可见的，可以由情见性。所以当朱熹认为人性是仁义礼智时，就不仅是价值判断还是事实判断。

二、现代化视野中的儒学与政治

随着现代化建设和改革开放事业的进一步发展，复兴传统文化、弘扬和培育民族精神等成为了提升文化实力的题中应有之义。从传统文化中汲取宝贵的思想资源来推动中国治理体系和治理能力的现代化就要讲清楚中国特色社会主义植根于中华文化沃土并且是反映中国人民意愿和适应中国和时代发展进步要求的。本次与会学者从现代化民主建设、儒学的政治方向、儒教的现代化发展等诸多侧面对这一问题进行了回应。

首尔大学郭沂教授在《儒学与民主——中国之路的基本方向》一文中首先从宏观角度分析了现代社会基本价值取向二元化的世界潮流，然后通过对中国的民族意识形态的历史变迁的说明指出中国现阶段的基本价值取向应该包含两个部分：一是国家意识形态，即中国化的民主主义；二是民族意识形态，即经过改革的儒学和华教。前者是治国方针，决定着国家的政治体制，制约着国家发展的方针政策；后者是民族灵魂，规范着伦理道德，护持着风俗习惯，支撑着精神信仰，维系着民族认同。山东大学黄玉顺教授在《国民政治儒学——儒家政治哲学的现代转型》一文中指出国民政治儒学是儒家政治哲学的现代形态，它是中国社会历史发展、现代转型的时代产物，并认为它的内涵是，国民所有，国民所治，国民所享。同时黄玉顺教授认为由于宗族生活方式向家族生活方式和市民生活方式的转变，中国社会可以分为王权时代、皇权时代和民权时代。与之相应，儒家政治哲学也可以分为王国政治儒学、帝国政治儒学和国民政治儒学三种形态。南开大学张荣明教授在《儒学与儒教》一文中指出，儒学与儒教既有相同的一面又有相异的一面。其所异者在于，儒学是民间学术，它在政治策略上主张教育为主惩罚为辅，其功能是为政治服务，没有政治就没有儒家学说。儒教是官方学术，它所主张的三纲五常、天理人欲，也无不与政治秩序紧密相关。所以其所同者在于儒教以儒学为基础，二者都关注社会，热衷政治，都讲治国平天下。从这个意义上来说，讨论儒学与儒教的问题，不仅具有学术意义，而且在当前的儒学思潮中也有现实借鉴意义。清华大学方朝晖教授在《中国文化的三个预设与新文化运动的宿命》一文中认为过去数千年来中国文化建立在这样三个预设之上，即此岸取向、关系本位和团体主义。由此也可发现，今天中国的社会结构及制度模式虽已发生天翻地覆的变化，但既然新文化运动没有颠覆中国人的文化心理结构，则说明未来中国文化中的秩序问题，即权威、制度及价值建设的方向，应当从中国过去的历史传统特别是充满了深厚自由精神的儒家传统中来寻找，即从人的尊严、价值与人格独立性的精神出发来发扬儒家价值系统。

三、中国历史中的儒学与政治

几千年绵延不断的中华历史，留下了数量众多的政治思想资源。从商周时的先鬼后礼、敬天保民的思想到清代的"匹夫有责"观念、早期启蒙思潮，中国的历史可以说就是儒学和政治不断互动的历史。对于与中国古代政治交织在一起的儒学的重新探讨，不仅要坚持古为今用、推陈出新，更要有鉴别地加以对待，有扬弃地予以继承。对此问题，本次与会学者发表的意见中既有对于古代政治不合理成分的批判，又有对于儒家精神在当今政治实践中作用的重新发挥。

台湾慈济大学的林安梧教授在《从"道的错置"到"道的正置"——兼论"后新儒学"及其"公民儒学"建立的可能性》一文中从

历史的角度指出"君父"与"圣君"的结构生发出时间上越久远越接近于道，政体上越上层越接近于道的错置观念，并通过从"外王"到"内圣"的新思考论述了公民儒学中缔结民主宪政的委托性的政治连接的可能性，认为这种缔结不仅有利于血缘性的人伦次序，还有助于人格性的德行生长。山东师范大学的王钧林教授在《中华民族治国理政的历史经验与传统智慧——王钧林先生访谈录》一文中通过回顾中国历史中帝道、王道、霸道三种治国理政的模式，从现代政治文明与儒家文化的交叉视野中指出既然在东亚中国是第一个把治国理政的大传统与现代民主制度调适、整合、接轨的国家，那么我们固有的儒家传统经过几番调整与创新，完全可以和现代民主制度融会贯通。南京大学的洪修平教授在《发扬儒学的经世价值，克服儒学的工具化倾向》一文中指出儒学的政治理想和淑世情怀，激励了一代代志士仁人为国家、为民族作出了杰出的贡献，促进了社会道德风尚的提升，推动了中国社会的良性运行和协调发展，对中国社会的发展产生了极其深远的积极影响。但是当儒学提倡的仁和礼都被工具化以后，儒学的政治理想也就只能成为纸上谈兵了。所以今天我们要大力继承发扬儒学的经世价值，同时也要注意克服儒学的工具化倾向，以使儒学在当代中国社会的发展中能更好地发挥其积极作用。复旦大学的白彤东教授在《作为现代政治哲学的先秦思想》一文中首先讨论了中国哲学的合法性问题，认为中国思想作为一种哲学不仅是有论证的，而且是系统化的。在这个前提之下白彤东教授认为周秦之变局所包含的哲学问题的实质，近似于西方的现代性问题。中国很早就进入了现代社会，但是其传统政治又不同于现代西方政治，这意味着可以有不同的处理现代性方式，而中国秦以降的两千年政治可以为我们反思多种现代性与现代政治提供很好的资源。中国政法大学的林存光教授在《自我与政治：儒学范式的两个维度及其历史转换》一文中指出儒学在历史上的演生和发展，不仅向我们展示了其自身内部思想状况的歧异性与丰富性，而且也向我们展示了它与其外部社会历史—政治文化环境之间关系的错综复杂性。林存光教授认为今天我们所需要的儒学范式，既不应是完全退缩到个人修身的私领域，也不会是由儒家内圣之学直接开出建制化的现代民主政治，我们必须解构、修正并重组儒家范式的自我维度和政治维度，以使之能够积极而创造性地回应现时代个人对于自我实现与自我完善之心性修养和社会对于民主生活方式之参与实现的现实需要。中国社会科学院的赵法生副研究员在《国教之争与康有为儒学复兴运动的失败》一文中谈到康有为发动的戊戌变法不仅是近代第一次政治改革运动，也是近代第一次儒学复兴运动。这场儒学复兴运动不仅有完整的理论建构，而且有其创新性的儒家组织设计，无论就其深度、规模还是对于后来的影响都是罕有其匹的。他同时认为在儒学复兴声势初起的今天，重新检讨康有为国教活动之得失及其与整个儒学复兴运动成败之关系，对于大陆今后的儒学发展当是不无裨益的。

四、经典义理中的儒学与政治

在中国哲学的视域内探讨儒学与政治的关系总要回归经典。这不仅意味着对于古代丰富的思想资源的寻找与提炼，更意味着对于已为人熟知的文本的重新阐释。在经典义理的解读过程中，我们总能发现跨越时空、富有永恒魅力且具有当代价值的思想资源。对于古人留下的这些宝贵遗产，本次与会学者也进行了精彩的诠释，这其中既有对古代政治理念的宏观探讨，又有对个别哲人政治思想的详尽分析。

国家教育行政学院的于建福教授在《修己安人："四书"核心价值理念》一文中通过对于"四书""一贯之道"的分析提出应该把儒家思想中的"修己安人"作为当代核心价值理念。这是因为"修己"对应着儒家基本的"格物、致知、诚意、正心、修身"思想，而"安人"则对应着"齐家、治国、平天下"的思想。追求修己安人的目标也就是追求儒家"内圣外王"的理想，这对于个人修养和治理国家都具有重要意义。中国人民大学韩星教授在《霸王之道，皆本于仁——经学视野下董仲舒的仁政王道思想》一文中指出董仲舒通过诠释公羊学"微言大义"来发挥儒家王道思想，形成了天地人三才构架下的仁学体系和独特的仁政王道的思想结构——以民为主的民本政治、以仁为本的霸王模式、仁政王道的理想诉求，同时也从根本上为解决当时汉帝国面临的治理危机问题提供了富有价值的思路与方案，以及实现善治的目标。董仲舒的仁政王道思想对于今天推进国家治理体系和治理能力现代化，也具有重要的参考价值，值得重视。宜宾学院吴龙灿副教授在《汉代政治与儒学的互动及其启示》一文中指出儒学对汉代政治乃至中国两千年的政治制度的塑造是非常深刻的，这在政治意识形态儒家化、法律儒家化、政治制度儒家化方面表现得尤为突出。通过分析汉代政治与儒学的互动，他发现政治对儒学的需要有一个过程，而儒学在一个拨乱反正时代的繁荣发展也需要一个过程。所以当代儒学复兴的根本措施在于做好政府推动、学者转化和社会落地等三个方面。湖南大学岳麓书院院长朱汉民教授在《宋儒义理之学新诠》一文中认为宋儒义理之学是一种独特的学术形态，代表了儒家义理之学发展的最高阶段。义理之学并不是抽象道理的思辨、空虚德性的体悟，因为"义理"的本义就是探明"义"的应然道义与"理"的必然法则。宋儒从儒家经典中阐发义理，一开始就是包含着创通经义与革新政令、世道人心与经邦济世的双重目标。宋学思潮中的不同学派学者均在强调自己的学术是一种"明体达用之学"、"内圣外王之学"，目标是解决历史上的人心世道、经邦治国的现实问题。中央民族大学孙宝山副教授在《黄宗羲的法思想解析》一文中指出黄宗羲提出了具有"法"是君主职能的表现形式、"法"本身具有正当性、"法"是君主为群体的公共事务而设立的基本制度、"法"将国家规定为群体利益体现的公共产业这四层含义的"立法为公"说；强调国家的基本制度应宽松，要打破上下之间的绝对界限的"法宜宽松"说和强调必须首先建立一套良好的基本制度，才能使具有治国才能的人充分发挥才干的"治法优先"说。这些观点至今仍对我们具有启发意义和借鉴作用。韩国首尔国立大学李浩然博士在《"察之几微"与"以情絜情"——戴震"理"的政治向度》一文中指出因为看到了政治实践中百姓所罹受的苦难，戴震对于"理"概念的重新诠释充满着政治向度上的考量。这种考量既包含着用"理"作为分辨、治理外部世界的可行性，又包含着

"理"因情感共识而可以普遍化的合法性。戴震强调对客观世界的审察，更强调把观念现实化为人与人之间的相互认同。在这一过程中戴震所表达的对于构建社会秩序的思考，也为我们今天探讨儒学与政治的关系提供了宝贵的启示。

在各位专家学者作出发言之后，大家又就"三纲"是否应该在当代被重新诠释、从儒家思想看民主宪政的可行性、"内圣开外王"的新思路等诸多共同关心的问题进行了激烈的讨论。哲学从来都是要指向现实，尤其是在世界一体化的荣光遍照着每一个国家的今天，对于传统儒学与当今现实关系的思考更加有助于我们发扬中华民族最深沉的精神，提高国家的文化软实力。独特的历史与传统注定了我们必须以符合中国特色的民族文化去拥抱世界，尼山会议的这次召开无疑是在探寻传统文化道路上的重要里程碑。

特　稿

尼山铎声

尼山新儒学铎声（草案）[*]

郭　沂　执笔

百余年来，拥有五千年灿烂文明的中国，一直试图从西方寻求自己的出路。经历几次选择与实验，而今终于走上了自我发展之路，并在经济上取得了举世瞩目的辉煌成就，成为世界第二大经济体。然而，随着一片片亮丽的住宅拔地而起，精神家园建构的问题日益凸显出来。①

同样，被我们引以为师的现代西方文明虽然给我们的衣食住行带来剧变，使我们享受到前所未有的物质文化，可伴随它们的却是价值错位、精神沉沦、道德滑坡、资源竭尽、生态破坏、文明冲突、霸权横行，给人类的生存与文明不断制造新威胁。

中国如何走出迷茫？世界怎样摆脱困境？各国有识之士，纷纷着眼未来，反省历史，重新发现了东方文明的价值，而作为东方之道的杰出代表，孔子和儒学尤其受到青睐。一个调整中华文明乃至人类文明进程的新思维正在生成，一个儒学复兴的时代已经来临，一个建构当代新儒学的思潮方兴未艾！

儒学是与时俱进、生生不息的。相对于先秦原始儒学，任何一次儒学的全面创新发展都可以称为新儒学。西汉时期董仲舒的儒学，已经

---

* 这是本人为 2012 年召开的第一届"尼山新儒学论坛"起草的宣言，虽已经吸收了不少学者的意见和建议，但仍因争议较大未能正式发表。现刊布于此，以资参考。——郭沂

是吸收了先秦时期道、法、名、墨、阴阳诸家的新儒学。宋明时期，以程朱陆王为代表的儒家学者，吸收佛、道两家的思想，对儒学进行了一次全面改革，形成了宋明新儒学。近百年来，大陆、港台的一批著名学者，试图融会中西哲学，创新构建了多种儒学形式，形成现代新儒家学派。我们倡导构建的当代新儒学，是全球化时代儒学发展的新阶段。

尼山，作为儒家学派创始人孔子的诞生地，具有象征意义。这是创办尼山圣源书院、设立尼山新儒学论坛、促进当代新儒学、履行儒学新使命的缘由。当代新儒学是一个实现儒学薪火相传、彰显活力的运动。尼山圣源书院决定设立尼山新儒学论坛，为当代儒家学人以及所有认同儒家价值观的人士提供活动的舞台，以便向社会传播他们的思想学说，齐心协力，推动中华文化发展。

借第一届尼山新儒学论坛召开之机，我们与会全体代表在此向世人郑重表达对当代新儒学以及相关时代问题的共识。

首先，正确评价儒学及其历史地位。

由于各种西化和极左思潮的影响，在民众的心目中，儒学已面目全非。但历史告诉我们，由孔子开创的儒家学派，传承夏商周三代文明，至汉代被确立为国家意识形态；在此后的两千余年里，儒学的命运虽时有起伏，但从总体上看，却无愧为中国文化的主干，无愧为中国人的精神家园和民族灵魂。历史还曾经见证，儒学被输入到朝鲜半岛、日本、越南等地区，成为整个东亚文明的象征。文艺复兴与启蒙运动期间，儒学又被引进西方，成为西方文明的重要元素。这一切都说明，儒学具有超越时空的普适性。

其次，端正文化建设的态度。

在西方思潮的汹涌冲击之下，中国向何处去，成为近现代中国发展的核心问题。随着20世纪80年代以来的经济复苏，中华民族开始回归自我、恢复自信，逐渐在经济上走出一条不同于西方的道路，而中国文化之路，却仍在摸索之中。我们的答复是：民族立场、多元协和、古今贯通、中西兼融。

价值取向是文明的核心，也是民族之本，在一定程度上是全球化时代各种文明和各个民族之间相互区别的标识。作为中国文化的主干，儒学的核心价值代表了中华民族的核心价值，这就是"道"。"人能弘道，非道弘人。"世代仁人志士对道的坚守与弘扬，形成了浩浩汤汤的道统。传承儒家核心价值，弘扬道统，仍然是当代新儒学的根本宗旨。

当然，儒学并不唯我独尊、故步自封，而是具有容纳百川的胸怀。坚守这一优良传统，当代新儒学将一如既往，去拥抱一切优秀的人类文化。

再次，倡导儒学扎根于社会现实和日常生活。

近百年来，受西方学术体制的影响，儒学被当作一种学术门类，成为中国哲学这门学科的一个分支，而为了回应西学的挑战，现代儒家学者也多热衷于理论探讨。这有失偏颇。

儒学生于忧患，长于忧患，一开始就是一种扎根于人生社会的学问。体察民情，珍重人生，以天下为己任，先天下之忧而忧，本是儒家宗旨。当今世界危机重重，正值儒学义不容辞、有所担当之际！

当代新儒学将走向社会实际。面对严峻复杂的形势，对内积极参与探寻中国经济崛起、民族文化复兴之路，对外运用儒家和而不同的理念去化解文明冲突，妥善处理全球化带来的种种问题。

当代新儒学将融入日常生活。虽经百年摧残，儒学大树的根须仍然存活在民间广袤的土壤中。枯木逢春，需要万千根须提供养分。让我们深入田间、街道，去感受和获取儒学的真精神；让我们走向学校、企业，去浇灌和培育儒学大树的根须！待到根深叶茂时，儒学将重新成为人们的行为准则，成为民族的信仰。

最后，建构新的儒家思想体系。

儒学不止于社会实践，并不像黑格尔说的那样"只有一些善良的、老练的、道德的教训"，而是在洞察社会人生的基础上，建构了一套博大精深的学说，并且代有创新。理论儒学是生活儒学的建构者和引导者，所以儒学的生命，关键在于儒学理论的创新发展。

当代新儒学的理论使命有二：一是对目前的社会文化危机作出儒家的阐释；二是对西学的挑战作出有效的回应。我们认为，实现这两个使命的根本途径，是在广泛吸收人类思想精华的基础上，返本开新，用自己的话语系统，建构新的儒家思想体系。

欧洲文艺复兴、启蒙运动形成的人文主义思潮以高扬个性、推崇理性为鹄的，虽然在当时曾起到摆脱宗教桎梏的积极作用，但继而导致了人的异化，形形色色的现代性弊病就是其突出表现。一些西方学者意识到了人文主义的危机，并进而依据中国文化精神尤其儒学思想提出了新人文主义的主张。这是对西方人文主义和现代性的超越，代表着正确的发展方向，为越来越多的学者所接受。

当代新儒学同新人文主义的宗旨是契合的，实质是对东方人文主义的重建。重建儒家人文主义，要求我们在继承和弘扬传统儒家人文精神的前提下，有所创新；要求我们像宋明新儒学对待佛学那样消化和吸收西学的精华，为我所用；要求我们用儒家智慧去弥补和纠正西学，包括西方人文主义的诸多缺陷；要求我们从理论上阐述当今中国和世界的种种现实问题，引导人类走向大同。唯其如此，才可以称得上"新的儒家思想体系"。

我们相信，当代新儒学将作为当代东方的思想学说，参与世界文明对话，共襄人类未来大计。

中华民族真正复兴的根本在于中国文化的复兴，而中国文化复兴的关键又在于作为其主干的儒学的复兴。春秋末年，礼坏乐崩，正如时人所说："天下之无道也久矣，天将以夫子为木铎。"当此问题丛生的新时期，让儒学的铎声再次响起！

2012 年 10 月 13 日

责任编辑：段海宝　崔秀军
封面设计：石笑梦

图书在版编目（CIP）数据

尼山铎声："儒学与政治"专题/郭沂 主编. —北京：人民出版社，2020.1
ISBN 978 - 7 - 01 - 021523 - 5

Ⅰ.①尼…　Ⅱ.①郭…　Ⅲ.①儒学-文集　Ⅳ.①B222.05-53

中国版本图书馆 CIP 数据核字（2019）第 256978 号

尼山铎声
NISHAN DUOSHENG
——"儒学与政治"专题

郭　沂　主编

人民出版社 出版发行
（100706　北京市东城区隆福寺街 99 号）

天津文林印务有限公司印刷　新华书店经销

2020 年 1 月第 1 版　2020 年 1 月北京第 1 次印刷
开本：710 毫米×1000 毫米 1/16　印张：17.25
字数：336 千字

ISBN 978 - 7 - 01 - 021523 - 5　定价：58.00 元

邮购地址 100706　北京市东城区隆福寺街 99 号
人民东方图书销售中心　电话 （010）65250042　65289539